阳江市江城区革命老区发展史

阳江市江城区革命老区发展史编委会　编

SPM 南方出版传媒·广东人民出版社
·广州·

图书在版编目（CIP）数据

阳江市江城区革命老区发展史 / 阳江市江城区革命老区发展史编委会编．—广州：广东人民出版社，2020.1

（全国革命老区县发展史丛书·广东卷）

ISBN 978-7-218-13956-2

Ⅰ．①阳…　Ⅱ．①阳…　Ⅲ．①区（城市）—地方史—阳江
Ⅳ．①K296.54

中国版本图书馆CIP数据核字（2019）第237578号

YANGJIANGSHI JIANGCHENGQU GEMING LAOQU FAZHANSHI

阳江市江城区革命老区发展史

阳江市江城区革命老区发展史编委会　编　　　　版权所有　翻印必究

出 版 人：肖风华

责任编辑：李　敏　温玲玲
装帧设计：张力平
责任技编：周　杰　吴彦斌

出版发行　广东人民出版社
地　　址：广州市海珠区新港西路 204 号 2 号楼（邮政编码：510300）
电　　话：（020）85716809（总编室）
传　　真：（020）85716872
网　　址：http://www.gdpph.com
印　　刷：广州市浩诚印刷有限公司
开　　本：715mm×995mm　1/16
印　　张：21　　插　页：28　　字　数：350 千
版　　次：2020 年 1 月第 1 版
印　　次：2020 年 1 月第 1 次印刷
定　　价：78.00 元

如发现印装质量问题，影响阅读，请与出版社（020-85716849）联系调换。
售书热线：（020）85716826

广东省编纂《革命老区县发展史》丛书
指导小组

组　长：陈开枝（广东省老区建设促进会会长）

副组长：林华景（广东省老区建设促进会常务副会长）

　　　　宋宗约（广东省农业农村厅副巡视员、广东省老区
　　　　　　　　建设促进会副会长）

　　　　刘文炎（广东省老区建设促进会副会长）

　　　　郑木胜（广东省老区建设促进会副会长）

　　　　姚泽源（广东省老区建设促进会副会长兼秘书长）

　　　　谭世勋（广东省老区建设促进会副会长）

办公室

主　任：姚泽源（兼）

副主任：廖纪坤（广东省农业农村厅扶贫协作与老区建设处
　　　　　　　　处长）

　　　　柯绍华（广东省老区建设促进会副秘书长）

　　　　伍依丽（广东省老区建设促进会副秘书长）

阳江市编纂《革命老区县发展史》丛书
指导小组

组　长：杨大欣（阳江市老区建设促进会会长）

副组长：关则敬（阳江市老区建设促进会第一副会长）

陈宝德（中共阳江市委党史研究室主任、阳江市档案局局长）

洪礼志（阳江市农业办公室副主任、阳江市扶贫办公室副主任）

梁王焱（阳江市老区建设促进会副会长兼秘书长）

林恩葆（阳江市老区建设促进会副会长）

《阳江市江城区革命老区发展史》
编纂委员会

（一）顾问成员

苏奕忠　李联德　林恩葆　曾纪诚　谭开结

（二）编纂委员会成员

名誉主任：陈基文（阳江市江城区区委书记）

主　　任：陈贤亮（阳江市江城区区委副书记、区长）

常务副主任：冯远鹏（阳江市江城区区委常委、区委办
　　　　　　主任）

副主任：陈　芳（阳江市江城区老区建设促进会会长）

　　　　谭国全（阳江市江城区区委党史研究室主任）

委　　员：王秀艳（阳江市江城区区委办副主任）

　　　　　林志雄（阳江市江城区财政局副局长

　　　　　敖道敏（阳江市江城区农业局副局长）

　　　　　陈　战（阳江市江城区档案局副局长）

　　　　　苏　方（阳江市江城区老干局副局长）

　　　　　敖进标（阳江市江城区埠场镇工会主席）

　　　　　赵剑冰（阳江市江城区区委组织部）

　　　　　冯德崧（阳江市江城区区委宣传部）

　　　　　陈柳先（阳江市江城区政府办公室）

阮奕恕（阳江市江城区政府扶贫办）

冯艳霞（阳江市江城区统计局）

（三）编辑部成员

主　　　编：陈　芳

副　主　编：钟贤梧　冯　勇　黄则哲

编　　　辑：王秀艳　陈柳先　冯德崧　敖道敏　陈　战

阮奕恕　冯艳霞　敖卓俭　张　生　梁振义

黄馨萱　余仲琦　陈梅燕

在举国欢庆新中国成立 70 周年前夕，中国老区建设促进会王健会长请我为《全国革命老区县发展史》丛书作序，作为一名在老区战斗过并得到老区人民生死相助的老兵，回首往事，心潮澎湃，感慨万千，深感义不容辞，欣然应允。

中国革命老区，是以毛泽东为代表的中国共产党人在领导人民推翻帝国主义、封建主义和官僚资本主义三座大山，争取民族独立和人民解放伟大斗争中建立的革命根据地，在这片红色的土地上，诞生了无数可歌可泣的革命英雄儿女，为后人树起了一座不朽的丰碑，她是新中国的摇篮，是党和军队的根。

在艰苦卓绝的战争年代，老区人民把自己的命运与中华民族的命运紧紧地联系在一起，与中国共产党和人民军队的命运紧紧地联系在一起，他们生死相依，患难与共。我曾亲历过战争年代，并得到过老区红哥红嫂的救助，切身感受到发生在身边的一幕幕撼天动地的革命故事，在那极其艰难的条件下，老区人民倾其所有、破家支前，不怕艰难困苦，不怕流血牺牲。"最后一碗米送去做军粮，最后一尺布送去做军装，最后一件老棉袄盖在担架上，最后一个亲骨肉送去上战场"，这是当时伟大的老区人民为建立新中国做出巨大牺牲的真实写照，它将永远镌刻在中国共产党、中国人民解放军、中华人民共和国的历史丰碑上。他们的光辉业绩永载史册，他们的革命精神必将影响一代又一代的革命新人，造就一代又一代的民族脊梁。

在社会主义革命和建设时期，革命老区和老区人民响应党的号召，面对落后的面貌、脆弱的经济、恶劣的生态环境，他们本色不变，精神不丢，自力更生，艰苦奋斗，干一行爱一行。始终坚持"革命理想高于天"，自觉做共产主义远大理想的坚定信仰者和忠实实践者，勇于向恶劣的自然环境和贫穷落后宣战，他们在各条战线上为国建功立业，用平凡的双手创造了一个又一个不平凡的奇迹，彰显了老区人的崇高精神和人格力量。

在改革开放的伟大进程中，老区人民解放思想，勇于创新，发奋图强，攻坚克难，老区的经济社会建设取得了辉煌成就。特别是在改变中国的面貌、中华民族的面貌、中国人民的面貌、中国共产党的面貌的伟大实践中发挥了至关重要的作用。老区人民既是改革开放的参与者，也是改革开放的推动者。

艰苦练意志，危难见精神。老区人民在近百年的革命战争、社会主义建设和改革开放的伟大实践中，孕育形成了伟大的老区精神：爱党信党、坚定不移的理想信念；舍生忘死、无私奉献的博大胸怀；不屈不挠、敢于胜利的英雄气概；自强不息、艰苦奋斗的顽强斗志；求真务实、开拓创新的科学态度；鱼水情深、生死相依的光荣传统。这是党和人民宝贵的精神财富、丰厚的政治资源，是凝心聚力、振奋民族精神的重要法宝，也是社会主义核心价值观的重要内容。

中国老区建设促进会怀着强烈的政治责任感和历史使命感，组织全国各地老促会人员克服困难，尽心竭力编纂《全国革命老区县发展史》丛书，记录老区的光辉历史和辉煌成就，传承红色基因，弘扬老区精神，是功在当代、利及千秋的一件大事。手捧这部丛书的部分书稿，读着书中的故事，倍感亲切，深感这部丛书具有资政、育人、存史的社会功能，有着重要的时代和历史价值。它是不忘初心、牢记使命的源头活水，是赞颂共产党、讴歌老区人民的一部精品力作，是弘扬老区精神、传承红色记忆的丰厚载体，是一项继承优秀传统文化、弘扬革命文化、发展社会主义先进文化，坚定"四个自信"的宏大文化工程。它必将成为一种文化品牌，为各界人士了解老区宣传老区支持老区提供一部有价值的研究史料。希望读者朋友们能从中了解并牢记这些为党和民族的利益不断奉献的老区人民，从中得到教益，汲取人生奋斗的精神动力。

新时代赋予新使命，新起点开启新征程。让我们更加紧密地团结在以习近平同志为核心的党中央周围，坚持以习近平新时代中国特色社会主义思想为指导，增强"四个意识"，坚定"四个自信"，做到"两个维护"，弘扬老区精神，铭记苦难辉煌。为实现"两个一百年"奋斗目标，实现中华民族伟大复兴的中国梦做出新的更大的贡献！

迟浩田

2019 年 4 月 11 日

2017年6月，中国老区建设促进会组织全国各地老促会启动编纂《全国革命老区县发展史》丛书，按照"建立中国共产党、成立中华人民共和国、推进改革开放和中国特色社会主义事业"三大里程碑的历史脉络，系统书写革命老区百年历史，深入挖掘革命老区红色文化资源，这对于充实丰富中国革命史籍宝库、在新时代传承红色基因、弘扬革命精神、强固根本，对于激励人们在新的历史条件下夺取中国特色社会主义伟大胜利，实现中华民族伟大复兴的中国梦具有重要意义。

丛书编纂以习近平新时代中国特色社会主义思想为指导，以《中国共产党历史》《中国共产党的九十年》等重要文献为基本依据，以党的领导为核心，以老区人民为主体，以老区发展为主线，体现历史进程特征，突出时代发展特色，坚持辩证唯物主义和历史唯物主义相统一、历史真实性与内容可读性相统一的原则，书写革命老区从站起来、富起来到强起来的光辉革命史、不懈奋斗史、辉煌成就史，把老区人民的伟大贡献、伟大创造、伟大成就、伟大精神充分展示出来，形成一部具有厚重历史特征和鲜明时代特色的精品力作。这是一部培根铸魂、守正创新，既为历史立言，又为时代服务，字里行间流淌着红色血脉、催生着革命激情的传世之作。丛书的编纂出版将成为讴歌党讴歌人民讴歌时代、传播红色文化、为革命老区和老区人民树碑立传的重要载体。

　　丛书按照编年体与纪事本末体相结合、以编年体为主的编写体例确定框架结构;运用时经事纬、点面结合的方式记述史实;坚持人事结合、以事带人的原则处理人与事的关系;采取夹叙夹议、叙论结合、以叙为主的方法展开内容。做到了史料与史论、历史与现实、政治与学术统一,文献性、学术性、知识性相兼容。

　　为编纂好《全国革命老区县发展史》丛书,打造红色文化品牌,中国老区建设促进会认真组织积极协调,提出政治立场鲜明、史料真实准确、思想论述深刻、历史维度厚重、时代特色突出、编写体例规范、篇目布局合理、审读把关严格、出版制作精良的编纂出版总要求,力求达到革命史籍精品的精神高度、思想深度、知识广度、语言力度,增强丛书的权威性和社会影响力。各省(区、市)、市(州、盟)、县(市、区、旗)老促会的同志,以强烈的使命感、责任感和紧迫感,勇于担当,积极作为,认真实施,组织由老促会成员、专家学者等参加的十余万人编纂队伍。编纂工作主体责任在县,省、市组织协调、有力指导、审读把关。各方面人员以高度负责的精神和科学严谨的态度,满腔热情地投入工作,为丛书编纂出版做出了重要贡献。丛书编纂工作还得到了党和国家有关部委、地方各级党委政府及有关部门的大力支持和积极参与,社会各界也给予了热情帮助。中共中央政治局原委员、中央军委原副主席、原国务委员兼国防部长迟浩田上将,对老区人民怀有深厚感情,对革命老区建设发展十分关注,欣然为《全国革命老区县发展史》丛书作总序。

　　丛书由总册和1 599部分册(每个革命老区县编纂1部分册)组成,共1 600册。鉴于丛书所记述的史实内容多、时间跨度长和编纂时间紧,不妥之处,敬请批评指正。

中国老区建设促进会

特 色 组 图

　　江城是一个特色鲜明的地方。因为是革命老区，首先就有红色之区的美誉；同时，还有文化之乡、工业重镇、刀剪之都、旅游之岛等多项殊荣。下面，便是有关江城特色的组图。

阳江战役大追歼--架浮桥过漠阳江

红色之区：全国著名的阳江围歼战期间，江城人民架好浮桥，让解放军通过漠阳江追歼逃敌。

红色之区：江城的北山，绿色风景衬托着宋代石塔和革命烈士纪念碑。

文化之乡：江城是文化之乡和风筝之乡，文化名人较多。图为关山月（前排左一）、何士德（前排中）、苏天赐（二排左一）等全国著名的江城籍文化人在市领导的陪同下步入南国风筝场参加风筝节。

文化之乡：江城参加创建了"中国诗词之市"。图为中华诗词学会领导在授予阳江市"诗词之市"牌匾。

文化之乡：在2005年"文化江城"艺术节中举行的花车巡游。

工业重镇：阳江高新区工业园区集中了全市较多的大企业。

刀剪之都：20世纪末，中国刀具城落户江城。

旅游之岛：闸坡AAAAA旅游景区，夏日数万游人戏港湾。

发 展 组 图

　　江城长期为郡、州、府、直隶州（厅）、县等的治所，民国期间和新中国成立后所置的阳江县，治所也设在江城。从1988年起，江城正式设为市辖区（县级）。

　　江城一直作为阳江的政治、经济、文化、交通、商贸的中心，在中华人民共和国成立以后，各方面的发展都走在全市的前列。关于江城的新发展、新变化，人们从报刊、书籍上看到不少记载的文字，也看到不少相关的照片。下面辑录的"城区拓展、乡村变美、交通便区、工业强区、农业稳区、文化深厚、市场繁荣、风光秀丽"等八组照片中呈现的发展状况，是有目共睹的。它们足以见证江城的历史，展示江城的成就、变化，让人更直观、更真实地看清江城人走过的足迹，看清一方的沧海桑田、旧貌新颜，让人更感性、更深刻地体会到江城人的苦难与抗争、奋斗与辉煌。

● 一、城区拓展 ●

中共阳江市江城区委员会、阳江市江城区人民政府办公大院。

宋宝祐年间（1253—1258年）所建的东山（现称"北山"）石塔。它饱经沧桑，见证了阳江的发展。该处山青、林秀，文物古迹多，乃阳江八景之一。

江城建区前城区面貌。1982年，主城区南至南门街口，北至北门街口，东至东风一路，西至河堤路，总面积约4.76平方千米，人口9.3万人（含农业人口）。

　　江城建区后的城区面貌。2017年，由县城发展而来的市区，面积达60多平方千米，城市居民约30万人。

　　江城建区之初的旧城区，低层建筑居多。

　　建市以来，城区向东西南北四面拓展，到处高楼林立。

● 二、乡村变美 ●

　　绿树掩映的革命老区村庄——城西街道阮西村委会新村，是南国诗人阮退之的故乡。

　　埠场镇那蓬果园村，位于江城区埠场镇西北面，自然环境优美，山清水秀，文化底蕴深厚，人杰地灵，是我国著名国画大师关山月、著名书法家关振东的故乡。

著名的抗日村庄——岗列司垌村，近年进行美丽乡村建设，村容村貌大为改观，加上楼房林立，如同小镇。

革命老区村庄——埠场镇雁村，距阳江市区10千米。村前是雁村垌，垌外是漠阳江，村后是雁山，山水秀美，四季如春。该村著名人士黄志球，现任南京航空航天大学副校长。

革命老区村庄——平冈镇良村的新貌

平冈镇的美丽乡村——大魁村的全貌

● 三、交通便区 ●

对岸港——位于漠阳江出海口，周围有大片红树林作为屏障，是运输船和渔船停泊、避风的天然良港。

江城区有行政村162个，内有革命老区村庄15个。在上级的关心扶持下，2017年前实现了村村通公路。图为江城区已通车的乡村道路。

广东西部高速公路联络线江城城西段

连接平冈镇与海陵岛的海陵大堤（2015年重建）

深茂铁路阳江站

宽阔通畅的市区东风三路

万吨深水港口阳江港

● 四、工业强区 ●

　　高新区港口工业园。该园规划面积40平方千米，水陆交通便利，水电、通讯、天然气等设施齐备，已建成广青、世青、翌川镍合金和嘉吉粮油等一批大企业。

江城著名企业巧媳妇厨业有限公司的现代化厂区

江城著名企业银鹰刀具集团的现代化厂区

　　江城银岭科技产业园。该园靠近325国道、沈海高速、阳江港，规划面积40平方千米，首期规划10.58平方千米已完成。重点发展装备制造、电子电器、物流等产业。

　　阳江市（江城）环保工业城的企业，环保设施日益完善。

广东源泰电气有限公司

阳江市金恒达化妆工具有限公司产品展厅

江城银岭科技产业园的英格（阳江）电气股份有限公司

● 五、农业稳区 ●

　　位于双捷镇的丰沃园珍果种植基地，面积达500多亩，主要出产橘子、桑葚、石榴等佳果，既可创收，也供观赏。图为青翠欲滴的成片果苗。

　　漠阳江双捷拦河坝引水工程于1958年动工兴建，1962年建成，引水灌溉覆盖江城各乡镇。该坝于2015年投资3亿多元重建，并更名为漠阳江双捷大闸。

上下图为三洲蔬菜、山外西养殖等农业基地及其产品展示。

江城发挥沿海优势，大养鱼虾创收。图为沿海连片万亩鱼（虾）塘基地。

南海开渔节，千船竞远航。图为闸坡渔港渔船在开渔节当日争相出海打鱼。

● 六、文化深厚 ●

　　图为承载着千年历史文化的广东海上丝绸之路博物馆，又称南海Ⅰ号博物馆，位于海陵岛十里银滩上，总建筑面积19 409平方米。

　　逆水赛龙舟是江城的传统文化活动。

阳江籍书画家集中在江城即席挥毫泼墨。

江城有一个文化习俗：
人人写春联，户户贴春联。
图为江城人春节"挥春"的
现场。

江城每年重阳节都举行
赛风筝活动。图为人海如潮
的南国风筝场。

中共两阳工委第一次扩大会议旧址,现为阳江市江城第一小学。

江城区举办庆祝中国共产党成立90周年红歌会。图为岗列街道在晚会上合唱。

海陵岛具有独特的疍家文化,婚礼别致隆重,倍受重视。图为疍家迎亲队伍。

● 七、市场繁荣 ●

江城食品丰富，还定期举办美食节。图为美食节食品热销现场。

集商贸、食宿、娱乐于一体的新都会综合体

繁荣的商店、商业区剪影

夜幕下繁华的新华北路商业步行街

江城东风二路十八子刀具销售中心热销刀具等工业品的场景

江城地处沿海，超市海味琳琅满目，应有尽有，购销两旺。

● 八、风光秀丽 ●

　　白沙街道西有"罗琴雅操"和石河水库景区，周边山清水秀，石奇林幽，景色宜人，是旅游度假的好地方。

　　海陵岛大角湾海上丝绸之路景区，2015年10月被评为国家5A级旅游景区。

城区鸳鸯湖景区

　　海陵岛湿地的红树林及海草顽强生长，白鹭驻足，自成一景，名为"红林栖白鹭"。

江河围绕的三江岛

市区内清澈的独田湖

双捷的田园风光

石觉禅林

编纂《阳江市江城区革命老区发展史》一书，是江城区发掘红色资源、传承红色基因的重要举措，是江城区革命老区历史研究工作的重要成果。

江城是一片红色的土地。大革命和土地革命战争时期，在省城求学的江城学子和农运骨干，获得了真理的启迪和斗争的勇气，与一批受中共组织派遣的中共党员和革命者一起回到家乡，建立中共党组织和革命群众组织，掀起了反抗半殖民地半封建社会的浪潮，开展艰苦卓绝的地下斗争，锻炼了干部，教育了群众，点燃了革命的火种。抗日战争时期，在中共阳江县委的领导下，江城人民建立了各种抗日团体，广泛兴起了抗日救亡运动，与敌人进行顽强的斗争，有力地配合了全国的抗日战争。解放战争时期，创建游击根据地和秘密联络点，开展武装斗争，狠狠打击国民党的统治，为阳江的解放发挥了重大作用。

江城是一片孕育英雄的土地。在新民主主义革命时期，活动在江城的中国共产党人，为了民族的独立和解放，开展了可歌可泣的革命斗争。在血雨腥风、艰苦卓绝的岁月中，江城的共产党人虽屡经危难，却百折不挠，前仆后继，奋斗不息，始终坚定理想信念，高举革命旗帜勇往直前。这样的革命先驱、仁人志士成百上千，其中杰出的有敖昌骙、谭作舟、陈必灿、敖华衮、梁济亨、吴铎民、关崇懋、黄贞恒、张乐华、冯尚廷、敖华日、梁洸亨、梁泮亨、林星慈、林世允、林权、林举培、许高倬、林元熙、敖天真、陈文宗、林进杰、范正强等。他们以自己的血肉之躯铺就了胜利的道路，染红了中华人民共和国的五星红旗。他们的壮丽人生百世流芳，他们的革命精神千秋不朽！

江城是一片人才辈出的土地。作为千年古镇，江城钟灵毓秀，源远流长，哺育了一代又一代的英才。仅就现代看，著名作曲家何士德，著名大气物理学家、中国科学院院士曾庆存，著名国画大师关山月，著名语言学家黄伯荣，著名作家林贤治，著名书法家吕如雄等，均出生在这里。他们为中国的革命和建设做出了贡献，是江城人民的骄傲！

新中国成立以来，特别是改革开放和中共十八大以来，江城各级党委、政府不忘初心、牢记使命，心系老区，重视老区建设发展。广大老区人民发扬老区精神，激发内生动力，把各方面的扶持和自身的力量融合在一起，大力推进经济、交通、通讯、教育、文化、卫生、水电等民生事业的建设发展，全区老区村基本解决了行路难、饮水难、上学难、医疗难问题。革命老区各项事业蒸蒸日上，旧貌换新颜。

"现在我们的生活一天比一天好，但我们不能忘记历史，不能忘记那些为新中国诞生而浴血奋战的烈士英雄，不能忘记为革命做出过重大贡献的老区人民。"中共江城区委和江城区政府将牢记习近平总书记这一殷切期望，全面贯彻落实党的十九大精神，围绕高质量发展要求，实施"工业强区、三产兴区、乡村振兴"三大战略，推进"三园一区一港一基地"六大平台建设，构建现代化经济体系，加快全面建成小康社会，开创江城现代化建设新征程。我们充分相信，老区人民能够赢得昨天的胜利，也一定能够开创明天的辉煌！

为了追忆、讴歌江城革命斗争和老区人民的历史贡献，在中华人民共和国七十华诞即将到来之际，阳江市江城区老区建设促进会遵照中国老区建设促进会组织全国革命老区县编纂革命老区县发展史的通知和省、市老区建设促进会的有关部署，在中共江城区委、区政府的领导下，在有关部门的大力支持协助下，组织编纂《阳江市江城区革命老区发展史》一书。该书紧扣革命与发展这个主题，以翔实的史料、图文并茂的形式，展示了老区革命历史，尤其是革命志士的英勇事迹、老区建设发展的光辉历程和辉煌成就。编纂的目的，就是留存历史，启迪后人。

该书的出版发行，必将使更多的人全面了解阳江市江城区革命老区的发展历史，进一步弘扬老区精神，凝聚社会力量，焕发全区人民干事创业的激情；必将成为对广大党员干部、青少年进行爱国主义和革命传统教育的好教材；也必将成为一部可供后人查阅的权威性革命老区史料。

《阳江市江城区革命老区发展史》编委会
2019年5月

第一章

海丝之乡① 山水兼优

① "海丝之乡"指江城是古代海上贸易和海上丝绸之路经过的地方。南宋商船"南海1号"在800多年前沉没在江城附近海域，2009年建成的广东海上丝绸之路博物馆坐落在江城，这些都是史证。

第一节 建置区域区划

一、建置沿革

秦始皇帝三十三年（前214年）置南海郡，江城地域属之。

西汉至民国时期，江城先后隶属安宁县、高凉县、南恩州、阳江县等，多为州、县治所。

古代海上丝绸之路，穿越江城附近海域。

中华人民共和国（下称"新中国"）成立初期，江城隶属粤中专区阳江县，1952年改隶粤西行署阳江县，1956年隶属湛江专区阳江县，1983年11月隶属江门市阳江县。

1988年1月7日，阳江撤县建阳江市，以阳江城（简称"江城"）为中心设江城为市政府驻地；同年4月，阳江市江城区政府成立，阳江城亦为区政府驻地。于是，阳江城成了阳江市的市区和江城区的城区。

1992年6月，阳江市海陵岛经济开发试验区（简称"海陵试验区"）在江城区成立，为阳江市人民政府派出机构，赋予行政管理权；2003年1月，阳江高新技术产业开发区（简称"阳江高新区"）在江城区成立，为阳江市人民政府派出机构，行使市一级管理权限。以上两区的人大、政协、检察、法院等工作，归口江城区相关部门管理。

二、地理区域

江城区是阳江市政治、经济、文化、交通中心，地理坐标为北纬21°31′36″～21°57′44″，东经111°42′41″～112°11′56″。中共阳江市委、市政府都驻在区内。江城区位于阳江市南部，东面和北面与阳东区毗邻，西接阳西县，南临南海。大陆海岸线长59.11千米。海域内有20个岛屿，其中海陵岛面积为107.8平方千米，环岛岸线长76千米，是广东省第四大岛。2017年，江城区陆地总面积433.76平方千米，常住总人口54.94万人。

三、行政区划

新中国成立后，阳江县设区乡，撤销保甲，建立行政村、行政街，江城地域有一区、四区、五区和八区。

1988年1月7日，江城区成立，辖江城镇、岗列乡、城西乡，总面积165.1平方千米，总人口23.89万人。1988年1月28日，撤销岗列、城西2个乡和江城镇建制，改设街道办事处。

2000年，江城区辖岗列、城西、平冈、埠场4个镇，和南恩、城南、太傅、渔洲、漠阳、城东、观光7个街道，以及江城渔业管理委员会；另代管海陵岛经济开发试验区的人大、司法、武装工作。

2017年12月，江城区辖埠场、双捷2个镇和岗列、白沙、中洲、城西、城东、城北、城南、南恩等8个街道；全区有行政村64个、社区50个；总面积433.76平方千米，户籍总人口50.49万人，常住总人口54.94万人。全区有耕地面积15 014公顷，粮食播种面积11 770.73公顷；林地面积7 751公顷，森林覆盖率24.26%，活立木蓄积量62.2万立方米。海洋资源丰富，拥有对岸、江城2个渔港。全区拥有浅海2 669公顷、滩涂2 322公顷，已开发海水养殖面积220公顷。

2017年12月，海陵试验区辖闸坡1个镇、25个村（居、渔）委会、139个自然村，户籍总人口9.95万人。

2017年12月，阳江高新区辖平冈1个镇、23个村（居）委会、149个自然村，户籍总人口10.47万人。

地理条件和自然资源

一、地理条件

（一）地质地貌

1. 地质

江城区境内的地层区划属华南地层区东江分区（粤中沉积区）的阳春—花都小区，按年代从老到新有震旦系大绀山组和第四系。

震旦系大绀山组距今约5.7亿年，主要分布于平岗农场及平冈镇北一带，是全区最古老的地层，约占全区陆地面积的15%。

第四系距今约200万年，是最新地层，主要分布在漠阳江三角洲平原、漠阳江流域两岸及沿海地区，出露面积约占全区陆地面积的50%。

2. 地貌

江城区的地势西北高、东南低。整个江城区主要为低山丘陵地貌，以及漠阳江冲积平原。主要山峰有分布于西部的罗琴山，海拔448.7米；埠场镇的雁村山，海拔172.9米。台地有风化壳和基岩台，分布于低山丘陵区的前缘。平原分布于漠阳江两岸的河谷平原、河流入海处的漠阳江河口三角洲一带以及沿海岸的海积平原等。此外还有海积阶地、砂堤、砂地和海漫滩等（海拔0～20米），地形和缓平坦，略有起伏，海岸线蜿蜒曲折。西南部的洋边海为一溺谷型海湾。

（二）雨量光照

江城区大部分地区处在亚热带最南边，基本上在亚热带海洋性季风气候的控制范围，光照时间长，热量丰富，雨量充沛，无霜期长，年均气温22.4℃，年均雨量2 350毫米，夏秋属台风季节。

由于地处亚热带，日照时间长，太阳辐射强，蒸发量较大，年均蒸发量为1 400毫米。除4—9月降雨量大于蒸发量外，其余月蒸发量均大于降雨量，常出现春旱和冬旱。

江城区日照时间充足，年均日照时数1 900小时，无霜期350天以上，日照时间春夏季长、秋冬季短。

二、自然资源

（一）咸淡水资源

江城区水网密集、河流众多，主要有漠阳江、漠西运河、双捷运河、九羌河、双捷西干渠、埠场排洪河。其中较大的干流是漠阳江，流经江城区的双捷镇、白沙街道、中洲街道、城西街道、城南街道、岗列街道和埠场镇；还有漠阳江支流那龙河流经岗列街道。境内降雨充沛，多年降雨量为1500～2900毫米，河川径流量104.97亿立方米，人均水量4 280立方米，约为全省均值的1.5倍。

（二）土地资源

1996年，全区土地面积为4.659万公顷，还有20多个海岛，开发潜力十分巨大。

全区水域面积达5 383公顷，占全区土地总面积的11.57%，其中淡水池塘面积为2 070公顷。

全区居民点及独立工矿事业用地较多，面积为4 953公顷；有交通用地649公顷，水利水工用地431公顷，水工建筑164公顷，山塘水库267公顷；全区未利用土地，含草地、荒山、滩涂等，面积为1.308万公顷。

（三）植物资源

江城区有苏铁、银杏、南洋杉、马尾松、龙柏、樟、番石榴、金香炉、凤凰树等珍稀植物100多种；有夜合花、白玉兰、含笑花、桃花、玫瑰、海棠等观赏植物（花）数十种；有米屎苋、鱼仔药、金银花、狗肝菜、薄荷、崩大碗、鸡屎藤等药用植物数十种。

（四）动物资源

江城区有哺乳、飞鸟、爬行、两栖、鱼虾多类千种以上的动物。

哺乳类主要有：野猪、豪猪、穿山甲、大灵猫、猪仔狸、黄鼠狼等。

鸟类主要有：鸢、苍鹰、猫头鹰、燕雀、斑鸠、鹌鹑、鸿雁等。

爬行类主要有：盲蛇、琴蛇、白花蛇、金环蛇、银环蛇、甲鱼等。

两栖类主要有：虎皮蛙、金钱蛙、大蟾蜍、魔蜍、中国雨蛙等。

淡水鱼类主要有：白鳝、黄鳝、塘虱、鲤鱼、鲫鱼、黄颡鱼、大银鱼等。

（五）海洋资源

江城区海域水产资源丰富，达数百个品种，可供捕捞和养殖。

鱼类主要有：带鱼、马鲛鱼、鲳鱼、鲨鱼、石斑鱼、鲈鱼、青鲳等。

虾类主要有：对虾、龙虾、毛虾、白虾、泥虾、琵琶虾等。

蟹类主要有：青蟹、梭子蟹（花蟹）、毛蟹等。

头足类主要有：枪乌贼（鱿鱼）、乌贼（墨鱼）、章鱼（八爪鱼）等。

贝类主要有：牡蛎、毛蚶、海螺、法螺、寻氏肌蛤、麦氏偏顶蛤等。

其他类主要有：海蜇、海龙、海马、海参、海胆、海龟、玳瑁、鲎等。

（六）矿产资源

江城区矿产资源以建筑材料及其他非金属矿产为主，其次是金属矿产。

建筑沙料矿产分布于漠阳江两岸及河床，粘土矿产位于双捷、城西、埠场一带阶地上的横栏组砂质黏土层中。花岗岩矿产主要在岗列街道、埠场镇等地。

（七）地热资源

已进行勘查和评价的地热田有一处，即平冈镇百禄地热田。钻探资料表明，300米深度内可揭露出水温超过50℃的地下热水，单井最大自流量超过1 000立方米/日，具有圈套的开发潜力。

（八）风力资源

海陵岛及平冈、埠场等沿海地区，风力资源丰富，虽然风力发电刚起步，但是潜力巨大。

第二章

江城建党　东山曙光①

---

　　①　中共阳江党支部于1926年初在江城建立，故称"江城建党"；江城的东山（现称"北山"），内有革命烈士纪念碑、烈士陵园、革命烈士墓等红色场馆、文物，故以"东山曙光"展现其革命色彩，也暗示"革命兴起"之意。

第一节 大革命时期江城革命的背景

一、革命运动兴起的政治背景

1921年7月，中国共产党成立。随后，中国共产党发动和领导了全国第一次工人运动。1924年1月，中国共产党和中国国民党建立了革命统一战线，将中国反帝反封建的革命运动推向高潮。1925年5月，爆发了"五卅运动"，掀起了全国革命大风暴。中共广东区委和中华全国总工会随即发动了省港大罢工。原广东革命政府和1925年7月成立的广州国民政府，从1925年2月起，先后进行了东征南讨（即向东征伐陈炯明、向南讨伐邓本殷），促成了广东革命根据地的统一，为北伐战争准备了条件。江城的革命运动，就是在这个风起云涌、波涛澎湃的革命浪潮中逐步发展起来的。

江城地处广东西南沿海，是阳江政治、经济、文化的中心，是粤中与广东南路联络、沟通的咽喉，水陆交通的必经之道，工商渔农各业比较发达。其地理位置重要，曾经是帝国主义列强的垂涎之地，也是封建势力和地方军阀的必争之地。进入近代后，由于屡经兵祸，土匪充斥，江城境内社会动荡，政治混乱，民不聊生。

民国五年（1917年）之后，广东南路（阳江属南路地区）土匪逐渐增多，匪患逐渐严重，广州湾（今湛江）逐步发展为土匪的大本营，广东南路的土匪数量已居全省之首。阳江江城周边也是土匪众多，匪患严重；还有阳春徐东海、电白彭某某两股土匪也经常扰乱阳江江城部分地区。

1920年冬，阳春徐东海的土匪队伍被粤军总司令陈炯明招抚，从阳春袭占江城，自称"两阳司令"。后又被梁士锋（粤军第三路军司令）部击败。在梁士锋盘踞时，江城周边连年发生争夺战，人民苦不堪言。1923年7月，梁士锋与刘经画、王体端等为争夺江城城区，激战了3个昼夜。为扩充势力，梁士锋招匪为兵，更使四乡土匪蜂起，竟至股匪数十，匪众数千。许多圩镇都被土匪控制，城外数里都是土匪的天下。城区的官兵与城外的土匪互相勾结，狼狈为奸，经常勒索打劫、扰乱乡里，以至商贾裹足，人民逃避，工商凋零。

1925年8月，陈炯明在东江的部下熊略派其旅长陈寿到阳江，说东江战事激烈，要苏廷有马上出兵东江，以牵制粤军。同年10月，国民革命军在东江地区对陈炯明叛军进行第二次征讨。同月，广州国民政府还命广西李宗仁的俞作柏部、胡宗铎部南讨以邓本殷为总指挥、申葆藩为副总指挥、黄志衡为总参谋长的广东南路八属联军。至1926年1月，东江地区的陈炯明叛军、广东南路的八属联军基本被肃清，广东全省宣布统一。

东征和南讨的胜利，是第一次国共合作的重大成果，鼓舞和教育了人民群众，推动了当地工农革命运动的开展，催生了中共地方党组织。加上江城是阳江县的中心，地理上又靠近香港、澳门和广州，海陆交通便利，于是这里成了风气开通、新事物易于输入、新思想易于传播的地方。江城区域中共组织的建立和革命运动的兴起，就是根植于这样的自然和社会背景。江城正成为阳江党组织和革命运动的摇篮。

二、革命运动兴起的经济背景

20世纪初期，江城的经济仍然是以农业为主的自然经济。随着商品经济的发展，江城相继出现了一批铁器、漆器、木器、皮革的手工业工场，饭店、理发店等也发展较快。各行业规模不断扩大，工人不断增多。当时江城的工人工资低、工时长，工作很辛苦，且经常受资本家和土豪劣绅的压迫、打骂，人身缺乏自由，生命没有保障，有许多工人迫于无奈，宁愿去当兵。

20世纪初，法帝国主义侵占广州湾（今湛江）后，勾结军阀，大肆掠夺广东南路人民的财产，还帮助龙济光、邓本殷盘踞广东南路，利用他们压迫、剥削农民。他们连老百姓娶妻生子、饲养牲畜都要征税。邓本殷占据阳江时，还铸造不少伪银，发行不久停用，令江城人民大受其害。更有甚者，邓本殷盘踞阳江，为借匪力自保，非但不剿匪，反而兵匪混合，祸害人民。在军阀统治压迫下，各地民团"坐局抽苛捐保地主利益"，单此一项，一年就敲诈阳江64万元（银圆）以上，江城受害最深。与此同时，地主豪绅的重租盘剥和高利贷盘剥，使农民更加贫困不堪，甚至生存受到威胁。

因地主豪绅的重租和高利贷的盘剥、地方官吏的苛勒、土匪的掠夺，再加上连年不断的自然灾害，致使大量的农民和手工业者纷纷破产，农民辍耕，工商业凋零，社会萧条。

由于城乡自给自足的封建经济遭到严重破坏，政治腐败，经济衰落，内忧外患，民不聊生，民族的灾难、人民的痛苦已到了极点。在这样的背景下，起来革命已成为广大人民改变命运的唯一选择，革命风暴的来临只是时间的问题。

三、革命思想的传播及其影响

1917年，俄国爆发了十月革命。受其影响，1919年5月4日，北京爆发了反帝反封建的爱国学生运动。这是中国革命史上具有划时代意义的事件，标志着中国历史进入了新民主主义革命时期。

五四运动，使江城广大民众特别是青年学生受到极大的震撼和鼓舞。当时阳江县立中学（简称"县中"）的部分学生，积极行动起来上街宣传，揭露帝国主义侵略中国的罪行。继而，县城其他学校及各地农村学校的学生，也积极响应，纷纷罢课和示威游行，积极投身到这场轰轰烈烈的反帝反封建的爱国运动中。

随着运动的深入，江城的工人、青年学生乃至广大民众汇成一股强大的洪流，有力地支援着全国的反帝反封建斗争，也加速了当地人民的觉醒和思想解放，一批先进知识分子在运动中涌现出来。这些先进知识分子开始认识到工人阶级和广大民众潜力之伟大，并产生探索救国救民道路的思想。

带着探索的精神，江城先进知识青年在五四运动后掀起了一股学习和宣传马克思列宁主义的热潮。随后到广州求学的江城籍学生敖昌骙、陈必灿、吴铎民等人，积极参加广州地区的各种革命活动，团结阳江进步青年学生反对封建文化和封建制度，组织青年学习《向导》《中国青年》等进步刊物。他们要求民主，追求真理，成了新文化运动的拥护者和参与者，成了马克思列宁主义在江城的传播者。他们在广州学习期间，先后加入了中国共产党，成了阳江早期的中共党员。

第二节 党群革命组织在江城的建立

一、工农学群革命组织先后建立

1925年5月1日，中共广东区委、青年团广州地委联合发布《五一宣言》，号召工农群众团结起来，争取组织工人协会（简称"工会"）、农民协会（简称"农会"），组织农民自卫军（简称"农军"）。同时，广东省第一次农民代表大会在广州召开，选举产生了广东省农民协会委员会，并发表了《广东省农民协会成立宣言》，进一步推动了广东工农革命运动的发展[①]。

受全省革命形势的推动和两阳籍革命先驱的影响，江城的革命运动不断发展。从阳江升学而就读于广州的一批青年学生，1924—1925年在广州受到革命风暴的推动和共产主义的教育，积极开展革命工作。1925年夏秋间，谭作舟、敖华衮、黄贞恒等阳江籍进步青年从广州返回阳江，在二区雅韶乡经过深入宣传发动，建立了雅韶农民协会。这是阳江县第一个农民协会[②]。1927年3月8日，平冈的一个农民协会也在血雨腥风中成立——这就是平冈菹场村农会。该农会成立当日，阳江县农会派了代表和十几个武装农军前往，以防被破坏。大会结束后，农会代表和农军

---

① 参见中共广东区委的《关于广东农民运动报告》（1926年10月）；《广东革命历史文件汇集》甲6，中央档案馆等1983年印，第256~257页。

② 中共阳江市委党史研究室编：《中共阳江市委党史大事记》（新民主主义革命时期）（1995年3月），第2页。

出到村外，土豪即在农会门口开枪打死农会委员林星词（林星慈）。农会成立不久，农民自卫军随之成立，并把林氏宗祠作为农军活动据点，领导农民开展减租减息等反封建斗争。1927年4月15日，阳江县的国民党反动派实行"清党"，农民自卫军的林源汉（林元汉）、林世泰（林举泰）、林汉、林拔元（林拔尤）、林德勇、林举培、林世允等被杀害。

1925年11月7日，国民革命军进占阳江。此后，国民党中央农民部（部长为共产党人林祖涵）先后派何毅、欧赤、吴铎民、冯年等到阳江。他们到阳江后，即在文昌宫设立国民党中央农民部特派员阳江办事处，开展农运工作。不久，欧赤负责青年运动（简称"青运"）工作。

同年12月，南讨军在阳江组成绥靖委员会，第四军政治部派党务科长罗扬清（中共党员，阳春人）随军来到阳江江城，任阳江绥靖委员会委员。罗扬清在阳江县立中学组织学生军60人，进行军事政治训练，宣传革命形势和道理，深得进步学生的欢迎。

学生军的训练历时两月。通过政治理论学习和革命实践，学生逐渐明白很多革命道理，逐步认识到帝国主义和封建军阀的罪恶，增强了爱国热情，并树立救国之志。结业典礼时，学生军纷纷表示今后将继续参加爱国运动，致力打倒帝国主义和封建军阀，用行动来保卫祖国。冯尚廷、廖绍琏、冯成汉、冯国梁、姚祖贵等一批学生，从此走上了革命道路。

与此同时，为了加强抵制帝国主义，省港罢工纠察委员会又特派黄镜如来阳江组织"截缉办事处"，并将办事处设在江城大埠头天后宫。办事处的任务是组织工人、学生，封锁港口，查缉私货，打击英、日等帝国主义和奸商。

当时的江城，短时间来了一大批党团员和工农运动骨干分子，他们密切联系工人、农民和学生，广泛宣传革命道理，积极开展革命工作，对江城乃至全县的工人运动（简称"工运"）、农民运动（简称"农运"）和学生运动（简称"学运"）都有很大的推动作用。1925年1月底，中国社会主义青年团改为中国共产主义青年团①。1925年12月，中国共产主义青年团在江城等地发展了冯尚廷、姚祖贵等5名团员，建立了中国共产主义青年团阳江支部，欧赤任支部书记。这是阳江县第一个团支部。

同样，革命斗争也教育和锻炼了人民群众。在共产党的宣传和教育下，江城的工人阶级觉悟不断提高，很快在理发工人中涌现出了曾道生等一批积极分子。在他们的组织和带领下，1925年12月8日，阳江县第一个工会组织——理发工会在江城成立。理发工会的成立，揭开了阳江工人运动的新一页。在工会的组织和带领下，工人阶级团结起来，开展了一系列有理有利的斗争。

1926年2月，共产党员冯军光回到江城协助搞工会，他会同廖绍琏对熟悉的酒米工人进行串联发动和宣传教育。当时江城各行业工人经常失业，如遇疾病，便临绝境。经过教育，工人认识到资本家的剥削罪恶，逐步提高了思想觉悟。在共产党的领导（通过国民党阳江县党部的公开领导）下，酒米工会很快成立了。随后，民船工会、铁器工会也相继成立了。1926年5月1日，理发、酒米、民船、铁器等工会第一次联合举行了有组织的庆祝大会。

1926年夏，国民党阳江县党部工人部部长陈俊、干事关崇懋等到闸坡领导渔工对资方斗争取得胜利后，于6月10日成立了闸坡渔业工会。到秋季，江城已成立的工会，如理发、酒米、车衣、酒楼、茶室、药材工会会员各有100多人，铁器、糕饼、皮

---

① 中共广东省委党史研究室：《中国共产党广东地方史》（第一卷），广东人民出版社1999年8月版，第141~142页。

革工会会员各有八九十人，棉胎工会会员有50余人，民船工会会员有700余人，装船工会会员有200余人，闸坡渔业工会会员由1300多人发展到1500多人。平冈等圩镇也成立了工会分会。1926年秋，阳江县总工会成立，总工会常委为曾道生，委员有张乐华、欧业勋、林达卿等。

二、中共阳江县支部在江城建立

1926年1月，中国国民党第二次全国代表大会在广州召开，大会通过了继续执行孙中山的遗嘱，坚持联俄、联共、扶助农工的政策。中共广东区委为了迅速开展建党工作和工农运动，通过国民党广东省党部和南路特别委员会，于1月委派广东大学学生、共产党员敖昌骙和敖华衮等人，以工农骨干的身份回阳江，积极从事建党工作和开展工农运动。敖昌骙原在省港罢工委员会工作，跟随他一起来阳江的还有多名工农骨干，共带回10多支枪，加强了工人纠察队的力量，壮大了工农运动的声势[1]。在做好这些工作的同时，敖昌骙等更主要的是开展创建中共阳江县支部的工作。时任国民党广东南路办事处主任的共产党员黄学增、时任国民党中央青年部干事的阳江籍共产党员阮绍元（又名阮退之），也于1926年2、3月两次到阳江视察，并指导中共阳江县支部的筹建工作。

先后回到阳江从事革命活动的敖昌骙、谭作舟、吴铎民、敖华衮、欧赤、罗扬清等，当时均为共产党员，他们根据上级党组织的指示，在阳江通过国民党政府开展工人、农民和青年学生的运动。敖昌骙搞工运，组织成立江城工会和工人纠察队、缉私

---

① 中共阳江市委党史研究室编印：《第一二次国内革命战争时期中共阳江革命斗争史料汇编》（1991年6月），第56页。

队；谭作舟、吴铎民、敖华衮等搞农运，在阳江成立农民运动办事处，负责农运工作；欧赤搞青运，组织成立共青团、"新学生社"；罗扬清在阳江县立中学组织青年学生进行军训，搞绥靖工作。这些共产党人满腔热情，积极行动，克服重重困难，深入宣传发动，在较短时间内，迅速发动部分工人和青年学生，促进他们觉醒，积极发挥他们的作用。中国共产主义青年团阳江支部成立后，在其组织和带领下，县立中学的青年学生经过宣传教育和军事训练，革命觉悟有很大提高。他们中很多人要求进步，追随革命，寻找光明。

经过几个月的革命活动，阳江又发展了一批革命坚决、意志坚定、立场鲜明、勇于献身的工农知识分子入党，阳江的共产党员已发展到10多人。为了更好地推动阳江革命形势的发展，迫切需要在阳江建立中共组织。随着党员数量的不断增加，成立党组织的时机已基本成熟。1926年3月初，经上级党组织批准，秘密成立了中共阳江县支部，支部书记为敖昌骙，组织委员为敖华衮，委员有关崇懋、吴铎民、黄贞恒等。后来，谭作舟、冯军光返回阳江，增补为委员。中共阳江县支部设在江城县前街文昌宫内。

中共阳江县支部的成立，对于领导和推动江城开展革命斗争起到了重要作用。

第三节

掀起爱国浪潮 助罢工反侵占

一、拒卖海岛 维护国家主权

海陵岛位于阳江南部沿海，环岛水深，港湾较多，其中闸坡港可泊巨舰，是一个优良海港。岛屿地理位置优越，工商渔业较发达，有"小澳门"之称，帝国主义早已垂涎。1925年春，在闸坡港附近水域发现一艘英舰在测量水位，不久就传出有某军阀（据史料记载，指邓本殷）向英人借款300万元，以全岛作抵押，租借30年，此事正在秘密进行中。但海陵岛是中国南方的一个重要岛屿，握航政之中枢，一旦租与英国人，不仅仅是阳江人的切肤之痛，而且也会影响到领土主权和国防安危。英国人这一举动是对中国国家主权的侵犯。联系此前发生的"五卅惨案""沙基惨案"中英帝国主义者对中国人民的大屠杀，有识之士无不切齿痛恨。因此，消息一传出，江城全城哗然，群情激愤，怒骂军阀的无良和帝国主义的可恶。1925年7月20日，阳江县学生联合会立刻发出通电，向国民政府和广东各界呼吁，并联合江城各界民众行动起来，开展反对出卖海陵岛的斗争。接着，社会各界联合举行盛大的反帝集会和示威游行，坚决反对出卖海陵岛[1]。当事者慑于群众的威力，不敢轻举妄动。最后，盗卖海

---

[1] 中共阳江市委党史研究室编：《中共阳江党史大事记》（新民主主义革命时期）（1995年3月），第1~2页。

陵岛的图谋未能得逞，胎死腹中。英法帝国主义在江城的传教士见势不妙，都纷纷逃跑。通过这件事，江城人民反帝反军阀斗争得到了进一步的推动。

7月26日，在海陵岛附近海域又发现英国一艘小炮舰在游弋，后来有水兵在闸坡登岸采购粮食、蔬果等。海陵岛居民对英国军人在中国陆地和海面上耀武扬威很是反感，当地商贩还拒绝卖给他们食品。随后，有大批群众聚集在海边，向着英舰高呼"打倒帝国主义""不卖粮食给帝国主义"等口号。最后，英舰只得灰溜溜地驶离闸坡。阳江人民又一次取得了反帝斗争的胜利。

二、 抵制外货　援助省港罢工

1925年5月30日，上海发生了震惊中外的"五卅惨案"。为了声援上海人民的反帝斗争，从1925年6月29日开始，广州举行了声势浩大的持续16个月的省港大罢工。同年6月23日，在广州发生了"沙基惨案"。这两起事件的发生，在江城引起了强烈的反响。在中共广东区委的号召和阳江进步人士的推动下，江城工、农、商、学各界积极参与了阳江县成立的援助省港大罢工委员会，共同致电声援省港大罢工的斗争[1]。7月10日，群情激愤，举行了数千人的反帝大集会和示威大游行，散发关于"沙基惨案"暴行经过的传单和死难同胞的图片，抗议帝国主义的暴行，对省港大罢工的斗争给予了支援。

为加强反帝斗争，1926年1月，阳江籍共产党员陆续回到阳江，集中于江城，并于2月2日改组了阳江各界对外协会。7日，

---

[1]　中共阳江市委党史研究室编印：《第一二次国内革命战争时期中共阳江革命斗争史料汇编》（1991年6月），第56页。

举行了成立改组典礼，同时纪念"二七惨案"，到会代表1 000余人。通过这些活动，密切了江城各界的联系，促进了各方的配合，以加强反帝缉私斗争，支援省港罢工。从3月20日起，江城各界开始带头募捐，城区及重要圩场的商铺，都捐半月租金相助。3月23日，阳江各界对外协会举行第一次执行委员会会议，讨论援助罢工问题。会议决定举行援助罢工周，由3月30日起至4月5日止，在此星期内除派宣传队在市场演讲外，还派人到各圩场进行宣传，大量派发《援助罢工意义》的传单，让社会各界都明白罢工的重大意义，激发爱国反帝的热情。

1926年3月30日，江城等地各界对外协会、国民党阳江县党部和国民党第二师政治部以及各界团体50多个、10 000多人在旧府衙（今中山公园）前举行援助省港大罢工大会。大会由国民党阳江县党部执委常委梁济亨主持，各界团体代表发表演讲。会后举行反帝示威游行，并组织10多个宣传队分往各地劝捐及宣传演讲。在援助罢工周之后，还推派代表符国光、敖华衮、梁济亨、林振环、陈炳焕、谭作舟等人携带第一期捐款700毫洋（旧中国广东、广西等省通行的本位货币）到广州慰问罢工工友。同时，还以国民党阳江县党部第一区执委的名义，致电慰问省港大罢工委员会和罢工工友，电称"务望诸工友，坚持到底，继续努力奋斗，以搏最后之胜利"，并表示誓为后援。

1926年6月，中共阳江县支部通过国民党阳江县党部发动工人、学生联合纠察队，扩大封锁北津港口，检查英、日货物，缉获一批英货运回阳江城烧毁，后来又缉获英货3船，上缴广州省港大罢工委员会。通过这些活动，沉重地打击了走私奸商，有力地支援了省港大罢工，广大群众也从中受到了深刻的爱国主义教育。

第
四
节

中共领导的革命运动的发展

一、国共合作对江城的影响

1924年1月，国民党一大通过了《中国国民党第一次全国代表大会宣言》，选举产生了有中国共产党员参加的国民党中央执行委员会。这标志着第一次国共合作正式形成。国共合作建立后，广东成为全国国民革命的中心。为尽快筹建国民党阳江县党部，1925年9月中旬，国民党广东省党部派梁济亨带几位宣传员回到阳江江城，并联系了阳江驻军苏廷有。几天后，符国光、王仲芳两人亦奉国民党中央之命来阳江协同筹建阳江县党部，几天时间，就成立了一区分部。当时苏廷有表露叛变态度，梁济亨、符国光等人深感处境不利，遂于当月27日夜乘轮船赴广州。

1925年11月上旬，国民党第一路军陈名枢部南讨苏廷有，苏廷有败走。第一路军攻占阳江江城，梁济亨、符国光、王仲芳见形势好转，便先后抵达阳江继续筹建国民党阳江县党部。国民党广东省党部南路特别委员会委员黄学增等亦随军到阳江，予以指导，并派关泽霖、曾立予、陈俊帮助开展筹备工作。12月，国民党阳江县一区、二区、三区等区党部先后成立，党员人数约1 000人，并定于1926年1月1日召开代表大会，成立国民党阳江县党部。因县长姚世俨百般阻挠，加上地方封建反动势力顽强抵制，最终，国民党阳江县党部没有成立。梁济亨、符国光即赴国民党广东省党部报告。随后，黄学增到阳江视察，了解情况，查明真相，梁济亨、符国光等在广州的活动也得到阳江旅省革命派的支持。1926年1月20日，国民党广东省政府做出决定，撤销姚世俨县长职务（仅任两个多月），委任陈鸿慈为县长。1月底，梁济亨、符国光奉省党部执委之命返回阳江江城，改组区分部，开展筹备国民党阳江县代表会工作。在此情况下，特别是在1926年3月中共阳江县支部成立后，部分既是国民党员又是共产党员的革命同志，他们利用双重身份，积极为国民党阳江县党部的成立做了大量的筹备工作。同时，国民党中央青年部干事阮绍元，于1926年2、3月间也两次回到阳江视察党务和青年工作。他在旅居省城的同乡中声誉较高，对阳江封建绅士有一定威慑作用，因而对建立国民党阳江县党部的工作也有所促进。

1926年3月11日至13日，国民党阳江县代表会在江城正式召开，全县三个区党部选出153名代表出席大会。敖昌骙以南路绥靖委员、吴铎民以国民党中央农民部特派员、罗扬清以第四军代表和南路绥靖委员的身份参加大会。在这次会议上，代表们做了工人运动报告、农民运动报告、政治状况报告等多项报告。代表会选举了执委和监委，并选出国民党阳江县党部常委和各部委员。3月15日，国民党阳江县党部执行委员会成立，开始办公。国民党阳江县党部的建立，使国共两党地方组织在阳江的合作得以实现。在阳江县党部执委7人中，有3人是共产党员。在阳江县党部的职员中，共产党员也占一定数量，有执行委员兼宣传委员罗扬清、执行委员兼农民运动委员敖华衮、执行委员兼青年运动委员敖昌骙、工人运动干事关崇懋、农民运动宣传干事黄贞恒、调查干事谭启沃，还有共青团员冯尚廷也担任了平民教育事务。在各区党部常委执委中，也有共产党员当选。至此，国民党县、区党部的很多方针政策，都有共产党员在参与制订和执行。国民党阳江县党部设在江城孔庙（学宫）的尊经阁（即后来的江城第一小学后楼，已拆）。

1925年冬，国民党中央农民部派出农民运动特派员12人随军南征，开展农运，来到阳江的何毅、欧赤、吴铎民、冯年和后来转回阳江的谭作舟、敖华衮等农运特派员，都在阳江加紧开展农运工作。

国民党阳江县党部实际上是在中共阳江县支部的支持和推动下建立的。自从中共阳江县支部及国民党阳江县党部建立之后，中共组织和革命群众组织在江城乃至整个阳江都有了新的发展，中共组织与国民党左派的团结也得到加强，这对孤立国民党右派分子，落实三大政策，贯彻《国共合作宣言》都起到了推动作用，对后来江城工农革命运动的兴起与蓬勃发展起到了重要的领导组织作用。

二、工人运动不断扩张发展

1925年10月至1926年2月，先后来到江城开展革命运动的共产党员敖昌骙、黄镜如、冯军光、欧赤、罗扬清、张善铭等在协助筹建国民党阳江县党部的同时，也大力开展工运工作。他们来到阳江以后，深入宣传发动群众，抓紧培养工农运动骨干。1926年3月以后，在他们的组织和发动下，各区召集工人召开了工友大会，宣传革命知识，提高工人觉悟。1926年5月1日，在中共阳江县支部的领导和国民党左派的支持下，召开了江城各工会庆祝大会，显示了江城工人阶级的力量，使工人认识到，工人只有建立起自己的组织，才有战胜资本家的强大力量。在共产党的领导下，江城的工会组织不断发展壮大，并积极开展了各种斗争，维护工人阶级的基本权益。通过工人运动和群众斗争，教育和锻炼了工人，提高了工人的思想觉悟，也推动了江城革命运动的发展。

工会的发展壮大，进一步推动了工人参加革命斗争，标志着江城工人运动发展到了一个新的阶段。1925年10月8日，闸坡的渔工为渔业资本家出海捕鱼时遭受强台风的突然袭击，一共有10多只船被打沉，淹死一二百人，渔工家属多次向东家哀求抚恤，始终得不到分文补偿。可怜的渔工家属失去了主要的劳动力，生活没有了支柱，一时不知所措，呼天喊地，悲惨之极！时间过去了大半年，到1926年夏，中共阳江县支部通过国民党阳江县党部，派出工人运动委员陈俊和工人运动骨干、共产党员关崇懋，带领县工人代表到闸坡慰问遇难渔工家属，组织渔工代表和遇难渔工家属向资方说理，竟一再遭资方无理拒绝，经再三交涉，仍毫无结果，渔工们愤愤不平。在工运委员会和渔工代表的领导和组织下，闸坡渔工联系沙扒渔工举行了罢工。在两地渔工罢工的时候，资方勾结反动势力，收买流氓从中破坏，但渔工们毫不退让。渔工们意识到罢工成败关系到自身的长远利益，加上得到了中共阳江县支部和国民党阳江县党部的坚决支持，所以下了斗争到底的决心。由于他们坚持斗争，反动势力的破坏不能得逞，资方被迫给渔工家属发了抚恤金，罢工斗争取得了最终的胜利。罢工斗争的胜利，使工人们认识到，工人只有团结起来，才能保护好自己的基本权利。

闸坡、沙扒渔工的罢工斗争，教育和鼓舞了其他行业工人要团结斗争。首先是江城药材行业的工人提出了加薪。当时县商会会长是药材店老板，药材行东家倚恃把持商会的权力，先是拒绝工人的要求，继而多方给工人施加压力，阻止工人进入商会论理。由于工人人多势众，最终还是冲破了商会的阻挠，进入商会向会长说理。商会会长这时也知众怒难犯，况又有政府人员和其他行业人士的支持，只好做出让步。药材工人在取得斗争胜利后认识也有了提高，明白命运掌握在自己的手中，要摆脱压迫和剥削，必须进行有理、有利的斗争。

酒米行业是当时最辛苦的一个行业。在其他行业工人斗争的鼓舞下，1926年7月初，酒米行业工人也联合起来，与反动势力进行公开斗争。生活困苦的酒米工人，随后也向资方提出了提高工薪待遇等合理要求。资方对工人的要求，不但拒不接纳，还勾结政客、土豪劣绅蓄意破坏工会，殴打工人，工人被迫于7月9日罢工。在酒米工人罢工要求加薪期间，阳江驻军营长马毓藩借口野外操练，于7月14日把全营人马开往闸坡、溪头等地，纵容资方收买兵痞、暴徒行凶。7月15日，暴徒殴打酒米工人，纠察队出来拘捕暴徒；16日，反动派鸣锣集会，捣毁一区党部及酒米、理发等工会，后又围攻县党部，欲追殴执委常委梁济亨，还围攻大埠头天后宫的缉私队部，围攻缉私纠察队，要挟商店罢市，封锁街道，不准市民出入，气焰十分嚣张。当时，软弱无力的国民党阳江县政府制止不了反动派的疯狂行为。在这种情况下，7月17日，中共阳江县支部通过国民党阳江四区党部，秘密调动第四区农军及联防团队的数十人武装队伍进城，配合城中的工人纠察队一同行动，奸商、暴徒开始畏惧，其反动行为不得不有所收敛。在共产党人和工农盟军的支持下，酒米工人经过艰苦斗争，终于取得了胜利，酒米资方被迫给工人加薪。经过这次斗争，大大提高了当地中共组织和工会的威信。

1926年夏，反动派围攻工人纠察队，殴打工会人员，更有甚者，假借公民大会，鸣锣起事，高呼反动口号。一时间，反动势力极为猖獗，气焰甚为嚣张，连国民党阳江县党部的主要人物也纷纷躲避，唯有国民党阳江县党部执委常委、共产党员敖华衮等继续坚持斗争，一面向国民党广东省党部和国民革命军第四军军长李济深再三报告，请求下令制止阳江江城反动浪潮，一面领导革命群众与反动势力做不懈的斗争。最后，国民党广东省党部致电国民革命军第四军第十三师（师长徐景康、副师长陈章甫），调走阳江驻军营长马毓藩，下令国民党阳江县县长陈鸿慈扣留围攻纠察队的肇事者数百人，并将首要分子——阳江县商会副会长周启迪扣留严办。到1926年9月份，反动派的暴行被镇压下去，江城的反动风潮才告平息。

三、农民运动与反封建斗争

在中共阳江县支部建立以前，农民没有讲话的权利，政治上受压迫，经济上受剥削，同时军阀草菅人命，盗匪到处抢劫，民生凋敝，生灵涂炭。当时，农民占总人口的96%以上。农民中，自耕农占20%，半自耕农占25%，佃农占40%，雇农占15%。在农村，迫于生活困难，五六岁的稚子已牧牛于野外，六七十岁的老翁尚负重于田间。中共阳江县支部遵照上级指示，并通过国民党阳江县党部、国民党中央农民部阳江特派员办事处以及阳江县农民协会筹备处等多方面的共同努力和不懈斗争，发动江城等地农民群众建立农民协会和农民自卫军，把革命斗争运动推向新高潮。

欧赤、吴铎民先后受国民党中央农民部委派，来到阳江江城搞农运。派往外地的谭作舟、敖华衮，于1926年春也调回阳江。相继调回阳江搞农运的还有黄贞恒、谭启沃、何毅、冯耀、梁本荣等。他们均以农运特派员的身份工作，并在文昌宫设立国民党中央农民部特派员阳江办事处，谭作舟为主任。吴铎民被派驻阳春筹备阳春农会。

来到阳江的农运特派员，先以一区、二区、四区、六区（附城、大沟、平冈、织篢）为试点，分别由黄贞恒、谭启沃、敖华衮、谭作舟负责全区农运工作。后吴铎民、黄贞恒调到六区。通过农运特派员的努力，1926年春，一区（时属江城区划）的塘尾、三洲、那西、第一埒、新塍、东碎、那洛、双林、岗背、木赍、军塘、玉沙、东门园等13个乡成立了农会;1926年夏,二区从雅韶二十六乡到大沟三丫乡也成立了一批农会。同时,在六区金华、蓝袍两乡开展了农会的筹备工作;还在良洞、新梨、花村、连浪等乡开展了成立农会的宣传活动。至1926年夏秋间,成立农会的乡有:四区(时属江城区划)的良朝、百黄、松中、永华等,六区的牛岭、宋家寨、兴社、彭洞、水南、长田尾、车田、旧仓、白水、塘口、白石寨、礼竹庄、禾甲、桐油、甲乡等30多个乡。依照农会的组织章程规定,每区有7个乡以上成立了农会的,便可成立区农协筹备会。此时,一区、二区、四区、六区都成立了农协筹备会。阳江县农协筹备会也相应成立,办公地址设在文昌宫。同时,中共阳江县支部通过国民党阳江县党部、国民党中央农民部阳江特派处、阳江县农协筹备处,在组织各区乡农会、农军时,布置农军向公偿要枪,向各村要公枪;县党部还联合县农运特派处向县长交涉,要县署通告各区、乡民团把部分枪支交给各区、乡农军,以应农民自卫军组织之急需。县长在县党部及工农群众的强烈要求、坚决斗争和全省革命形势的压力下,被迫照办。

为壮大农运声势,显示革命力量,县党部于1926年10月10日举行了农工商学联合庆祝大会,会后又举行大巡行,有工人代表700余人、农军代表600余人参加。他们都携带枪弹,穿着整齐的服装,分别扛着犁头红旗和斧头红旗,有秩序地穿行在大街上,其革命声威震动江城。至11月,全县有乡级农民协会80多个,会员达12 000多人。12月初,在各区、乡农会相继成立的基础上,阳江县农会成立。农军也不断发展,已拥有枪支800多支。

在阳江县农会成立时,举行了隆重的成立仪式。各区、乡农会、农军都派代表参加,各工会分别组织代表和动员广大工人参加，县妇协会、县学联会的会员也跟随参加大会。会后，还进行了声势浩大的巡行。

由于阳江县农会的成立得到广大民众的拥护，革命组织、革命队伍不断壮大，他们的权力也愈来愈大，"一切权力归农会"已不再是一句空话。江城的农会，先后领导农民开展轰轰烈烈的"二五"减租减息斗争，他们唱着《农民苦》和《工农兵联合起来》等歌曲，要求地主减租减息；还通过县农会迫使县长明令通告各区、乡减租减息，使有农会、农军的乡都获得了减租减息的胜利果实，取消了地主向农民索取的"田信鸡""田信谷"一类的额外剥削。

有的乡农会对一些侵占公共利益的地主土豪，也进行了坚决的斗争。如平冈百黄乡农会，同地主土豪敖小森、敖昌礼做斗争，收回了蚝塘所有权；从敖昌宗处收回了其所霸占的小学公物。四区造性乡农民黄庆华被拘押，经农会的斗争，反动势力才向农民让步。四区土豪劣绅势力之雄厚为各区之冠，常阻碍各种革命运动，连良村农会在召开大会时，土豪梁洽元也竟敢出面捣乱。农友起来反抗，把他捆绑送县里惩办。农会运用自己手上的正义权力，进行依理依据、有理有利的斗争，为受苦农民申了冤，使土豪无可奈何，不敢继续作恶、蛮横胡来，使农民的权益得到了一定的保障。

在工会、农会组织扩大之后，附城工农联合起来，开展了一次反对阳江县民团总局控制经费的斗争。为了筹集县工人联合会和县农协筹备会的经费，要求民团总局将牛圩的"牛印费"拨为经费，得到国民党阳江县党部和国民党中央农民特派处的支持。但把持民团总局的反动势力，一向敌视工会、农会，多次横蛮拒绝。于是县工人联合会及县农协筹备会，派员于牛圩日直接收取"牛印费"，同时预计有斗争，派出工人纠察队和一区农军在牛圩警戒，控制牛圩。果然县民团总局纠集武装警察到牛圩制止，即被工人纠察队和农军包围，农会会员则参与助威，形势紧张。国民党阳江县府怕出事故，派县大队到现场调解，要求各收一半。工农会便胜利地结束了这次斗争。这又一次证明了工农武装的威力。

在轰轰烈烈的大革命运动中，广大农民不断接受共产党的领导和教育，革命觉悟不断提高。农民群众团结起来，拿起自己的武器，勇敢地与反动势力做斗争，把反动势力的嚣张气焰打下去，从而使农民运动不断取得胜利。农民扬眉吐气，更加坚定了革命的意志和信心。

第五节

大革命失败下的悲歌与抗争

一、江城陷于反革命大清党恐怖中

江城工农运动的兴起，触动和损害了反动势力、土豪劣绅及奸商的利益，致使江城在1926年七八月间刮起了一股反动风潮。猖獗肆虐的反动势力收买流氓、烂仔、兵痞，勾结当地驻军，殴打工人骨干，捣毁工会，烧毁国民党一区党部的孙中山遗像和国民党党旗，追殴国民党阳江县党部执委常委梁济亨，围攻国民党阳江县县长陈鸿慈，把省港大罢工委员会派驻阳江的纠察缉私队人员驱赶出阳江区域，收缴缉私队的枪支，强迫各商店关门罢市，封锁街道等，陈鸿慈、梁济亨见势不妙，只得外出躲藏。

至1927年初，革命形势更加严峻，反动风潮越演越烈。3月，就平冈蛋场村农会成立时农会委员林星词被土豪开枪打死一事，虽然县党部和县农运特派员办事处立即报省查办，但因反动势力大，省有关方面尚未解决，而蒋介石已公开背叛革命，开始大屠杀了。

1927年4月12日，蒋介石在上海公开发动"四一二反革命政变"，收缴工人纠察队的武器，捕杀共产党员和革命群众。4月15日零时，广东的国民党反动派也统一时间、统一行动，突然进行反革命"清党"。

"清党"当天的江城，反革命军警封锁了街口和重要街道，包围了工农会会址和一些共产党员、共青团员、国民党左派人士的住处，分头逮捕革命同志。在国民党阳江县党部逮捕了中共阳江县支部书记敖昌骙，国民党阳江县党部执委常委梁济亨、党务视察员梁本荣（信宜人）、党部事务员梁介年；在国民党中央农民部特派员阳江办事处逮捕了中共阳江县支部委员、农运特派员谭作舟，中共阳江县支部委员黄贞恒，共产党员谭启沃；在国民党一区党部（设在牛角巷沙氏宗祠，即今新华北路）逮捕了区党部常委陈必灿和佘仕灿；在阳江县立中学逮捕了阳江县中学生会常委、共青团员冯尚廷；在群众家中逮捕了党务人员宋锦荣和共青团员姚祖贵；在四区逮捕了刚回到家乡的中共阳江县支部委员关崇懋，国民党第四区党部委员兼农运委员敖华日、四区党部常委梁泮亨、农民自卫军队长梁洸亨等。次日，逮捕了二区党部常委陈鸿业。第三天，在江城诱捕了总工会常委曾道生、委员张乐华。第六天，在江城逮捕了中共阳江县委特派员罗济奇[①]，农军林源汉、林世泰则被当场枪杀。1927年5月，国民党阳江驻防军营长梁开晟又下令拘捕置场农军林权、林拔元、林德勇、林举培、林世允等5人，诬以劫牛贩牛的罪名而将他们杀害。

在江城外围，反动派还先后在阳春县农会筹备处逮捕了驻阳春农运特派员吴铎民，在六区逮捕了区党部常委兼农会委员王德符，在八区截捕了农会常委、共青团员曾毓华，在沙扒逮捕了渔协会常委梁学贤。"清党"期间，溪头白水乡农军队长冯自福被地主用牛屎牛尿灌死，还捉了农会5人押解县里坐牢。农会委员冯成汉先逃往亲戚家，风声鹤唳，难以栖身，后逃往山东，死于异乡。曾毓华被释放后，不肯具保，怕被追查，急离阳江，后辗

① 广州市地方志编纂委员会编：《广州市志》，广州出版社1997年7月版，第636页。

转逃往云南、贵州等地，广东解放后始返阳江。几个月来，被捕人员充塞牢狱，连县城南门外字祖庙（现阳江师范附小）也关押着不少工农群众。凡被捕的群众均受勒赎，不少人因此而破产，妻离子散，致使江城乃至阳江全县陷于白色恐怖之中。

二、十六位革命者狱中的英勇斗争

1927年4月18日至20日，国民党广东省清党委员会指派关启华、黄玉明、谢彦华为"两阳清党委员会"委员，关启华为主席，干事有关崇基、谢维祺、杜幸安等。"两阳清党委员会"下设秘书、情报、审查3处。他们分别派爪牙到各地进行"清党"和侦察，配合反动县府军警大肆逮捕革命人士，严刑审讯逼供。5月3日，共产党员敖昌骙、谭作舟、黄贞恒、陈必灿、吴铎民、关崇懋、谭启沃、梁本荣、王德符、陈鸿业、张乐华，共青团员冯尚廷和其他革命同志梁济亨、敖华日、梁洸亨、梁泮亨等16人被解往广州，初拘押于中央公园前明星影剧院，旋即转移拘禁于广州市公安局，后又解往广州南石头惩戒场（监狱）。

在阳江关押期间，敖昌骙、陈必灿等人，以坚强的革命斗争意志来影响、教育、鼓励其他被捕的同志起来斗争。在审讯时，他们大义凛然，据理力争，声明自己所为是遵照国民党、孙中山三大政策办事，逮捕他们是违法的，必须释放。他们坚贞不屈，视死如归。在放监时，他们访问"监犯"，帮助被冤屈的"犯人"写申诉书，并宣传革命道理、教唱革命歌曲。这样，不但使革命同志相互激励，鼓舞了革命斗志，坚持了顽强斗争，而且也使"监犯"、监丁受到一定的启发和教育，使反动派为之震惊。

1927年12月11日广州起义时，成立了广州苏维埃政府。因英法帝国主义的阻挠，起义军未能渡江，致使营救敖昌骙等人未果。他们之后一再备受酷刑，但仍然坚持真理，英勇斗争。敖昌骙在广州监狱中，曾先后写诗四首，其中一首云："奋斗两三年，锄奸志亦坚。早知遭毒手，恨未御防先。"①后来知道反动派要杀人了，敖昌骙又赋诗云："白色逞恐怖，珠江激怒鸣；英魂长不灭，夜夜绕羊城。"②陈必灿于1928年8月15日在狱中用毛笔在白格布底衣写下遗书，书云："生适乱世，睹民生之涂炭，社会之不良……是以投身党国，参加革命，冀幸救斯民于水火之中，登于衽席之上，而不负十余年之所学……先天下之忧而忧，且为谋多数人之幸福而死……虽死实为不死。"③谭作舟则在短裤上写遗书给弟弟："弟弟，我今为革命死矣，死得其所，望弟继吾志愿。"④这些诗文深刻地体现了革命者的远大理想和雄心壮志，体现了他们舍生忘死为革命、针锋相对斗顽敌的大无畏精神和高尚情操。1928年9月5日，除张乐华被判处无期徒刑，后瘐死狱中外，敖昌骙、陈必灿等15人均被解往刑场处决。在开赴刑场途中，他们态度镇定、严肃，一路高呼"共产党万岁！""打倒蒋介石！""打倒帝国主义！"被押赴刑场后，他们个个视死如归，从容就义。他们虽然不幸倒在反动派罪恶的枪口下，"壮志未酬身先死"，但他们对共产主义的坚定信仰，对革命事业的无限忠诚，是感人肺腑、催人泪下的，无不激励着革命的后来者继往开来，奋斗不息。被枪杀的15人和瘐死狱中的张乐华，在阳江被合称为"阳江十六烈士"⑤。

---

① ② 中共阳江市委党史研究室编印：《第一二次国内革命战争时期中共阳江革命斗争史料汇编》（1991年6月），第35页。

③ 中共阳江市委党史研究室编印：《第一二次国内革命战争时期中共阳江革命斗争史料汇编》（1991年6月），第73~74页。

④ 中共阳江市委党史研究室编印：《第一二次国内革命战争时期中共阳江革命斗争史料汇编》（1991年6月），第74页。

⑤ 阳江市地方志编纂委员会编：《阳江县志》，广东人民出版社2000年11月版。

　　大革命在全国最后失败了，江城也遭受同样的命运。大革命在江城是一场由当地中共党组织参与并领导的革命运动，虽然有许多共产党员和革命者流血牺牲了，但革命事业前进的步伐并没有因此而终止。经过大革命的锻炼和洗礼，江城各级中共党组织和革命者获得了极为深刻的经验教训，在革命斗争实践中开始感悟到要革命就必须牢牢掌握枪杆子的道理。这就为中共党组织领导全体江城人民走向新的革命复兴之路准备了条件。

第六节 逆境中中共阳江县委在江城成立

蒋介石背信弃义于1927年发动"四一二反革命政变"之后，阳江反动派按照广东反动当局的统一部署，重点在江城开展了"四一五""清党"行动。"清党"中，阳江一批共产党员和工农骨干惨遭杀害，党组织和革命力量遭到严重摧残。此时，阳江的中共党组织已无活动。

大革命失败后，尽管阳江仍笼罩在一片白色恐怖之中，但在外地的阳江籍中共党员却不怕牺牲，陆续回到阳江，重燃革命烈火，开展新的斗争。早在上海加入中国共产党的许高倬，于"四一二反革命政变"后回到阳江，寻找党组织开展革命工作。另外，于1926年在广州中山大学读书时参加共青团（后转为共产党员）的冯宝铭，1927年7月被中山大学宣布开除学籍，后到香港，与中共广东省委取得联系，并受省委的委派，秘密回到阳江组织农民武装。

冯宝铭回到阳江江城，即秘密联系在阳江中学以教师职业为掩护的许高倬和廖绍琏两位地下党员。三人根据中共广东省委的指示精神，酝酿恢复阳江党组织，并积极行动，分头落实。廖绍琏和冯宝铭到织箦圩找农会积极分子、地下党员郑就兴，由郑就兴带路到桐油圩会见塘口一带农会负责人姚若士，并联系上县城的工人运动骨干、地下党员欧业勋等10多人，积极做好恢复阳江党组织的工作。

1927年11月，冯宝铭去香港向中共广东省委汇报工作。冯宝铭去香港后不久，许高倬按照中共广东省委的指示精神，组织成立了中共阳江县委，县委设在江城，许高倬为县委书记。当时全县仅有党员10多人。中共阳江县委一经成立，即报中共广东省委批准。

1928年4月初，原中共阳江县委进行改组选举，产生了新的县委，冯宝铭、许基旭、敖华衮3人为县委常委。会议决定任冯军光、阮绍元（两人当时不在阳江）为技术干事。新县委机关设在三区丹山小学（后改为丹载小学）。

中共阳江县委1927年11月隶属中共广东省委，1927年12月至1929年2月隶属中共新会县委，1929年2月后隶属中共南路特委领导。中共阳江县委成立后，县委分头开展行动，一方面是联系失散的党员，另一方面是抓紧发展党员和建立基层党组织。

冯宝铭从香港回来后，参加了广州起义政工队。起义失败后，冯宝铭、廖绍琏被反动当局通缉，分头到达香港，再由香港转返阳江。

冯宝铭回阳江时改名叫陈光，从原暂住地城郊东钵村转移到那洛村亲戚陈昆才家居住，继续开展党的活动。

第七节 土地革命战争时期县城党组织及工会

1928年春，冯宝铭到阳江江城东门外教会办的化民医院秘密活动，培养、教育和发展了陈宝才为中共党员。跟着，又以化民医院作为中共广东省委（此时省委已迁往香港）与中共阳江党组织的秘密联络站，加强了中共阳江党组织与上级党组织的联系。

中共阳江党组织在江城（县城）化民医院建立秘密联络站的当月，即1928年2月，香港中共组织也派香港理发工人郑锦源（阳江籍人）回阳江搞工人运动。郑锦源到阳江后，在江城汉维新理发店工作。在极端困难的环境里，他一边理发，一边深入串联发动，物色培养理发工人冯国治等3人加入了共产党，在行业中建立了共产党组织。当年秋末，郑锦源又在县城组建了秘密的理发工会。这是国民党"四一五""清党"后，在共产党领导下重新建立的工会，共产党员冯国治任工会理事。理发工会的建立，对于组织江城工人运动、推进阳江的革命斗争起了重大作用。

江城理发行业的共产党组织，不但在严峻的形势下发展了党员，而且在严峻的形势下坚持开展党的地下工作，因此，国民党反动当局很快就注意到这个党组织。就在理发工会刚建立起来、工会委员尚未就职之时，国民党反动当局便展开了搜捕共产党员的反革命行动。得到风声之后，郑锦源及时撤离江城，返回香港。仍隐蔽在店内的冯国治，则于1929年2月16日不幸被国民党反动当局逮捕。不久，冯国治被解往广州南石头惩戒场，被判处有期徒刑5年。这给在江城建立不久的中共党组织，造成了较大的打击。

第八节 白色恐怖下党组织在城乡的活动

一、白色恐怖下基层党组织的活动

在白色恐怖的恶劣环境下，江城党组织开展活动越来越困难，一度只在乡里活动。1928年秋的一个晚上，在江城党组织的组织下，丹载村的群众组织"公志会"（地下农会）在村外牛栏园（地名）举行传统的"焚香歃血"盟誓仪式。事毕，群众返村。此时，新任国民党反动民团团长的许基谓闻风生疑，即率领团丁秘密搜查中共阳江县委的所在地丹载小学。当时中共党员教师谭履谦卧室里有党的公开刊物《红旗》和用于印刷宣传品的泥印机，幸未被搜到。民团团丁走后，江城党组织召开紧急会议研究，认为冯宝铭在丹载无正式职业，易引起怀疑，遂决定冯宝铭连同许基旭等县委主要领导成员当晚立即撤离，其他人员也暂行疏散。冯宝铭转移到香港，之后，由中共广东省委派往云浮县工作；许基旭转移到澳门，因在那里人生地不熟，国民党反动势力到处侦捕，不久又转回阳江。

由于中共阳江县委领导成员及部分党员的先后转移和疏散，至1929年2月，中共阳江县委在丹载的活动停止。鉴于这种状况，尚未撤离阳江的党组织领导人郑锦源，便设法将原放于丹载小学的泥印机转移到江城冯国治工作的茂利隆理发店，由陈昆才、陈宝才、许名飞秘密印制宣传品在阳江散发。与此同时，县委设在化民医院的秘密联络站，也转到茂利隆理发店。当革命斗争形势处于险恶之时，县城多家理发店便成了党组织活动的主要场所和联络点。不过，如前所述，这些理发店不久也成了反动当局的主要关注点，成了反动当局清查、打击的主要地方。

这时期，中共阳江县委常委许基旭回到阳江，多次会同许会新、陈昆才在江城太傅路已歇业的光华店铺秘密碰头开会，研究如何坚持党的地下斗争。由于活动不够隐蔽，继冯国治被捕一个多月后，许基旭、许会新与陈昆才都在此店被国民党当局逮捕。陈昆才因与教会有关系，由教会进行保释。陈昆才被保释后，即离开阳江，到东莞虎门当教师去了。不数日，国民党反动势力又到丹载村搜捕许名飞，他闻风避开，国民党反动势力扑了个空，因不甘心，便把他的父亲捉去坐牢1年，后来其家人被逼卖掉田产，才把他父亲赎了回来。许基旭、许会新家无田产可卖，国民党当局又抓不到什么把柄，后来只能把他俩释放。从此，遭到破坏和摧残的阳江党组织，与中共广东省委失去了联系。

二、党组织中断运转后的党员活动

在国民党反动当局不断的摧残、镇压下，许高倬于1929年4月赴上海。7月，许高倬与廖绍琏从广州回来，研究阳江情况后，同到香港找中共广东省委领导。当时香港情况也极恶劣，两人没法找到省委领导，遂与省委失去了联系。回到阳江后，许高倬、廖绍琏等继续团结周围的进步人士，启发他们做追求进步、追求真理的有志青年。后因阳江难以活动，连许高倬、廖绍琏等也离开阳江到东莞任小学教师。这样，在白色恐怖的恶劣环境里，阳江党组织被迫停止活动。这时，中共阳江党组织的主要领导成员都撤离了，下辖支部也涣散了，作为党组织的活动基本中止，而党员个人则仍然进行着活动。

1932年一·二八淞沪抗战爆发，国内形势发生了新的变化。

许高倬又回到阳江，重新在阳江县立中学任教师。此后，他联络一些进步青年，组织学习小组、读书座谈，向青年进行爱国主义和共产主义的思想教育。参加者还有许式邦、许名骠等人。此项活动，延续了几年。

1935年，许高倬虽到广州近郊学校任教，但与许式邦等仍有联系。1936年春，许高倬组织介绍一批阳江青年赴东莞任小学教师，其中有廖绍琏、陈政华、袁东白和许式邦等10人，分布在5间小学任教。许高倬与陈政华等在横江厦村小学。此时，许高倬仍然未停止找寻党组织的活动。1936年冬季，国内爆发了震惊中外的"西安事变"，形势急转。许高倬与廖绍琏等商量，决定提前结束学期，回阳江开展抗日活动。

1937年2月，许高倬再次回到阳江，在阳江县立中学和两阳中学（简称"两中"）任教。为了开展抗日宣传活动，许高倬与廖绍琏等几个人商议决定，先将他们带回的抗日歌曲《叱咤风云集》10多册分送给县城中小学师生歌唱，然后邀请进步青年10多人组织宣传队，到街坊唱歌、读报、讲时事，并把许高倬所画的抗战漫画10多幅在县城南恩路的服务社展出，作为宣传画展。阳江有组织的抗日宣传活动，自此开始。这期间，许高倬一度去过上海，回来后，他联络一批进步青年，经常在自己家里谈论时事和学习革命理论，开展革命活动。

在国民党的黑暗统治下，阳江到处是腥风血雨。尽管中共阳江党组织作为一级组织停止了活动，但是阳江的地下党员不怕抛头颅、洒热血，仍坚持着秘密活动。在反动当局的白色恐怖面前，他们并没有被吓倒、被征服、被杀绝；相反，一批又一批的共产党员和进步分子，总是不畏艰险，坚持理想信念，前仆后继地坚持着不懈的斗争，积极恢复各级组织，努力发展党员，扩大党的队伍，建立了中共阳江县委，表现了坚定的共产主义信念和英勇顽强的精神。

第三章

全面抗日　漠江战歌①

---

① 　在全面抗日战争期间，漠江下游地区的江城革命人民对日军及其培植的傀儡政权和军队，进行了坚决的抵抗，可歌可泣。

第一节 抗日救亡运动的兴起与发展

一、抗战时期救亡运动的兴起

1937年7月7日，日本侵略军在北平卢沟桥制造事端，对中国发动全面侵略战争。从此，一场全民族奋起抗击日本帝国主义入侵的民族解放战争爆发了。随着全国各地抗日救亡运动的日益高涨，江城各阶层人民的抗日救亡运动也迅速兴起。

大革命时期和土地革命战争时期，江城的革命运动在遭受国民党右派两次大破坏后，中共江城地方党组织已不存在。

全面抗战爆发后，在中共广州外县工委的领导下，江城开始努力恢复、健全被破坏的党组织，并于1937年10月建立、健全了党的组织生活。同月，王传舆（黄文康）、容兆麟受外县工委委派到阳江，由广东省第十战区抗日自卫团统率委员会主任、第十战区游击指挥部司令陈修爵和国民党阳江县党部党务特派员戴诗成，安排在阳江县抗敌后援会任干事，并筹组广东青年群文化研究社阳江分社。

王传舆、容兆麟一到阳江，即根据中共广州外县工委的指示，按照中共南方工作委员会（简称"南委"）提出的策略，"放手发动群众，利用有利环境，向开明人士靠拢，建立和扩大抗日统一战线"①。两人在阳江因有"合法"身份作掩护，一面开展阳江县国民党上层的统战工作，争取推动阳江国民党当局开放群众运动；一面又广泛发动各阶层人士，深入进行抗日救亡工作，并把重点放在江城等地的青年运动上。

抗战全面爆发后，江城紧跟全县、全省、全国步伐兴起抗日救亡运动。正如1938年2月17日《救亡日报》刊登的："阳江的青年大众，是具有一颗热烘烘的心，开始为救亡而呼叫，为保卫乡土而奔走。同时感觉到主观力量的薄弱，非以群之力，不能冲破这无声、沉闷、静寂的土地。"②阳江党组织抓住这一有利时机把阳江青年组织起来，以江城为基地对他们进行马列主义启蒙教育，组织学习哲学、政治经济学、科学社会主义和党报党刊有关资料，引导他们树立革命的世界观和人生观，培养青年骨干，为建立和发展党的组织打下思想基础。

1938年初，容兆麟因工作需要调离阳江，林驳树（林榆）被派到阳江协助王传舆开展工作。他们努力贯彻执行中共在转入抗日战争时期的政治路线和方针，利用国民党一些间接关系和公开团体进行掩护，以江城为基地，以知识青年为主体，通过从外地回来的进步学生的带动，先在两阳中学和阳江县立中学的学生中开展多种形式的抗日救亡宣传活动，做好上下层团结发动工作，引导广大青年投入这场伟大的民族解放斗争中。在斗争中锻炼和培养了陈奇略、陈萼、林良荣、曾传谈、陈国璋、梁文坚等一批积极分子，使他们成为阳江青年运动的骨干力量，为重建、发展阳江的中共组织做好了准备。他们在各个抗日救亡团体中起

①　中共广东省委党史研究室：《中国共产党广东地方史》（第一卷），广东人民出版社1999第8月版，第396页。

②　中共江门市委党史研究室编：《中共江门（粤中）党史资料汇编》（一）（2001年12月），第176页。

了很大的作用，有力地推动着江城乃至全县抗日救亡运动的蓬勃发展。

二、抗日团体的建立及其活动

在全国抗战形势不断发展的影响和中共阳江党组织的推动下，阳江一批进步团体相继在江城成立，其队伍不断扩大，各种形式的抗日救亡活动遍布江城并推向农村。

1937年12月，广东青年群文化研究社（简称"青年群"或"青年群社"）成立，并决定在阳江、阳春成立分社，中共广州市工委派党员参与并在其中建立中共支部。"青年群社"名义上由国民党广东省党部主办，实际为共产党所掌握的外围革命组织。王传舆、容兆麟按"南委"的部署，争取到国民党阳江县党部书记长谢维祺、阳江县县长陈修爵的同意和支持。后来，他们还把县城中山公园内的民生阁拨给"青年群社"，作为其办公活动的地方。正如他们在筹备"青年群社"的宣言中所说的那样："恳切而赤诚地请教我们贤明当局，予以切实的指导与援助，使得我们在艰苦过程中得到更有力的支撑！"他们依靠青年运动骨干力量，向群众宣传"青年群社"分社筹备成立的意义及所担负的任务。①他们向广大社会人士和青年发出筹备宣言："……我们（是）快将堕入危机火线上的阳江（的）抗敌文化工作者，会同样深深地感觉到，救亡艰巨的工作，正需要我们青年人担负起来。——于是便产生了'青年群社'阳江分社的筹备会。"②经过几个月的发动和组织，广东青年群文化研究社阳江分社于1938年4月10日正式成立。"青年群社"阳江分社以两

①② 中共江门党史研究室编：《中共江门（粤中）党史资料汇编》（一）（2001年12月），第176页。

阳中学和阳江县立中学的学生为主体，拥有知识青年400多人。国民党驻阳江党务督察陈绍禹任分社社长，王传舆、林驳树、谢天普、陈奇略、陈萼、曾传谈、程浩光、姚耀光、张希哲、姚珍妮（女）等10人为干事，王传舆主持日常社务。该分社成立后，王传舆等以此为主要阵地，直接领导阳江的抗日救亡运动。他们的工作重点，是把阳江的广大青年团结起来，使阳江各抗日团体由原来分散活动转为有领导、有组织的抗日救亡活动。他们"下乡宣传以漫画、标语、救亡歌曲、简明地图、街头戏剧，深入农村、渔民地区，采取分组突击访问方式，先和广大（民）众，建立友谊阵线，然后从事广泛宣传，作为组织武装民众的第一步"，"在城市里出版《青年战线》周刊，来建立学生界坚强的壁垒。新出《情报三日刊》壁报，是将3日内国际、华中、华南和阳江的时事消息、新闻通俗化，鲜明、深刻灌输给广大市民"，"最近又发动为通电拥护国际反侵略运动大会中国分会成立签名运动"。[①]1938年4月，分社组织"明天剧团"，意为争取胜利的明天，并在《两阳日报》设"青年群社"成立专刊，此后还在该报上定期出版几期《青年专刊》，对宣传中共的抗日民族统一战线的方针政策起到一定的作用。江城青年更是走在全县青年的前面，在党组织的带领下，为救亡活动而呼吁、呐喊，为保卫乡土、为"胜利明天的到来"而奔走。

　　根据抗日救亡运动的发展情势，许高倬、廖绍琏等提倡组织一个以文化活动推动抗日救亡运动开展的团体"阳江县大中文化促进社"（简称"大中社"），并拟定组织章程，3次报送审批，结果都被国民党阳江县党部书记长卡住不批准，原因是所用的社

---

① 中共江门市委党史研究室编：《中共江门（粤中）党史资料汇编》（一）（2001年12月），第176页。

名有"共产党味道"。阳江的青年非常气愤，没有妥协，一面与国民党顽固派据理力争，争取"大中社"合法化，一面继续用未被批准的"阳江县大中文化促进社"的名义开展各种抗日宣传活动。见此势头，阳江国民党当局对"大中社"加紧采取限制和监视等措施，导致"大中社"的爱国行动一度被迫停止。这无疑给满腔爱国热情的青年泼了一盆冷水。但是，他们并不甘心就此放弃，后来又推选林定光、陈政华为代表，向广东省第十战区抗日自卫团统率委员会主任、第十战区游击指挥部司令陈修爵投诉，申明立场，争取他的支持。陈修爵同意成立"大中社"，并给出100银圆作为开办经费。许高倬、林定光、陈政华等随即着手开始筹建。1937年11月，许高倬、林定光、陈政华由于要赴延安学习，便把筹备工作交给廖绍琏。通过做阳江县国民党上层的统战工作，1938年4月，"大中社"终于被批准成立。大会推选陈修爵为社长，廖绍琏和冯军光为总干事，社址由民众教育馆迁至阳江城东门旧车站的一座小楼。

"大中社"是一个筹备较早的抗日救亡群众团体，对阳江的抗日救亡运动影响较大。该团体的主要组建人员许高倬、冯军光、廖绍琏、陈政华4人，是经历过1927年大革命风暴的共产党员。在该组织成立之前，他们就团结阳江的林元熙、陈玉泉和从阳春来阳江读书的郑宏璋、朱尚绚等一批青年，引导他们走上革命之路。他们通过阳江县民众教育馆总干事陈政华的关系，取得当时阳江县民众教育馆馆长的同意，以该馆为阵地，开展抗日救亡宣传工作。1937年10月，日军对广州进行狂轰滥炸，在广州读书的部分学生疏散回到阳江，常常聚集到民众教育馆里谈论国家局势，为当时的局势担忧。许高倬、廖绍琏等抓紧对他们进行爱国主义教育，组织他们学习革命理论，漫谈国内外形势，激发他们的爱国热情。同时，还开展教唱抗日救亡歌曲活动，使抗日救亡歌曲传遍江城的大街小巷和中小学校，从而吸引了不少社会上的进步青年和学校师生到该馆参加抗日宣传活动。在这个过程中，他们团结两阳中学的广大同学，迫使学校当局放假一个月，进行抗日救亡宣传工作。与此同时，阳江县立中学的进步学生也自动组织抗日宣传队在江城并到白沙、平冈、织箦、塘口等地进行抗日宣传工作。

"大中社"成立以后，实施"以文化活动推动救亡活动"的工作方针，江城是其活动的主阵地。活动内容有话剧、民歌、说书、歌咏、壁报、夜呼，还办贫民夜校等，而且每种活动都有具体分工。谭保赤、陈国士、陈扶华、陈玉泉、许章衡、梁康邦、冯邦仪、徐永恒、梁树德、梁树卿（女）、姚好姬（女）等演出话剧；导演是从外地来阳江工作的刘莹；袁东白说书；陈玉泉读报；余明显创作民歌；许章衡、苏天赐、王直、姚耀和画壁报；蔡祥焕、许杰如等画宣传画；何瑞廷、何明（何瑞斌）、梁泽霖、梁泽钦、梁泽存、叶观泳等也分别在"大中社"各个部门担任工作。他们通过开展各种抗日救亡宣传活动，激发和提高了江城群众的爱国热情。

在"青年群社"阳江分社和"大中社"的影响下，1938年夏，阳江青年抗敌同志会（简称"青抗会"）成立，成员以江城的小学教师和青年学生为主体。林明通、曾祥满、许式邦、何瑞廷等是该会骨干，会员有数十人，由林明通发动组织并主持会务。经常分组在茶楼、酒馆、街头开展读报等抗日宣传活动，对江城的抗日救亡运动日益高涨起了一定的作用。

1935年，在江城成立的阳江基督教会青年社（简称"基青社"），社员有数十人，由邓石主持，骨干有何业强、何炳康、庞衍棠、岑国凡等。成立之初，该社是以宣传宗教为宗旨的宗教组织。抗战全面爆发后，随着阳江抗战群众组织的陆续建立，各种抗日宣传活动对"基青社"产生很大的影响，使其也投入到抗日救亡的行列。该社的活动内容还随之改变，由唱"圣歌"改为唱抗日歌曲，先后印发了几十首抗战流行歌曲。

从广州读书回来的梁正琯在教堂教唱抗日救亡歌曲《动员》《大刀进行曲》等，同时集体创作和教唱抗日民歌："日本鬼子太凶狂，到处奸淫兼掳掠，杀人放火捉猪崽……"他们还把雄壮的外国名曲填上抗日内容来演唱，收到了较好的宣传效果。"动员！动员！全国总动员！""大刀向鬼子们的头上砍去！"雄壮的歌声常在教堂响起，"基青社"的歌咏活动吸引了不少青年，唤醒了江城沉睡的民众。

在此期间，江城的知识妇女在爱国思想的影响和中共党组织的领导下，也挣脱旧礼教和旧制度的束缚，在民族生死存亡的关头，和男同志一样，踊跃参加抗日救亡运动，热情地投身到如火如荼的抗日救亡运动中去，并发挥出积极作用。

1938年春，各抗日救亡团体中的妇女及学校女教师、青年女学生上街头、到工厂、下农村，与广大工农相结合，把抗日救亡运动推向高潮。"大中社"的陈政华、曾素伟、梁树馨等，"青年群社"阳江分社的赖慧媛、陈佩瑜、林惠芳、林素娴、杜世文、梁嗣和、梁文坚、刘贻惠等，"基青社"的岑觉凡、杨蔚华、吴宗理等，她们都是妇女抗日救亡的活跃分子、骨干人物。

她们年轻、热情，有活力，有文化，政治上特别敏感，和男同志一起工作和学习，一起走街串巷、上山下乡，向群众进行多种形式的抗日宣传，如歌咏、贴标语、画漫画、出墙报、演讲、演街头剧、演舞台戏等。她们的脚印遍布江城城乡。

她们还参加在中共党组织参与和领导下的"妇女会"和其他救亡团体一起组织的晨呼队，在清晨，沿街高呼口号，唱抗日救亡歌曲，以唤醒群众起来抗日的爱国心。在200多人的晨呼队中，其中女青年有几十人。"青年群社"阳江分社在江城组织抗日大游行时，响应并参加的青年妇女也有近百人。

随着抗战形势的发展，社会女青年和女教师、女学生一边宣传，一边发动筹款支援抗日前线，并到前线慰问；参加"青年群社"阳江分社组织的劳军募捐；按照"青年群社"阳江分社的布置，走进盲婆巷，教她们唱以抗日救亡为内容的阳江民歌……参加"青年群社""大中社""基青社""妇女会"的女青年，多数成为各团体的骨干和积极分子，有的还加入了中国共产党，在抗日救亡工作中起着先锋模范作用。

党组织在江城的重建和发展

一、在江城重建的中共阳江党组织

1938年4月，根据中共中央和中共中央长江局的指示，撤销"南委"，成立中共广东省委。省委成立后，集中全力抓党的建设工作。

省委做出了部署，江城随后便以建立党的组织为中心，开展群众运动，积极参加国民党当局组织的团体，通过国民党中较开明的人士，开展抗日民族统一战线工作。王传舆深入江城开展几个月工作后，在抗日救亡运动中团结和培养了江城一批青年骨干作为党员发展对象。在"青年群社"阳江分社中成立了马列主义学习小组，组织一批爱国青年学习马列主义理论、建党知识和进步书刊，如《新华日报》《群众》等党的报纸、杂志和书籍。经过教育和培养，在他们中间吸收符合共产党员标准的青年骨干入党。1938年4月，林驳树、林克（林西伯）、陈奇略3人加入了中国共产党。这是重建阳江党组织前发展的一批党员。此后，又从参加抗日救亡运动的进步青年中，发展了林元熙、陈玉泉、陈国璋、陈华森、林明通、陈萼、曾素伟、赖慧媛、程浩光、许式邦等10多人入党，不断壮大了党的队伍。

1938年4月18日，中共广东省委撤销中共广州外县工委，中共阳江党组织直接由中共广东省委领导。1938年7月，中共阳江特别支部在县城濂溪小学（今江城第八小学）成立。书记为王传舆，支委林骏树负责宣传，支委林克、陈奇略负责组织，并决定由陈奇略、林克分别负责两阳中学、阳江县立中学的学运工作。特支机关设在江城的中山公园民生阁。这是阳江党组织重建后的第一个县级领导机构。从此，阳江党组织恢复了组织活动。

二、党组织的发展及抗日救亡工作

阳江党组织在江城重建后迅速扩大，在学校、农村等基层中先后建立了党支部、党小组等。

1938年7月7日，按照中共广东省委的统一部署，各地同时发动了抗日运动大检阅。阳江党组织决定由"青年群社"阳江分社提出倡议，联合各抗日团体、各校师生，组织各界纪念"七七抗战"一周年集会，并在江城举行声势浩大的火炬示威游行。这是阳江党组织领导下的一次抗日示威大行动，有力地推动了江城抗日救亡运动的发展。

同年暑假期间，阳江旅省大中学生关履权、黄德鸿、张锡瑾等放假回乡。"青年群社"阳江分社把握时机，以召开时事座谈会、学术研究会等形式，吸收他们参加活动，并组成联合下乡巡回工作队，由王传舆带队，到农村宣传抗日，推动抗日救亡运动向纵深发展。1938年9月，国民党下令从广东南路至粤中的高中学生集中于恩平县进行军训。当时，两阳中学高中二、三年级学生都要参加。国民党对集训学生强制实行法西斯式军事训练。在广雅中学和两阳中学学生的带领下，掀起了反对法西斯教育学潮，学生全部离开集训班，集训因此而停止。

1938年8月13日，按照中共广东省委的要求："国民党要钱，我们则要通过献金开展宣传，动员各阶层群众起来抗日。"①在阳江党组织的推动下，江城的"青年群社""大中社"和其他抗日团体联合组织纪念"八一三"抗日救亡献金活动，在江城各要道高筑献金台，进行演说和演戏，发动各界献金，支援前线抗日，给抗日部队购买飞机、大炮等。这是一次广泛的群众性抗日爱国行动，在群众中影响很大，意义深远。

广州沦陷前，广东各地都开展了备战工作，准备开展武装斗争，抵御日军的侵略。在中共阳江党组织的推动下，国民党阳江县政府先后举办妇女干部训练班、戏剧大队和军事训练班，对广大青年进行政治培训和军事训练。中共江城党组织抓住这个时机，选派一些共产党员和先进青年参加，锻炼他们成长为党的骨干力量，为武装斗争做好组织准备。

1938年6月，为使妇女更好地掌握军事常识、练好战斗本领，国民党阳江县政府社会军事训练总队招考妇女干部训练班，培训女军事助教，准备对女青年进行军事训练。王传舆动员"青年群社"阳江分社的骨干梁文坚、林素娴报考，并布置她们在班里做好统战工作，团结班里的同学开展抗日救亡工作。1938年8月，妇女干部训练班结束，本应给学员授予职衔，分派工作，但国民党阳江县政府改变主意，拟将该班解散。梁文坚向阳江党组织请示后，代表全班同学向阳江县县长提出分配工作的要求。县长答应了这一要求，将这个训练班分成4个工作队，由梁凤仪、梁文坚、林秀琼、林素娴等4人带队下到大沟、平冈、织篢、麻汕4个区开展抗日宣传工作。1938年10月，日军飞机经常轰炸阳江城乡，国民党阳江县政府于是将"妇女宣传队"改组成"妇女救护队"，并派来队长、教官对她们进行救护训练。她们白天学

---

① 中共广东省委党史研究室：《中国共产党广东地方史》（第一卷），广东人民出版社1999年8月版，第464页。

习救护知识，晚上到南恩路开展抗日宣传和读报活动。她们把学到的救护知识用到救护群众当中，每当敌机轰炸过后，她们便奔赴现场，给伤者止血、消毒、包扎，并送往医院。妇女救护队的良好表现得到了社会各界的好评。

1938年11月初，梁文坚加入了中国共产党。1939年6月，陈天正、庞瑞芳两人也先后加入了中国共产党。在妇女救护队中，还成立了妇女党小组，梁文坚任小组长。1939年7月，救护队因国民党阳江县政府停止供给经费，被迫解散。梁文坚调到阳春工作，陈天正、庞瑞芳等参加阳江战时工作队，到雷岗去开展革命活动。

为了贯彻落实中共的统一战线政策，更好地推动阳江妇女救亡活动的开展，党组织于1939年3月派赖慧媛、梁嗣和、曾素伟等地下党员参加阳江妇女联合会的改选工作，并当选为委员。1939年10月，党组织又派梁嗣和、陈天正两人进入"妇女会"任干事。她们利用这一公开的阵地，带领阳江各界妇女投身到抗日救亡活动中。

1938年10月，在中共阳江党组织的推动下，陈修爵组织戏剧大队和军事训练班，中共阳江特别支部派出党员和一批青年骨干参加。林榆、曾传谈任戏剧大队正副队长。林元熙、陈国璋参加军事训练班，目的是掌握这支武装力量，为今后的武装斗争做好准备。

1938年10月18日，中共广东省委机关迁往粤北。1938年10月下旬，成立中共西南特委，罗范群任书记。西南特委的建立，加强了对粤中各县的领导。中共阳江党组织隶属西南特委领导。1939年1月，西南特委调整为"中共中区特委"。

1938年11月，阳江、阳春的党组织合并，成立中共两阳特别支部，特别支部机关设在江城中山公园民生阁。王传舆任书记，刘文昭、林榆任委员。当月，党组织决定在两阳中学建立党支部，陈奇略任书记，陈国璋、陈萼任委员。

1939年4月，因被入侵的日军飞机轰炸而长时间停课的两阳中学由江城迁往春城复课，该校的党员转往阳春。1939年9月，两阳中学迁往松柏上课。两阳党组织抽调江城岗背村党员关永等3人到松柏开洗衣店作掩护，建立交通站，负责阳江、阳春两地交通联络工作。

1939—1940年，两阳中学师生面对重重困难和各种阻力，以抗日为己任，满怀爱国热情，利用课余和节假日时间，到春湾、合水、天堂、河头等圩场进行抗日救亡宣传。在两阳中学党支部领导的学生自治会的组织和带领下，自筹费用，准备了近百幅漫画、标语，排练好话剧、歌曲等，组成演讲队、演剧队、歌咏队、标语队、漫画队等，到各圩场开展展览、演出、演唱等各种宣传活动。每到一地，标语队、漫画队就在楼房的墙壁上画图画、写标语。他们在墙壁上画揭露敌人暴行的壁画，写上"抗日必胜""坚持抗战，反对投降；坚持团结，反对分裂；坚持进步，反对倒退""打倒汉奸汪精卫"等大幅标语。演讲队、演剧队、歌咏队到圩场演说、演出后，还发动群众募捐救国，当地群众有钱出钱、有力出力。春湾、天堂两地还主动借出唱戏棚，给两中师生演出救亡话剧，支持他们开展抗日救亡工作。还有《救国军歌》《保卫中华》《游击队之歌》等抗日救亡歌声响遍乡间大地，唤醒了两阳地区的广大民众。

1938年10月，按照中共中央的指示，中共广东省委决定将工作的重点从城市向农村转移，强调："把建党工作的重点从城市向农村开展，促使抗日救亡运动从城市向全省广大农村发展；统战工作、军事斗争的重点也必须转移，保证党的各项工作在全省各地继续开展，不断深入。"①在新形势下，中共阳江特别支部为适应形势的需要，提出在农村建立据点，扎根农村，准备迎接战争，培养青年骨干和发展党组织；决定由"青年群社"阳江分社出面，在两阳中学和阳江县立中学抽调青年骨干林良荣、梁嗣和、曾传谈、程浩光、曾素伟、施宝桢、陈佩瑜、梁名焕、梁之谋、何业强、梁崇文、林毅等10余人组成抗日救亡工作队，由陈奇略、林元熙（后离开）、陈萼带队到附城岗背村开展宣传教育工作。他们的活动经费靠自筹解决，林元熙从家里拿出有数百元的一小埕银圆、10担大米作为工作队经费。有的队员自带伙食。队员白天参加劳动，晚上演出抗日救亡话剧或街头剧，举办时事讲座，出版墙报，开办农民识字班。他们分头串联农户，宣传抗日救亡政策，提高农民群众对抗日救亡运动的认识。

经过3个多月的深入宣传教育，岗背村的农民组成了"岗背农民抗日自卫协会"，同时秘密成立了农会。与此同时，参加岗背村抗日救亡工作队的青年骨干，也在抗日救亡宣传活动中得到了锻炼。党组织在他们中间发展了林良荣、梁嗣和、曾传谈入党，成立了工作队党小组，林良荣为组长。1939年1月，该党小组吸收了岗背村农民关勤、张维、许崇礼、关永入党，建立了岗背村党小组。同年1、2月，在岗背村抗日救亡工作队中，还成立了由梁嗣和、梁文坚、赖慧媛3人组成的妇女党小组，梁嗣和任小组长。

以江城为重点的中共阳江党组织建设，从1938年4月至当年年底，全县共产党员由4人发展至19人。此后，随着抗日救亡运动不断深入，党的组织在不断发展和壮大。

---

① 中共广东省委党史研究室：《中国共产党广东地方史》（第一卷），广东人民出版社1999年8月版，第411页。

三、相持阶段党组织的巩固和发展

1938年10月，中国抗日战争逐渐转入战略相持阶段。

在抗日战争即将转入相持阶段之际，中共中央召开了扩大的六届六中全会，确定了在新形势下的新任务。1939年1月上旬，中共广东省委也在韶关召开了第四次执委扩大会议，部署发展全省的抗日游击战争工作。会后决定，将中共西南特委改为中共中区特委，罗范群任书记，管辖新会、鹤山、台山、开平、恩平、阳江、阳春等地的党组织。

1938年11月，中共西南特委派周楠到广东南路接收组织关系。周楠来到阳江，在国民党阳江县党部找到王传舆，两人一起到一间茶楼谈话。谈话中，周楠了解到阳江及阳春党组织的一些情况。周楠回到特委后，把了解到的情况向特委汇报。他说，两阳党组织成员多数是一些中学生、小学教员和社会青年，组织机构同国民党阳江县党部混在一起是有问题的。周楠的汇报引起特委的高度关注。

1939年1、2月间，中共中区特委为加强对阳江党组织的领导，巩固和发展阳江党组织，派特委成员杜俊君（邓建今）到两阳指导工作。3月，又派特委成员张靖宇到阳江任两阳特派员，负责阳江、阳春党组织工作。张靖宇到阳江后，将阳江党组织的领导机关从中山公园民生阁转移到上元春林元熙家。

为了适应抗战形势的发展和开展武装斗争的需要，必须统一两阳地区的领导，于是中共中区特委决定成立中共两阳工委。1939年3月底，中共两阳工委成立，机关设在林元熙家，张靖宇任书记，陈奇略任副书记，林元熙任组织委员，陈玉泉任宣传委员，林明通任统战委员。陈奇略专管阳春党组织工作。工委下设阳江、阳春两县特支。中共阳江特支书记为林元熙，委员为林克、陈玉泉。中共阳春特支书记为陈奇略，委员为刘文昭、林良荣、黄昌熺（黄云）、陈萼。1939年4月，王传舆调离阳江。

中共两阳工委成立后，阳江党组织不断发展，党员队伍不断扩大。为了提高党员的政治理论水平和加强党员的思想教育，党组织派林榆、陈奇略参加中共中区特委举办的党员骨干学习班学习。后来，在林元熙家先后举办了两期有20余名党员参加的党训班，学习《抗日民族统一战线》《党的建设》《群众工作》等课程，由张靖宇和中区特委派来的黄志昭讲课。经过培训，提高了党员骨干的政治理论水平和领导工作能力。为进一步提高党员素质，1939年8月，党组织又派林元熙、林克、林良荣、黄昌熺、曾素伟、杜世文等参加中区特委在开平赤坎举办的党训班，学习内容有抗日民族统一战线政策、党的组织建设、工农运动、游击战争知识等。此后，中区特委继续举办多期党训班，陈国璋、黄德鸿先后参加了学习。1940年2月，党组织派林元熙参加中共广东省委在粤北举办的领导骨干培训班。

根据上级的有关指示精神和阳江的实际情况，1939年春，中共两阳工委在江城模范小学召开扩大会议，研究逆流到来的形势，确定把工作重点转移到农村，在那里发展组织，积聚革命力量。由此时起，阳江党组织由重点扎根江城转变为重点扎根农村，党的组织在农村得到巩固和发展。

1939年3月，中共阳江县立中学支部（简称"县中支部"）建立，支部书记为林克，支部副书记为曾传谈（3月底接任支部书记），支委委员为梁嗣和、程浩光。县中支部建立后，致力在学生中发展党员，先后发展了周文奏、陆荣湘、敖景森等人入党，壮大了学生党员的队伍。同时，县中支部还围绕团结进步力量、争取中间力量开展各项工作和多种形式的抗日宣传活动：通过学生会竞选，掌握学生会，发动师生拥护校长彭德禄执行战时自卫集体安全行动；召开全校师生"战时自卫集体安全行动"大会，会后即组成了学生军训大队、救护队、宣传队，加紧开展工作；通过学生会组织时事座谈会，开展演戏、歌咏、美术等文化艺术活动，还进行校外抗日宣传活动；组织学生大力传阅《论持久战》《论新阶段》《大众哲学》《中国怎样降到半殖民地》等一批进步书籍。这期间，先后发展了施宝桢、陈佩瑜等8名学生入党，还培养了姚立尹、林昌铿、杜世芬、敖景森等人为发展党员对象。

1939年7、8月间，国民党当局突然宣布时局紧张，通令学校师生紧急疏散。根据这种情况，县中支部争取校长彭德禄的支持，组成20多人的战时工作队（后改为暑期工作队），留校过集体生活，开展城乡抗日宣传活动。工作队分别在江城花厅村为理发工人和农民举办识字班，教唱抗日歌曲，还定期到驻军营地教唱抗日歌曲，到公共场所读报纸、讲时事，这对群众起来抗日起了很大作用。这期间，县中支部吸收敖景森等一批学生入党。

1939年8月，新任校长姚德润上台，限制县中暑期工作队的活动，工作队由此结束。1939年9月，县立中学应届毕业生、共产党员曾传谈、程浩光、施宝桢、林昌铿、关崇湘、梁嗣和、陈佩瑜等离校，由党组织安排到各个革命岗位开展工作。同月，县中成立新的支部——县中支部，周文奏为支部书记，敖景森为副支部书记，陆荣湘为委员。11月，学校迁往塘口上课，县中支部改任敖景森为支部书记，并在塘口继续开展抗日救亡宣传活动。

在全县、全省、全国抗战形势的影响下，江城的抗日救亡运动也进入高潮。国民党阳江县政府面对全民抗战、同仇敌忾的局面，成立了一些抗日救亡组织，开展抗日救亡活动。阳江党组织根据这一有利的革命形势，一面布置"青年群社""大中社"等抗日团体广泛开展抗日宣传救亡活动，一面注意与国民党的党政军各方面加强协作，配合、支持其抗日行动，争取一致对外，以团结一切抗日力量，实现全面抗战。

在此期间，阳江党组织除了派出党员参加农村巡回工作队和其他抗战团体外，还派出党员和青年骨干加入到国民党组织的抗战团体中，以合法的身份开展抗日救亡运动。

1939年8月，阳江国民党当局撤销"抗敌后援会"，设立"阳江县抗日动员委员会"（简称"动委会"），取代其他抗日团体，国民党阳江县党部书记谢维祺任主任，县长姚毓深任副主任。阳江党组织决定利用这一阵地开展工作，通过统战关系安排廖绍琏任该会总干事、陈玉泉任宣传干事、谭保赤任民运干事。

1939年9月，"动委会"组成3个农村抗日动员委员会工作团（简称"动工团"），到农村进行抗日宣传活动。阳江党组织先后选派一批党员和青年骨干参加。第1团团长，先为陈创维，后为何明；第2团团长，先为陈萼，后为何柏忠；第3团团长为曾传谈。后两个团均由陈玉泉指导联系，每团约10人，配备能歌善画的骨干参加，也有少数国民党当局派来的人员参与。下乡前，全体人员在濂溪小学集训了半个月。集训期间，阳江国民党当局强迫"动委会"干事及"动工团"成员集体参加国民党。阳江党组织当时提出的政策是：坚持个人自愿原则，由党员串联群众一起进行斗争。后经过研究，同意集体填表，但不参加国民党的组织活动。

这3个工作团分别活动于平冈、大沟等地，深入开展农村抗日救亡活动，扩大了党的抗日政治影响，培养了一批积极分子，还发展了一批党员。第3团在桐油活动时，与姚立尹一起发动群众，建立了"动委会"桐油分会。此后，姚立尹主持该会开展群众性抗日宣传活动。后来，因形势变化，党员和青年骨干于1940年春节前后撤离。

在此期间,国民党阳江县政府成立了"阳江县国民兵团政训室"。阳江党组织决定利用这个阵地教育地方团队,争取掌握武装。通过统战关系,派林明通任该室总干事,陈玉泉、陈国璋任政训员,程浩光到地方团队第2中队任政训员,还动员部分进步青年参加该室工作。党员由陈玉泉直接领导。

为了更好开展地下斗争工作,阳江党组织还于1939年9月通过统战关系,派廖绍琏到精武小学(今江城第三小学)当校长,以此作为党组织的一个活动据点,安排地下党员和进步人士工作。

1939年10月,国民党西江挺进纵队司令部谭启秀部在江城等地招收学生队。为培养军事人员,争取掌握学生武装,党组织派林克、何瑞廷、关赛琼、庞瑞芳、陈佩瑜、关崇湘、林昌铿、梁之谋、梁广兰等9人参加该队,并在该队中成立临时党支部,林克任支部书记,何瑞廷、关赛琼任支委。

1939年间,阳江党组织由城区转入农村和基层开展抗日救亡活动,一方面由于已取得较好的效果,另一方面也能使自身得到了巩固和发展。在一年来的抗日救亡运动中,一批青年已成长为中共党员。到1939年底,阳江县党员已从1938年底的19人增至90余人。党员增加以后,全县党组织先后建立了县中、大八、岗背、丹载等基层支部及统战、农村巡回工作队、学生队等临时支部,加强了表竹、儒洞、奋兴、妇女等党小组以及三丫、牲园、合山、塘口等点上的工作。事实证明,在这场民族解放运动中,只有坚持共产党的领导,坚持党的民族统一战线政策,党组织才能在抗日救亡运动中发展、壮大,并发挥好其作用。

在抗战时期,国民党阳江当局一方面进行抗日,另一方面采取一系列"限共"措施。早在1938年8月,国民党顽固派就收回了"青年群社"阳江分社的社址。1939年5月又对该分社进行改组，由谢天普任社长，曾传谈任总干事，其余的干事也有变动。该分社改组后，基本停止了活动。此时，阳江各抗日救亡团体的活动都受到了国民党当局的限制。

1939年3月间，国民党广东省党部执行委员伍智梅等传达贯彻国民党五届五中全会的政策，顽固派的"限共"活动逐步加紧，此后一些倾向进步的县长被撤换，支持抗日的陈修爵也被停职。1939年9月间，"大中社"改组，国民党阳江县党部委员谢彦谈任社长。改组后中共地下党员和青年骨干逐步撤出，"大中社"便自行解体。县城的一些抗日团体被解散了，幸好在城乡大地卷起的抗日救亡运动仍在继续进行着。

1939年11月，国民党阳江县党部委员谢天普到省城受训回来，筹组"三民主义青年团"（简称"三青团"）。一是号召阳江的中学生参加"三青团"，被在校的学生党员和群众抵制而失败。二是妄图把"青年群社"转变为"三青团"组织，江城党组织采取针锋相对而又巧妙的斗争，决定自行结束并销毁了"青年群社"的印信，使谢天普的阴谋不能得逞。三是国民党阳江县党部在江城召开救亡积极分子大会，强迫集体登记成立"三青团"，在地下党员和群众坚持自愿参加、反对集体登记的情况下，会议没有结果，使国民党的图谋又一次落空。党组织带领群众与国民党顽固派开展了"有理、有利、有节"的斗争。

四、抗战低潮时党组织工作的转变

1939年1月，国民党五届五中全会将其政策的重点从对外转向对内，制定"溶共、防共、限共、反共"的方针[①]，之后还陆

---

① 李新、陈铁健总主编：《中国新民主革命通史》（第7卷），上海人民出版社2001年4月版，第468页。

续秘密颁布一系列限制共产党活动的政策，在全国掀起第一次反共高潮。

面对这种形势，1939年7月7日，中共中央提出"坚决抗战到底——反对中途妥协""巩固国内团结——反对内部分裂""力求全国进步——反对向后倒退"三大口号[①]，要求国民党停止各种限制、排挤、污蔑、迫害抗日部队和共产党的行为，要求全党坚持抗战，坚持抗日民族统一战线，推动时局朝有利于抗战的方向发展。

在阳江，为了回击反共逆流，党组织于1940年2月在笏朝朗仔村召开中共两阳工委第二次扩大会议。会议由工委书记张靖宇主持，参加人员有陈玉泉、林明通、林克、陈国璋、林良荣、许式邦、曾素伟、廖绍琏等10多人。会议传达了上级党组织的指示，根据反共逆流到来的形势，决定两阳党组织工作从城市转到农村，在农村生根，长期积蓄力量，提防国民党的破坏，严密党的组织，同时加强党员形势教育，采取适应形势特点的工作方式。

1940年3月，撤销中共两阳工委，分别成立中共阳江县委和中共阳春分委。中共阳江县委书记由张靖宇兼任，许式邦为组织部长，林良荣为宣传部长，周羡芳为妇女部长。县委日常工作由张靖宇、许式邦、林良荣主持。同月，中共阳江县委领导机关转到平岚村林良荣家，张靖宇以经商作掩护。先后安排何瑞廷、陆荣湘、陈佩瑜、曾素伟、陈修剑、周羡芳等到平岚小学和笏朝小学任教，并分别建立平岚和笏朝两个支部，开展农村工作。1940年7月，县委机关和张靖宇夫妇从平岚转到丹载，张靖宇对外称

---

① 李新、陈铁健总主编：《中国新民主革命通史》（第8卷），上海人民出版社2001年4月版，第146页。

"金山佬"（华侨），以殖牧公司经理名义作掩护。

从1938年11月中共两阳特别支部成立起，两阳中学等一批党的基层支部相继成立。至1940年年底，中共阳江县委下属党组织共有1个区党委、11个基层支部。

1941年1月，"皖南事变"发生，全国形势急剧变化，国民党顽固派掀起的第二次反共高潮达到最高峰。随着国际法西斯势力的猖獗，日本帝国主义对解放区进行疯狂进攻，反复"扫荡"，国民党当局进一步积极反共、对日妥协。中国人民抗日战争进入了艰难困苦时期。国民党统治区的革命斗争进入了低潮。

阳江党组织根据中共中区特委的指示，执行中共中央关于在国民党统治区工作"隐蔽精干，长期埋伏，积蓄力量，以待时机"①的方针，将组织活动转入更加秘密隐蔽状态进行，要求党员职业化、社会化、群众化，深入搞好农村据点工作。在这一时期，江城城区内各社团、各学校，一般停止发展组织，转入了以巩固组织为重要任务的时期。

---

① 中共广东省委党史研究室：《中国共产党广东地方史》（第一卷），广东人民出版社1999年8月版，第493页。

第三节 健全组织机构 加强思想建设

一、健全组织机构 迅速恢复活动

1942年夏，中共粤北省委和中共南方工作委员会先后遭到国民党顽固派的破坏。为此，中共中央南方局对广东党组织做出指示：除沦陷区党组织照常活动外，国民党统治区党组织活动一律停止。在此期间，阳江党组织活动也全部停止。

1943年到1944年间，中共中区组织先后从两阳抽调陈奇略、黄昌熺、林元熙等约10人，到珠江三角洲参加武装斗争；抽调许式邦、何瑞廷等10余人，到高鹤参加粤中抗日武装部队。1945年春，阳江县城仅剩下几名中共党员，党的组织处在薄弱时期。

1944年冬，中共广东省临委发出全面恢复党组织活动的指示，接着，中共中区特委也做出迅速恢复党组织活动的决定。

1945年春，中共中区特委成员周天行执行组织的决定，再次来到阳江。同行的有中共两阳特派员司徒卓（司徒林）。临行前，刘田夫对周天行再三叮嘱，一定要尽快把两阳的地方党组织建立起来，以适应形势发展的要求。

1945年2月，周天行来到阳江县城，当即组织成立了中共江城支部，林良荣任支部书记（4月，林良荣调任中共东区联络员，负责东区党的工作），陈萼、梁嗣和任支部委员。紧接着中共江城支部按照周天行的指示，在学生和工人中，组织建立了解放军之友社。接着，在附城各地农村解放军之友社也相继建立起来。

1945年3月，中共阳江党组织负责人陈国璋执行上级指示，转入部队。中共中区特委决定由司徒卓担任两阳特派员，接收阳江地下党组织关系。当时，县城中共党员只有陈萼、梁嗣和、杨秉义、陈佩瑜、林良荣5人。为及时发展党的组织，同月，司徒卓发展何明参加共产党。当年夏天，又在教师、学生和工人队伍中，发展了何振超、许荣坤、梁宏桂等一批党员。

1945年5月，中共两阳工委成立，司徒卓任工委书记兼组织部长，伍伯坚任宣传部长（驻阳春），周敏玲任妇工部书记（8月到任）。

1945年7月，中共江城支委干部委员会（简称"支干会"）成立，何明任书记，许荣坤任宣传委员，何振超任组织委员，陈萼、梁嗣和分别负责统战和妇运工作。由司徒卓直接领导。

支干会的主要工作是领导学运。在此期间，党组织在阳江县高中学生中发展谭葆业、曾传鎏、谭友衡参加中国共产党，重建中共阳江县中支部，党支部书记由何振超担任。县中支部的重建为地下党在学校开展运动打下良好基础。在此后一段时间里，相继在学校中发展了陈国维、左平、陈家治、许国尧、施美馨、谭丽冰、徐学旋等参加中国共产党。

二、进行整风学习　加强思想建设

1942年，全党开展整顿学风、党风、文风的整风运动和开展审干工作。1944年10月23日，中共广东省临委召开工作会议，贯彻上级的指示精神，正式部署整风和审干的工作。

1945年6月，中共中区特委委员周天行带司徒毅生到阳江，组织开展整风学习和干部训练。周天行负责阳江、阳春、恩平、开平、新兴、台山等县的党组织工作。从1945年5月起，周天行很长一段时间留驻阳江江城。

周天行和司徒毅生到阳江江城后，组织举办了两期整风学习班。首期学习班于1945年6月在甜酒二巷2号举办，参加学习的是阳江、阳春两县区级以上的党组织骨干，其中有司徒卓、伍伯坚、林良荣等人。学习班由司徒卓主持，司徒毅生做学习辅导。同年7月，第二期整风学习班，先是在甜酒二巷2号举办，期间因从广东南路撤返广州的日军已迫近江城，出于安全考虑，首迁城郊龙涛村举办，再迁塘角丹步村举办。这次规模比第一期大，参加学习班的人数也有所增加。学习的人员，除了来自阳江、阳春的党员骨干罗杰、关海、莫维等七八个人外，还有台山、恩平、开平、新兴县派出的党员骨干若干人。

学习班学习的内容有《改造我们的学习》《整顿党的作风》和《反对党八股》等23个文件，各种文件，均由江城党组织的地下油印组复制，学员人手一册。其时刻写蜡纸的是开平人梁达文。梁达文擅长刻写钢板，文字工整秀丽。负责校对、油印的是许荣坤、周炽奎。负责传递文件的是何振超。

中共中区特委主持举办的党员骨干整风学习班结束后，各地党组织分别自行组织党员进行整风学习。1945年8月，江城区党组织在许联益堂举办整风学习班，由司徒卓主持。通过整风学习，全体党员进一步克服了主观主义、宗派主义和党八股，进一步明确了实事求是、理论联系实际的学风，增强了党性，加强了团结，提高了战斗力，为中共江城组织健康而坚实地迈进解放战争时期、更好地承担新的革命工作任务打下了良好的思想基础和组织基础。

群众性抗日救亡斗争的开展

一、"三三事变" 第一埒设防拒敌

1941年3月3日，日军从北津港登陆入侵阳江，国民党军政机构闻讯而逃。因未遇抵抗，日军一路疾进，直抵阳江城，大肆屠杀抢掠。阳江人称此为"三三事变"。

阳江沦陷虽然只有几天，而日军烧、杀、掳、掠，暴行累累，仅塘背村被杀的群众就有80多人，附城乡的生猪、粮食等亦被抢掠一空。当时，城西第一埒村的群众从塘背村等地的教训中惊醒，为了抵御日军的入侵和洗劫，迅速在本村四周筑围基储水。当日夜里值涨潮时全村男女用数十架水车，抽水灌满四周农田，村前村后只见白茫茫一片汪洋。又在村前路口掘几个大水氹，人车不易通行。路旁还筑起三个泥堡垒，每个堡垒用筋竹围着三面，堡垒里架设土炮二门。

日军占领县城的当日，已占领顿钵山。顿钵山与第一埒村只隔四千米。第二天下午，日军6人窜向第一埒村，在距第一堡垒数百米时，堡内即点燃火炮向日军轰击，日军还击后逃去。第三天日军二三十人再次向第一埒村进犯。当时该村已将老弱妇孺从村后疏散出去，只留数十名青壮年群众守着村前堡垒。日军这次进犯，第一堡垒率先点燃土炮轰击，打伤日军数名；日军卧地还击，第二堡垒继续点火发炮，又打伤日军数名。日军一面还击，一面抬着被打伤日兵逃跑。尝到苦头之后，日军才不敢再到第一埒村骚扰了。

二、"六六事变" 司塱村抗寇扬威

1945年7月14日，农历六月初六，日本侵略军再次入侵阳江县城，阳江人称之为"六六事变"。

司塱村离县城6千米，在县城步行1小时就可到达村中。当时恐日军入村洗劫，一般村民早就做好了撤离的准备。撤离的村民多数都是乘渡船向河对岸的南埠、石潭、山外东一带有亲戚的地方躲避。当月初七、初八两天全村妇女、小孩和大部分男子已转移完毕，只留下一些管理村场的人没有走，还有一些不愿走的年纪较大的老人，藏在村里的麻园、芋地中。

六月初九，大约10点钟，司徒仕存想将停在冲口（村西面）的布网船驶过南埠，忽然看见渡头对面的洲仔咀有一只电扒（汽船）正向村这边驶来。他心知不妙，立即跳上岸，飞跑回乡公所报告。

当时留家的部分人都在乡公所，领队的司徒俊波也在。司徒俊波听了司徒仕存的报告后，立即带领俊超等10多人拿起预先筹集的枪支往渡头方向拦截。村中德瑶等人也闻声从屋中走出。此时从船上下来的10多名日军已走上大围基，德瑶见了立即贴身在桅杆盾扣动那支炸咀枪，首先向敌人开火。"砰"的一声枪响，吓得日军立即散开趴在围基，并立即还火，双方于是展开枪战。德瑶手部被打伤，但只草草包扎了一下，又投入战斗。这样坚持到傍晚，敌人始终攻不进司塱村，只好向县城方向的镀耳、大伞等地退去。司塱村的村民随后追来，一直追到离大伞不远的新围。见天已渐黑，恐遭敌人埋伏，俊波方下令村民撤退回村。

第一天的战斗打下了鬼子的威风，士气大振。俊波布置三个计划：一是将村中所有布网船、扒跳（农船一种）停在石潭对面的大四洲河边待命，以备战斗失利时乘船向河口撤退；二是报告北津联防队，请求人力支援；三是将留在村中的人组成护村队，加强村中防卫设施。同时将村中的两支土炮分别架在北面的拱北楼路口和西边的通渡头路口，并用大泥砖将村口封死，只留东南面作退路。又动员渔民捐渔网，将村前塘基围起来，使敌人难知村内虚实。

第二天（农历初十）早上，8点钟左右，日军分两路又向司垌村进犯。一路由三洲过河，经新塬向司垌村北面进攻；另一路由那洛村渡河，首先攻入大塬，再向司垌村东面大路进攻，欲成合围之势。当时北津联防队有20名队员来支援，全部埋伏在北关村口的园地里，严阵以待。

约50名日本侵略军出了新塬村，先是用机枪向司垌村一阵扫射，拱北楼被打得满墙枪洞。见到司垌村挂有布网（黄麻缉纱结成，用蒟蒻染成红黑色），疑为电网，以为司垌村布置周密，不敢贸然直进，便成散兵慢慢爬着前进。司垌村民兵在司徒俊波的指挥下，个个保持镇静，不肯先开火暴露目标。日本侵略军爬了一会，见无动静，又壮着胆子集合起来，沿着大路列队前进。当日本侵略军走到尖角（土名）离村约100米时，司徒俊波下令点燃火炮。一声巨响，炮火中的铁链、犁头铁等物向敌人飞去，吓得敌人心惊胆战，立刻分开两边跳入稻田中，伏在那里很久也不敢动。俊波本还想发第二炮，可惜因当时装的火药过多，冲力过猛，使土炮翻转了。当时司徒俊波叫来几个男子，想把土炮翻过来，但数百斤重的铁炮要想一下子翻过来安装好也不是易事，只好放弃。

日本侵略军见村中久无动静，就一边放枪壮胆，慢慢向村中摸索迫进。这时的护村队就伏在园基里朝日本侵略军放枪，双方于是展开了激烈的枪战。民兵仗着熟悉地形，与日军展开了顽强的护村浴血战。在战斗中，有两个联防队员英勇牺牲，村民司徒华高也被打伤大腿，幸未伤及骨头，被背回船上救治。司徒华高之子司徒回尚，当年年纪虽幼，但亲眼见到了父亲被日军子弹打伤的大腿，如今仍记忆犹新。

面对日军的围攻，司塱村护村队坚持至中午，因伤亡增加，战斗力有所减弱。又闻附近的大塱村先已失守，日军的另一支分队又从大塱村向司塱村东面发起进攻。为免遭日军合围，减少伤亡，于是司徒俊波便指挥护村队主动由南面撤退到在山下石潭一带河面待命的船中。

日军进村后，见不到抵抗的人，只捉住一个哑巴，并强迫他带路，去找抵抗的人。哑巴胡乱地带着日军在河涌边、泥塘里四处奔走，累得日军筋疲力尽，一无所获。于是日军兽性大发，将哑巴枪杀在地塘尾对面的涌边泥塘里。残暴的日军捉鸡剐猪，好吃的东西都被一扫而光，折腾了大半天，把整个村搞得鸡飞狗跳。到傍晚，日军害怕司塱村民兵袭击，便强迫仕华、章鹏等躲藏在村中而被发现的几位老人做民夫，帮他们挑抢来的财物，悻悻地撤出村子。在日军的胁迫下，这些挑着重担的老人，一边在夜里艰难地行走，一边寻思逃生，最后将到恩平时方乘黑夜逃回。

村中第二天清理战场，发现一名日本兵被打死在长尾草河边的水田中，后将其就地掩埋。

日军撤离阳江后，城里人对入城的司塱村民说："你们怎么这样大胆，敢和日本鬼子驳火（作战）？"司塱村村民不无自豪地反问："你们怎么知道呢？""都登了报纸，全城轰动，怎么不知道！"市民一边回答，一边显露出敬佩的神色。

人民抗日武装的建设和斗争

一、开展干部审查　暂停组织活动

1942年12月，周天行以阳江、阳春、恩平三县特派员身份再到阳江江城，开展对党员干部的审查、教育、巩固工作。

周天行冒着生命危险，深入到群众中联系党员，经过一段时间的工作，掌握了基本情况。在革命处于低潮的困难时期，绝大多数同志革命意志坚定，保持了共产党员的本色，但也有少数人工作消极，思想动摇，不愿在农村扎根。比如转移到农村当小学教师的个别人，嫌工资低微，生活艰苦。特别是在中共阳江县委领导机关出现问题后，有的人擅自离开原来的岗位，远走他乡，到外地谋生；有的人不听党的召唤，死气沉沉，因而被组织疏远（即组织不与其联系，让其自动脱党），先后被组织疏远的有20多人。这些人绝大多数不是坏人，没有做坏事，只有极个别的被疏远后，出卖党和人民利益，跟随国民党欺压人民。

1942年夏，因中共南方工委和中共粤北省委被国民党特务破坏，为避免各级党组织受到牵连而遭到破坏，中共中央南方局对广东地下党组织做出应急的指示：除沦陷区党组织照常活动外，国统区的党组织一律割断和已暴露地区的组织关系；已暴露的干部立即撤往游击区，其余干部应找职业作掩护，进行"勤职、勤学、勤交朋友"的三勤活动和执行"隐蔽精干，长期埋伏，积蓄力量，以待时机"①的16字方针。据此，是年12月，周天行经中共中区特委同意，将陈奇略从阳春调回阳江，并通过他向江城、阳东等地传达了"停止组织活动"的指示。

接着，陈奇略又利用同南恩小学校长的叔侄关系，安排从开平县调来江城隐蔽的共产党员周申、黄碧珠，阳江籍党员张健、杜世芬、陈佩瑜、陈萼等到该校任教。他们都与陈奇略保持朋友关系。

停止组织活动指示传达后，一部分党员与组织保持直接联系，一部分党员与组织保持间接联系。不管是直接联系还是间接联系，实质还是组织关系，只不过是在那种复杂环境里，采用一种隐蔽手段而已。当革命工作需要的时候，他们都能挺身而出，尤其是在开展武装斗争中，发挥着共产党员应有的先锋模范作用。

二、两翼扩建据点　四派外援人员

抗战中后期，国民党军队开始转向消极抗日，把枪口对准了共产党领导的人民抗日武装。为避开与国民党军队的正面交锋，中共的工作重点转向农村，原来集中在江城活动的一大批中共党员都要到农村去。廖绍琏转移到横山小学，以任小学校长为掩护；林元熙参加中共广东省委举办的学习班而回到江城不久，也被派到横山小学，工作重点是做好建立漠南抗日根据地的准备工作。其他人员，也陆续下到了农村。

根据中共中区特委要做好武装抗日准备的指示精神，1943年4月至1944年10月，江城的党员和青年先进分子，分四批派到珠江三角洲敌后，参加抗日游击队。1943年4月，第一批有陈奇

---

① 毛泽东：《毛泽东选集》（合订本），人民出版社1971年版，第714页。

略、林元熙、梁之谋等。梁之谋是在校学生、青年中共党员，党性很强。当知道组织要派他入部队时，他毫不犹豫地坚决服从组织的安排，到部队后表现出色，很快升任班长。是年冬，在中山与新会边境同国民党顽军的一次战斗中，机枪手牺牲了，梁之谋看到自己部队的机枪位置已暴露，遭到敌人火力密集的扫射，便奋不顾身地冲到机枪位置，托起机枪准备转移，不幸中弹光荣牺牲。1944年1月，第二批有周文奏、关崇湘等。同年3月，又派去第三批，有张素荷、曾昭常等。同年10月，在珠三角抗日武装指挥部主力挺进粤中后，又派出第四批，也是人员最多的一批，有许式邦、何瑞廷、曾传谈、黄德昭和进步青年冯思和、张兆南等。

江城等地抽调大批党员干部到珠三角敌后参加共产党领导的武装部队，有两个重要意义：一是增加部队的新鲜血液，加强敌后抗日游击队的骨干力量；二是从组织上做好准备，当需要建立地方武装抗日队伍时，这些在战场上锻炼过的同志，可成为武装部队的领导力量。

三、积极参军参战　助夺抗战胜利

1945年1月20日，广东人民抗日解放军在鹤山县宅梧地区宣布成立，梁鸿钧任司令员，罗范群任政治委员，谢立全任参谋长，刘田大任政治部主任。江城籍林元熙、敖天真等也是这支抗日部队中的一员。这支部队一进入粤中地区，就遭到国民党顽固派的军事围攻。为了保存革命力量，把矛头对准日本侵略军，司令部决定避开国民党顽固派，执行中共广东省临委关于"逐步向西江、南路推进"的战略部署。出发前，司令部率主力部队500多人挺进恩（平）阳（阳江、阳春），建立云雾山抗日根据地，然后再向高雷方向发展。司令部讨论决定，途经新兴时攻打县城国民党顽军158师后方指挥机关，目的一是打击顽军嚣张气焰，二是打开新兴监狱营救被捕同志，三是补充部队的武器装备和生活给养。

1945年2月21日，部队从老香山根据地出发，途中获悉顽军已有防备，决定放弃攻打新兴县城计划，后又临时决定在蕉山村宿营。22日，遭顽军158师473团包围。广东人民抗日解放军在反击中，终于突围脱险，但司令员梁鸿钧等59人牺牲，70多人被俘，丢失轻重武器一大批，损失惨重。司令部警卫连指导员林元熙率领全连指战员，英勇奋战，冲破敌人包围，安全撤出，脱离险境。当他看到还有同志没有冲出敌人包围时，再次只身冲入敌重围，解救被困战友，在通过一片开阔地时不幸中弹，壮烈牺牲。在战斗中，阳江籍共产党员杜世芬、黄德昭被俘，许式邦、曾传谈、何瑞廷被打散掉队，后经日宿夜行，长途跋涉，重返阳江的江城、阳东等地，继续参加地方的抗日斗争直至胜利。

经历和参与过抗日战争的江城人民，至少认识到了三点：第一，中国共产党是抗日战争的中流砥柱，中国共产党领导下的革命老区普遍为抗日战争做出了巨大的牺牲和贡献；第二，中国抗日战争是一场正义的民族解放战争，最后的胜利是必然的；第三，中国抗日战争的胜利，是人民战争战略战术的胜利，也是全民族抗日统一战线的胜利。

4

第四章

五星红旗　鄳城升起①

① 指江城人民经过数年的浴血奋斗获得解放，五星红旗在鄳城上空升起来了。鄳城，即江城城区的代称、简称。

第
一
节 珍惜和平　争取战后民主建国

一、认清时局　坚持武装自卫革命斗争

中国人民经过14年抗日战争的浴血奋战，打败了日本侵略者。抗战胜利后，人民渴望休养生息，国家亟待重建振兴。然而，抗日硝烟未散，蒋介石便已点燃内战烽火。面对此形势，中国共产党从国家、民族和人民的利益出发，做好了两种准备：一方面，提出"和平、民主、团结"三大口号，争取通过和平的途径，实现全国统一，建设一个独立、自由、富强的新中国；另一方面，若国民党蓄意发动内战，也不排除通过非和平道路建立新中国。

国民党当局为把广东作为发动内战的后方基地，从各地调集军队开进广东，加紧"围剿"人民武装。1946年冬，广东内战全面爆发。

在两阳，国民党军468团团长潘立强宣布"十杀令"，亲率其主力，并纠合当地反动武装大肆"扫荡"游击区，先后将阳春龙门上双堡垒户杨大轩的家毁坏，焚烧和洗劫了中共党员陈碧、李世谋的家。人民武装经常活动的据点冲仔表和仁和村也遭到蹂躏。由于国民党的疯狂追杀、围捕，武装人员不断遭到杀害。原6团副连长陈朝波复员回乡不久，即遭织箦防剿区逮捕而杀害于织箦圩；江城城乡更是常见军警出没，一片肃杀之气。一时间，

白色恐怖笼罩包括江城在内的两阳全境。

面对急剧恶化的形势，江城党组织迅速开展群众宣传工作。通过解放军之友社的活动和分散上门等办法，以国民党军"围剿"人民武装、残害进步群众的事实，向学生、工人、农民揭穿国民党蒋介石假和谈、真内战的阴谋，争取群众的同情和支持，为江城乃至两阳人民武装转入分散隐蔽、进行武装自卫斗争营造有利条件。

二、加紧准备　努力保护抗战胜利成果

（一）中共两阳工委调整，中共江城镇委、旅江支部相继成立

1945年9月，中共两阳工委调整，司徒毅生（司徒文）任书记，司徒卓任副书记兼组织委员，伍伯坚任宣传委员，周敏玲任妇女委员。

10月，中共两阳党组织隶属中共中区临时特委领导。中共中区临时特委、两阳工委根据斗争需要，除继续保留县城里的许深记皮箱店交通站和城郊岗背村联络点外，决定再在县城里增设甜酒二巷2号杨秉义家和龙津路许联益堂两个交通站及"盐场衙陈国维家"接待站。是月，江城党组织发展报村小学周炽奎、陈兴两人先后参加中国共产党。

11月，中共江城镇委成立，郑迪伟任书记，兼抓妇运；郑靖华任组织委员，兼抓工运；何明任宣传委员兼抓学运。当月，撤销中共江城支干会，镇委成立后发展造船工人吴鸿新、冯世良、刘文伙，打铁工人傅嘉喜、陈立远等加入共产党，成立中共江城造船工人支部和铁器工人支部。造船工人支部书记为吴鸿新，铁器支部书记为梁宏桂。当年年底，江城造船行业工会成立，会长为冯兆，副会长为吴鸿新，委员为冯世良。

12月，撤销中共两阳工委，分别成立中共阳江县委和中共

阳春县委。阳江县委书记为司徒毅生，副书记兼组织部长为司徒卓，宣传部长为赵荣。中共中区临时特委委派中区部队参谋室主任黎明兼任中共两阳军事督导员。1946年3月，黎明调离两阳，陈明江接任中共两阳特派员兼中共阳春县委书记。

1946年5月，司徒毅生、郑迪伟先后调离阳江。中共江城镇委调整，郑靖华任江城镇委书记，委员为何明、谭友衡。同月，于此前因"南委事件"①转移到阳江隐蔽的大埔县党员饶奕昌、廖力行、张旭辉等人，在阳江县府机关组织成立"中共大埔旅江临时支部"。该支部与江城的党组织没有组织上的联系。

（二）巩固发展解放军之友社，努力发挥全社的作用

早在1945年1月，广东人民抗日解放军在鹤山县宅梧宣告成立。1945年3月18日，这支部队从主力团抽调部分力量组成广东人民抗日解放军第六团（简称"六团"），团长为黄昌熺。六团进入两阳之初，广大群众并不了解，存在种种疑虑。为争取人民群众对部队的支持，当时的中共中区特委决定在各地建立解放军之友社，同时提出"首先在阳江建立解放军之友社"的意见。

中共中区特委做出建立解放军之友社决定的当月，中区特委委员周天行就带着任务来到江城，主持召开了有林良荣、梁嗣和、陈萼等人参加的党组织会议。会上，具体布置了成立解放军之友社的工作；会后，党组织迅速行动。于是：

---

① 1941年7月，因叛徒出卖，中共江西省委电台被破坏，南方工委和粤北省委机关及电台工作人员被捕。1942年间，中共江西省委所属党组织基本瓦解，44个县委、200多个区委和绝大多数支部被破坏，2 000多名共产党员被捕。由于国民党特务封锁了消息并控制了电台，中共南委和粤北省委在大半年时间内毫不知情，相继受到严重破坏，一批领导和党员被捕乃至牺牲，随后被迫紧急疏散和隐蔽。这就是中共南委和粤北省委事件。详见广东省委党史研究室：《中国共产党广东地方史》（第一卷），广东人民出版社1999年8月版，第498~500页。

——3月下旬，阳江县解放军之友社在江城成立，第一批参加的人员有何明、谭葆英、岑业楷、姚耀和、袁东白；

——4月，江城解放军之友社成立，成员有何振超、陈国维、左平；

——10月，马洲工人解放军之友社成立，成员有10多人；

——同期，黄徽拔在埠场圩、雁村等地组织成立解放军之友社，当地农民30多人参加；

——同期，城郊南排农民解放军之友社成立，当地农民10多人参加。

江城地区的解放军之友社从抗日战争时期建立到解放战争时期发展起来，相对于全县而言，呈现了建立早、发展快、数量多的特点。这阶段的主要贡献有：

1. 接待进城下乡的领导干部和革命工作者

解放军之友社成立后，中共中区特委委员周天行、中共两阳特派员司徒卓每逢来到阳江县城，解放军之友社成员何明、陈国维、左大年（左平）、何振超等人便主动出面接待，为他们安排住宿，并在经济上给予支持。黄徽拔在埠场成立的解放军之友社也先后掩护和接待过中区特委成员周天行以及革命同志李世谋、曾传荣、许荣坤等。

2. 掩护进城隐蔽的武装人员

江城是国民党阳江县政府的统治中心，反动派气焰嚣张，不分白天黑夜，侦探、特务都挨家挨户搜查，白色恐怖遍布全城。1946年1月，中共中区部队参谋室主任、两阳军事指导员黎明率武装人员10多人转移来到江城马洲隐藏。部队人员住了100多天，自始至终都得到马洲解放军之友社成员的大力维护和帮助。黎明还在马洲会见了中共中区军事督导员卢德耀，与上级保持着正常的联系，指挥着五县边区与两阳地区的武装斗争。

3. 组织领导工人罢工

1945年冬至1946年春，马洲造船、打铁行业工人在党组织的带领下，举行了全行业的总罢工。在此次罢工斗争中，解放军之友社是一股中坚力量，发挥了积极作用（详见本章第二节）。

4. 做好情报传递工作

梁宏桂家是中共党组织设立在马洲的地下交通站。马洲紧靠漠阳江，是水上交通的一个重要中转站。当时，从香港进来的船只，除了靠埠尾码头外，也常在马洲停泊。交通站在此将党报党刊与机密文件转移到梁宏桂家，再由梁宏桂发送。这期间，马洲解放军之友社成员，为做好信息传递工作而长途跋涉，不畏艰险，做出了重要贡献。

5. 开展反"三征"斗争

随着游击战争的逐步展开，农村的反"三征"（征实、征兵、征借）运动在江城各地兴起。埠场雁村农民在黄徽拔的带领下，也向国民党政府展开了一场反"三征"的斗争，解放军之友社成员便是开展斗争的骨干力量。

1944年秋，周天行来到埠场，与黄徽拔接上关系。黄徽拔按周天行的部署，在埠场、雁村当地农民中，发展解放军之友社成员。

广东省国民党当局为挽救危局，于1946年强迫实行"三征"，群众苦不堪言。根据形势特点和广大群众的切身利益、要求，中共广东区委提出用反"三征"的口号来发动群众，开展游击战争。区党委在《关于广东武装工作意见》中指示："国民党实行三征，各阶层人士均蒙其害，而工农负担尤重"，我们要"保卫自己的生命财产，保卫人民利益，反对国民党之强迫三征"。①根据上级指示精神，黄徽拔以解放军之友社成员为骨干，在村中组织了壮丁会，开展反"三征"，并取得胜利。

时至1949年春，当阳江党组织向敌人发动猛烈的政治攻势时，埠场、雁村的解放军之友社成员，也积极开展张贴标语、投送匿名信和散发传单等活动，宣传革命，打击敌人。

各地解放军之友社自成立以来，无论是在接待和掩护外来革命干部、过往武装人员方面，还是在组织领导工人罢工、传递情报、组织反"三征"、开展革命斗争方面，都较好地起到了积极作用。这是江城人民开展革命斗争的一个成功的创举。

（三）县中支部的重建与斗争

中共阳江县立中学支部（简称"县中支部"）成立于1939年3月，支部书记为林克。1942年，党员毕业离校，支部停止活动。1945年6月，司徒卓发展县中学生何振超加入中国共产党。7月，中共江城支干会在县中发展一批学生参加中国共产党，重建了中共县中支部，支部书记为何振超。何振超是江城朗星坊人，1945年3月参加解放军之友社，同年6月加入中国共产党。1945年6月至1946年6月，中共阳江县中支部迅速发展，先后吸收的新党员有：谭葆业、曾传鎏、谭友衡、陈家治、陈国维、左平、卓朝光、范兴文、施美馨、谭丽冰、徐学璇、杨昌月。

重建后的县中支部在中共江城支干会的直接领导下，不断进行着各种各样的革命斗争：

1. 传送整风学习文件

1945年夏天，周天行在阳江举办区级以上干部整风学习班。学习班使用的文件，由江城党组织负责印制。何振超被指定负责传送文件工作，有时还帮助刻写蜡纸。

---

① 见《广东革命历史文件汇集》甲56，第291页。

2．开展文化宣传工作

1946年春，中共江城镇委在各校师生与进步人士中组织成立"南天音乐社""丹枫文艺联谊会"两个组织。在筹备成立与开展活动等工作中，县中支部成员都积极参与。

国民党为警告惩处学校的中共组织，于1946年2月，由阳江县县长萧仲明派人将中共党员、两中教师梁之模、李嘉夫妇逮捕杀害；同年4月17日，又发出军秘字（15）号密令："各机关学校由国民党秘密组织防奸小组。"在此期间，国民党阳江县党部书记长谢彦华还多次给县中师生"训话"，谍报长黄炽云四处活动，监视师生言行。

尽管国民党已采取了严厉措施，但在中共广东区委于1946年2月发出"猛烈开展各大城市的宣传文化工作"的指示①后，江城党组织的何明，还是在县城各校的进步师生、社会人士中，组织"南天音乐社""丹枫文艺联谊会"，以各种形式，推动民主运动的发展。

3．挫败反动当局强迫师生加入国民党、三青团的阴谋

1946年春，国民党阳江县党部采用"介绍就业"或"取消学籍"的两面手法，强迫县中师生加入国民党、三青团。县中支部成员见状，立刻向中共江城镇委汇报，经组织同意后，县中支部在全体师生中开展信仰自由的宣传，与反动派开展斗争。其时，镇委也指示支部，假如反动当局使出强硬手段，便以集体加入的形式参加。经反复宣传后，绝大多数人连登记都没办，只有个别受蒙蔽者参加。

---

① 中共广东省委党史研究室：《中国共产党广东地方史》（第一卷），广东人民出版社1999年8月版，第591页。

4. 争夺学生自治会领导权

1946年春，县中学生自治会改选，中共江城镇委决定派谭友衡参加学生自治会主席职位的竞选，夺取该组织的领导权，为开展学生运动打基础。

这次竞选十分激烈。三青团骨干亲自指挥，操纵选举，企图安排司徒某某当主席。他们一面以金钱或安排工作进行拉拢，另一面则大打出手，强迫代表投票。面对这种情况，镇委立即行动，分头进行宣传发动，谭友衡、谭葆业还亲自到各班学生中，与代表谈心，争取支持。

竞选大会上，谭友衡揭露了国民党三青团操纵下的学生自治会人员工作放任自流、财务管理异常混乱的不良现象，鲜明地提出了自己的主张，指出学生会应引导全体学生认真读书，组织学生开展文娱体育活动，协助学校办好食堂，真正为全体同学服务。

此次选举，由于三青团头目周某某的干预，谭友衡只当选为宣传委员。谭友衡任县中学生自治会宣传委员后，在组织学生成立读书小组、引导学生阅读进步书刊方面，照样发挥了积极作用。

5. 保护进步学生和教师

1946年4月，施美馨加入中国共产党。6月，施美馨受郑靖华的指派，到醉月酒楼与一位来自香港的女党员陈萍接头。当日，施美馨在谭丽冰、徐学旋的陪同下来到醉月酒楼。郑靖华建议施美馨将陈萍带回家中居住。陈萍在施家住了一段时间后转往游击区。

1946年9月，中共阳江县中支部贯彻执行上级指示，支部活动全面停止。在此期间，一批党员学生毕业离校，卓朝光、范兴文到卢山小学任教，支部书记谭友衡经组织同意，到广州读大学，施美馨接任支部书记。施美馨任支部书记期间，民主运动从高潮转向低潮，公开斗争虽已停止，但秘密斗争仍在进行，1946年秋，县中支部仍发动了一场支持校长彭德禄、保护训导主任陈国仕等进步教师的斗争。

6. 组织成立各种"读书会"

为适应当时形势，中共党组织改变了斗争方式，主要在学生中组织读书会，学习宣传进步思想，反抗国民党的反动统治。1946年秋，施美馨、许国尧首先在班里组织成立"艺园社"读书会，开展多种形式的活动。1947年9月，蓝志雄也在高二班组织成立"鲲鹏社"读书会。1948年春，黄德基、李子云、陈向兰在高二、高三级学生中，组织成立"流萤学术研究社"，出版刊物《流萤》；林恩葆、许绍开则在班里组织成立"红蓝社"读书会；陈向兰又在春二班成立"黑白社"读书会。在初中，各种读书会也相继成立。各读书会开展活动形式多样，有出版墙报的，有印发刊物的，有开展演讲的。对这些宣传民主、自由、解放的活动，反动派总是看不顺眼，甚至恨之入骨。恨之最深者，便是国民党阳江县党部书记长谢彦华，他竟于1948年9月下令将"流萤学术研究社"查封。处此高压情势之下，作为该社的骨干，黄德基、陈向兰不得不离开县中。不过，两人转移到阳东农村后，依然关注着两中。两中罢课期间，学生赵善桐邀请陈向兰出席了北山会议和组织发动全校总罢课。1949年春，黄德基、陈向兰返回学校。同年1月，陈向兰加入了中国共产党。

7. 为游击队购买药物与用品

1948年，阳江县武装斗争全面开展。一次，何明交给蓝志雄一些碎金，要他立即购买一批草席、葵衣和专治疟疾用的西药奎宁送往游击队。蓝志雄接到任务后，想到自己是一位学生，购买这么多东西会引起别人的注意，于是便找来母亲、三哥等人商量，在多人帮助下才把各种物品购齐，交给组织。

8．建立组织并促其发挥作用

1949年5月，中共江城区委为适应形势变化，在恢复县中支部活动的基础上重新进行了调整，分别建立了男生支部与女生支部。男生支部书记为蓝志雄，女生支部书记为谭丽冰。蓝志雄任支部书记后，即以文范中学（简称"文范"）为阵地，为组织收取从香港寄来的报刊。阳江解放前夕，他收到《华商报》上登载的中华人民共和国国旗的样品和制作尺寸说明，并将它交给组织，在阳江率先制成了第一面五星红旗。

中共阳江县中支部恢复活动后，积极参与了中共江城区委组织的政治宣传工作，还参与了阳江围歼战的支前工作。县中支部通过各项斗争的考验和洗礼，组织队伍不断扩大。1949年秋，在县中学生中，先后又发展了陈邦、林俊光、许钦华、何向群、陈开臻、冯圣联等人加入中国共产党。

第
二
节

避敌锋芒　分散隐蔽开展斗争

一、分散隐蔽斗争方针的贯彻

日本投降以后，时局急剧变化。国民党从各地调派军队开进广东，企图消灭共产党及其领导下的人民武装。各地的国民党军队以"剿匪""绥靖"为名，采取"网形合围""填空格"等战术，对解放区进行分进合击、反复"扫荡"。

形势变得严峻，中共广东区委根据中共中央指示，于1945年9月16日做出部署并指出：一方面，坚持斗争，保存武装力量，保存党的干部；另一方面，做好长期打算，准备将来开展合法的斗争。20日，正式向各地党组织发出《对广东长期坚持斗争的工作布置》。

中共阳江县委根据中共广东区委的指示，对江城区委在分散隐蔽斗争时期的工作，进一步做了具体的部署：会议要精简，人员要精干；党员找社会职业作掩护，暴露身份的要及时转移；斗争形式要改变，从公开的合法斗争转入秘密的地下斗争，或者是"非法"的斗争；在学校里以教学班为单位，在工厂中以车间或作坊为单位，开展活动；加强统战工作，通过统战关系，打进敌人内部，利用敌人的矛盾，打击敌人；通过各种办法，索取情报为我所用。

1946年6月，中共广东区委重新部署了党组织和党员的工作：长期埋伏，积蓄力量，等待时机。形势突然变化，阳江全县乃至广东全省地下党组织活动重新陷入低潮。同年9月，司徒卓接到上级党组织指示，县委撤销，改为特派员制，司徒卓任中共阳江县特派员。

贯彻分散隐蔽斗争方针后，中共江城镇委、区委认真执行中共广东区委的部署，团结广大党员，依靠人民群众，同甘共苦、同心同德，坚决战胜重重困难，力求保存实力，巧妙渡过难关，保持革命火种，争取最终的胜利。

二、交通站的设立与地下斗争

（一）江城地下交通站及其交通线的情况

中共江城党组织先后建立过数十个地下交通站。这些地下交通站，一般都关联全县、全省和港澳地区，外连着相关的三条主要交通线：（1）从开平三埠经赤坎入恩平上凯岗村，再以上凯岗村为中心，转入恩平西水、新兴石岗、开平龙村、勒古、新兴杜村；（2）从恩平金鸡大板桥经君堂、热水，转入朗底、岗坪，或由朗底转新兴宠洞，或由朗底转入恩平岑洞、马石芦塘再转入阳春马狮田、蟠龙、先农、轮水；（3）从香港由水路经沙扒进入江城，再以江城为中心，进入漠南、阳春金堡、大塘、春城永生堂药店，后进入春中、春南游击区。这些交通站在接待来往人员、传递情报、运送弹药诸方面都发挥着重要的作用。

（二）岗背村交通站与关氏叔侄俩的无私奉献

岗背交通站在附城岗背村，面积为十三四平方米。岗背是一个小村，离县城约2千米，村里人以务农为主。

岗背交通站的交通员关永是名孤儿。童年时，他父母双亡，由三叔父关盛祥抚养成人。关永工作认真负责，任劳任怨，一切服从组织安排。抗日战争爆发后，日本飞机几度轰炸阳江县城，两阳中学尤遭蹂躏。为安全起见，1939年4月，两中迁往阳春县城李家祠。同年9月，关永被指派去当交通员。1940年3月，中共阳江县委成立。接着，中共阳江县委在北惯丹载开办了一个农场，取名"合诚殖牧公司"，县委书记张靖宇兼

岗背村交通站旧址

任经理，县委机关也从县城迁往农场。1942年，合诚殖牧公司亏本停办，关永返回岗背交通站，继续干交通联络工作。

1945年3月，中共中区特委、阳江县委机关都设立在关盛祥家。周天行、司徒卓、郑靖华、谭年、莫赞美（莫女）等人都住在关盛祥家中。同月，广东人民抗日解放军第六团成立，部队接着从阳春挺进漠南。此时，交通员关永既要做好与各地党组织的交通联络工作，又要承担与武装部队联系的重任，运送军用物品，任务十分艰巨。

武装斗争开展以后，部队急需弹药补充。1945年5月，中共中区特委通知江城党组织，设法购进一批手榴弹和子弹支援部队。其时，周天行将任务交给杨秉义。经杨秉义想方设法，一批手榴弹和子弹很快到手。周天行立即布置关永，将弹药送到织箦。

关永除了运送弹药、传递情报外，还积极为部队战士办事，携带报纸、杂志，购买药物和日用品，样样都干。那时候，敌人常来骚扰，部队经常转换驻地，给投送情报带来不少困难。武装斗争打响后，敌人到处设岗布哨，检查十分严密，关永每次传送情报都冒着生命危险。

关盛祥（当地人亲切地称他为"三叔"）一家数口，生活寒苦，吃的只是番薯、南瓜，有时还要靠野菜充饥。周天行等人到

来以后，生活担子更重了。关盛祥为人憨厚善良，对同志亲如一家，关怀备至。家里虽然少吃缺穿，但他常常千方百计找来大米煮稀饭给同志们吃，自己则以番薯、南瓜充饥。

1949年，曾传荣被组织安排到岗背西小学当教师。当时，他是该校唯一的教师，工资来源于全校仅有的20名学生交来的学米。曾传荣工作繁忙，关盛祥便主动走家串户，代其收学米，支持办学。关盛祥的儿子关崇福也抽出时间为其劈柴、煮饭。

关盛祥一直支持革命，但在外人看来，他只是个酷爱打鸟者。每逢农闲季节，他常常翻山越岭，四处打鸟。而实际上，他只不过以打鸟作为掩护，真正用心做的还是党组织交办的每件事情。

关盛祥要做的事，当然少不了四处散发传单。他散发传单的办法很多，有时边打鸟，边散发，将传单放在大路旁，并用石子压紧；有时将传单贴到茶亭的柱子上；有时又以卖鸟为由，进入县府内，将传单偷偷地放进县府机关。关盛祥不识字，他又以此为借口，在大庭广众之下，大大方方地拿出传单，让别人宣读给他听，以此宣传。

岗背交通站的关盛祥与关永叔俩所做的工作，表面看似平凡，但其实际作用和意义都很大。他们的奋斗和奉献永远流芳，他们的事迹至今仍被传颂，他们的名字永留青史。

（三）南源许深记皮箱店交通站及其所起作用

1942年夏天，中共中区特委委员周天行执行特委的决定来到阳江，对党组织活动进行调查研究。这期间，周天行在南源许深记皮箱店内设立交通站，组织领导两阳地区的地下斗争。该店位于江城南恩路296号，陈蓁的岳父是店老板。陈蓁是塘角丹步村人，在两中读书期间，参加了党组织领导的抗日救亡活动，1938年冬加入中国共产党，其爱人许建莲也于1945年参加了中国共产党。

该交通站建立后，主要发挥了两方面作用：

1. 保护机要文件

南源许深记皮箱店旧址

1944年，国民党阳江当局强令县城各家各户实行五人联保共同"防奸"，同时加派特务、警察，日夜对县城展开大搜查。1945年1月3日，中共党组织派驻大八开展社会调查的共产党员林昌铿返城向陈国璋汇报工作，深夜12时左右，在回家途中被抓。1月4日，国民党又在大八逮捕了共产党员李宗禄、麦祖业、谢汝冀。形势一度变得紧张起来。

陈国璋是阳江县党组织的负责人，他于1944年2月与梁文坚、陈佩瑜一起，从阳春回阳江县城工作，得知林昌铿被捕，为防不测，决定立即转移出去。临行前，他将收藏于南门街梁屋祠梁文坚家中的机要文件进行清理，将军用地图和绝密文件装进一只黑色小皮箱，将所有红色报刊用两只大藤笠装好，然后吩咐梁文坚将小皮箱、藤笠送到南源许深记皮箱店，交给陈蕚保存。

陈蕚接受任务以后，为安全起见，于第二天与爱人许建莲一同乘船转返塘角丹步老家，将这批重要文件由皮箱店转移到老家收藏。过了一段时间，风声没那么紧了，陈蕚才将物品交给党组织。

2. 转移隐蔽干部

1945年7月中旬，进占广东南路的日军撤往广州集中，路过阳江沿途拉夫抢掠，7月14日进入阳江县城。日军入城前，县城气氛异常紧张，人们都逃离家园，到山区、农村躲避。当时，由中共中区特委主持召开的党员骨干整风学习班正在城里进行，为安全起见，学习班中途转往龙涛村，县委机关也同时撤离，唯有许深记皮箱店交通站依旧在正常运转。

1946年春，黎明带领从朗底战斗突围后隐蔽在阳春的多人进入阳江县城隐蔽。周天行通过许深记皮箱店交通站找到陈萼，并指示他安排黎明的住地。其时，陈萼正在报社任校对，他利用这一有利条件开展统战工作，并通过统战对象陈元泳将黎明与卫生员安排住进陈家祠，其他干部、战士住在马洲。

1947年冬，时任阳东区联络员的林良荣正在平岚、笏朝活动，忽被国民党阳江县党部书记冯苹新告密，国民党当即派出兵力，进村搜捕。大土豪劣绅陈×也积极配合，宣称一定缉拿林良荣归案。组织决定让林良荣转往部队，但是，此时国民党军队正大举进攻解放区，关系一时没有联系上，林良荣只得转移到阳江县城，隐蔽在南源许深记皮箱店内。隐蔽期间，陈萼将林良荣安排在自己的房间共住。

（四）甜酒二巷2号交通站出了个革命至上的杨秉义

1945年6月，中共中区特委成员周天行将甜酒二巷2号定为中共中区特委交通站，户主杨秉义任交通员。杨秉义，阳春河口人。1938年，他来到阳江县城打工，

甜酒二巷2号交通站旧址（杨秉义故居）

在西濑华盖打铁铺干杂役，还参加了工人壮丁队。1939年，他积极参与各项革命活动，由廖正纪介绍，加入了中国共产党。

1938年10月21日，侵华日军占领广州。10月26日和28日，日军飞机先后两次轰炸两阳中学，多次侵扰阳江县城。为监视日军

飞机动向，做好防空，国民党阳江县政府在县城里设立了一个防空监视总哨，执行防空预报工作。总哨设总哨长1人、哨丁3人，并从各地招募人员。经考试，杨秉义被录用，接着由县政府派往广州学习，为期3个月。学习结束，杨秉义被指派为阳江县防空监视总哨所所长。

甜酒二巷2号交通站建立后，成了党员干部的落脚点和学习、开会、研究工作的场所，中共中区特委也于1945年夏在此举办了两期党员整风学习班。这里接待过周天行、司徒卓、伍伯坚、郑靖华、黄芝锦等领导干部和工作人员。到过交通站的人，有的当天离开，有的住上三五天不等，不论时间长短，杨秉义夫妇都安排食住，做好保卫工作。

1945年春，广东人民抗日解放军进入两阳，两阳武装斗争打响。中共中区特委根据两阳地区的大部分党员已分别调到珠江三角洲与高鹤游击区的实际情况，决定再次派遣党员干部进入两阳，开展发展党员工作，扩大党的组织队伍。

1945年3月，司徒卓到阳江，任中共两阳特派员。5月，台山县党员伍伯坚到阳春任县委特派员，报到前在阳春县边境山区与上级领导刘田夫会面。当天，刘田夫给伍伯坚布置了任务，并将一笔活动资金交伍伯坚带给周天行。伍伯坚接受任务后，按周天行的要求，首先来到阳江县城会见两阳特派员司徒卓，接头地点便是杨秉义家——甜酒二巷2号交通站。

当天，司徒卓接杨秉义通知来到甜酒二巷2号，与伍伯坚接上关系后，立即通知在织篢任负责人的罗杰（罗才秩）返回江城。罗杰，阳春人，1939年夏秋间由黄昌熺发展加入中国共产党，1945年3月调到阳江任中共西区联络员。罗杰向伍伯坚介绍了阳春县党员的具体情况，并交代了联络暗号与地点。

杨秉义按中共江城镇委指示，积极为分散隐蔽人员安排住处，办理身份证。1946年1月，黎明率领配备武器的武装人员10多人来到江城。为帮这批人员安全隐蔽，经组织同意后，杨秉义与梁宏桂、傅嘉喜等合作，在马洲开办了一间打铁铺，把部队干部曹何、廖德等人安排在铺里做工，以打铁工人身份进行掩护。与此同时，杨秉义又与吴鸿新商量，办了一间小型船厂，作为郑靖华、黄芝锦等领导干部的落脚点。1947年11月，国民党广东省省长宋子文在广东横征暴敛，肆意搜刮。阳江县政府也上行下效，强令居民一律领取身份证，并经常严加检查，发现无证者，一律拉去当兵。此时，在阳江县城工作的林道、黄芝锦、曹何等人，无从领取身份证。为防意外，司徒卓指示杨秉义，设法领取6张身份证。杨秉义按司徒卓指示来到县府办证机关，找到旧相识谭某（开平人），将身份证办妥。

杨秉义一家数口，平时省吃俭用，只能维持半饥半饱的生活，但他把革命事业看得高于一切，宁愿卖掉私宅也支持革命。1946年4月，中共中区临时特委决定，中区临时特委和广东人民抗日解放军的大部分团级以上领导干部随东江纵队北撤。为此，周天行于6月上旬向杨秉义下达任务：五天之内，为北撤人员筹集经费5万元。在当时，5万元是个不小的数目。时间紧，任务重，杨只能以月息15分向别人借来5万元交给周天行，承诺三个月内还清本息72 500元。三个月后，债主登门催债。杨秉义在哨所工作收入不多，妻子吴爱珍在家织毛巾出售赚钱更少，根本还不上这样一大笔债款。因债主天天追着还钱，杨秉义只得将家私卖掉抵债。卖了缝衣机，又卖漆木家具，凡是值钱的东西，都统统卖掉，最后连孩子的银项链也脱了下来换钱。东拼西凑还是不够，便借新债来还旧债。结果是旧债还清，新债又来，债台越积越高。到了1948 年，杨秉义不得不下狠心将房屋卖掉，换取180担谷的价款，将债款还清。

（五）许联益堂交通站建站五年难得有惊无险

1945年春，司徒卓受中共中区特委的委派，任中共两阳特派员。3月29日，司徒卓与周天行来到江城。7月，经特委同意，司徒卓将龙津路63号（现为75号）许联益堂定为交通站，站长为许荣坤。许荣坤，中共党员，祖籍开平。其父曾担任阳江县商会会长、广爱善堂堂长等职。中共江城支干会成立时，许荣坤负责宣传工作。

许联益堂交通站旧址

许联益堂交通站建立后，初期与之联系工作的有来自四邑各县的机要交通员，来自阳春的曾昭常、陈钧、容忍之、李丽华、黎英华等。司徒毅生也在交通站里与司徒卓研究工作。日本投降以后，部队转入地下隐蔽活动，到交通站联系工作的有莫维、肖伟协、李国杰、谭雄、大陈、大黄等人。中共江城镇委郑迪伟、郑靖华、何明、黄芝锦还常在交通站里开会。

交通站联络工作，要秘密进行。其时，从四邑来阳江的交通员，不少是女性，她们常以"故衣婆"的身份出现，每到交通站，先以"找阿林"为联络暗号，与许荣坤接上头后，再由许荣坤到甜酒巷通知杨秉义，由杨秉义通知司徒卓与来人会见。会见的地点，定在许联益堂二楼，会见时，许荣坤在楼下放哨。许荣坤因参加区委工作，常不在家；当许荣坤不在家时，他的工作则由他的弟妹顶替。

许荣坤既是交通站的站长，又是地下油印组的组长。他的公开职业是中学教师，1945年在报村小学任职，后转返县城，任职于阳江文范中学。油印组共3人，分别是许荣坤、周炽奎、梁达文。许荣坤家的刻印工具十分简陋，但便于携带收藏。后来，油印组迁到报村小学。

1947年9月，李信任中共两阳特派员。10月，李信到两阳，对两阳的地方党组织和武装部队实行统一领导。1948年2月，李信执行组织决定，到阳江接收阳江县和阳东地区党组织关系。4月，中共江城中心区委成立，中心区委指定许联益堂为中心交通站，以加强与织筻、沙扒、金堡、先农、江门、香港等地的联系。站长为许荣坤，交通员为曹何。各线交通员分别是关永、陈朝贡、江玉岳、傅嘉喜、林良芳和傅四仔等。

1948年春，国民党第七区专员、保安区司令刘其宽接替第七区副司令周万邦，在江城加派兵力搜捕共产党员，让形势变得十分严峻。4月的一天，许荣坤接到任务，要将一份重要文件送给横石街9号区委书记张慧明。当晚7时，许荣坤将密件藏进袜子里，离开交通站沿龙津路、南恩路走向横石街，当他来到中山公园路段时，正遇上国民党戒严，前进的路已被堵死。此时，许荣坤发现路边有一间熟人经营的百货商店，随即闪身进去。当他停下脚步，把目光转向店内时，发现店里端坐着国民党军事科长林俊材。他一愣，但马上镇定下来，心中盘算，停留还是后退？随即又想到：一退出，必会引起敌人的怀疑。于是，他装作购物的样子，大踏步朝店里走去，一边走一边高声向店主打招呼，若无其事地来到柜台前，接着不慌不忙从衣袋里掏出钱来，向售货员购买牙膏。就在他选取品种的时候，林俊材已站起来，迅速走到他身边，一边假惺惺地说："买美国固灵玉牙膏好用！"一边伸手到他腰间，试探他有没有带有武器。结果，因找不到武器也找不到岔子，林俊材打量了一下与店主相熟的许荣坤，也就罢休，转身退回原处。

许荣坤接过牙膏后快步离开商店，见前面的路已不能走，便转身折向锦绣街，沿书院街、马屋街、朗星坊，回到他工作的文范中学。翌日，他再将文件交由杨秉义送去。

当时，来到交通站工作的同志，生活十分朴素。交通站没有办公费，各人不但不拿工资，还得自己掏钱办事。那时，许荣坤家里的经济境况渐差，已是入不敷出，加上时局动荡，通货膨胀，货币贬值，一家人的日子已不好过。包括许荣坤在内，凡是来到许联益堂的同志，吃的只能是稀饭，加一点鱼汁、豆豉之类，有几条小鱼便算是加菜了。

时间久了，许联益堂交通站一度引起国民党的注意。1948年的一天，郑文艾和另一位女同志受香港党组织的委派，到阳江联系工作。两人来到交通站后，许荣坤上课未归，两人只得留在他家中等候。由于两人是外地口音，因而马上引起住在许家右侧的国民党保长沙某某的注意，并走过来查问来人的身份。此时在家招呼郑文艾的是许荣坤的母亲，她虽不是共产党员，但支持革命。她见沙某某抱有怀疑的态度，就对他说："两位是我们开平同乡，此次来阳江走亲戚。"保长看了一下，找不出什么漏洞，只好敷衍了几句便离开许家。许母见状，认为两人不应在此久留，须立即离开，于是便让女儿领着两人去文范中学见许荣坤。许荣坤见到来人，经与共产党员、学校总务组长陈国维商量，即安排他们在校食宿。

1948年，中共香港分局发出"二月指示"，各地武装斗争迅速兴起。在此期间，往返香港和阳江执行任务的人增多，且常在交通站逗留。有的人在站里住一夜便转往信宜、茂名、新兴，有的则住上一两天。从部队来找区委汇报工作的，也由该站联系。这年，来交通站联系工作的人，还有曾珍和车振伦等。

由于许联益堂交通站的保密工作做得好，从1945年建站到1949年阳江解放，从来没有发生过意外，个别时候也只是有惊无险。

（六）麦屋巷36号交通站解放前夕情报通两阳

1949年2月，中共江城区委增设县城麦屋巷36号为交通站，交通员为关永。

麦屋巷36号交通站旧址（曾传荣故居）

麦屋巷36号是曾传荣的家。曾传荣出生于小手工业家庭，1932年从阳江县立师范学校（简称"县立师范"）毕业后，任小学教师、校长；1938年至1942年，在香港任家庭教师；1943年8月，到阳春小学任教；1945年7月，在阳春大塘村龙池小学任校长时加入中国共产党；1946年，任教于沙冈小学；1949年2月，在阳江附城岗背西小学当教师。在岗背西小学任教期间，曾传荣与埠场雁村黄徽拔、报村小学周炽奎组成中共附城支部；1949年7月，曾传荣任中共江城区委组织委员。阳江解放前几日，36号交通站门户紧闭，曾传荣的父母、妻子，连续几昼夜为将进城的游击队领导赶制黑布军装数套和红旗数面。

关永是区委交通员，每次送情报都以圩客打扮：头戴竹帽，肩挑箩筐。每次进城，关永都将箩筐放在麦屋巷36号；如遇曾传荣不在家，便转往岗背西小学。1948年4月，中共江城中心区委成立，阳春县交通员黎英华以横石街9号为联络点。1949年2月，中共江城中心区委撤销，黎英华的情报、信件改由曾传荣转送何明。与此同时，有关中共罗琴区工委的信件，也交由曾传荣送黄徽拔转交出去。

解放战争时期，中共江城党组织在革命实践中深深地意识到地下情报工作的重要，先后在各地建立了大大小小的交通站10多个，上述几个只是其中的缩影。这些交通站的交通员从事地下情报工作，不但工作不分白天黑夜，而且面对的环境条件极其恶劣，遇到的艰难险阻无数，有时还冒着生命危险。人们从他们身上，不但看到了地下工作者与敌周旋的机智，也看到了共产党员不畏艰险的勇气，还看到了他们忠于党、忠于人民、忠于革命事业的精神。所有这些，都是无价的革命财富！

三、中共地下机关的设立与斗争

（一）均祥店与中共阳江特派员工作机关的活动

1946年11月，中共江城党组织在渔洲路开设了均祥店，店内设有交通站，曹何任交通员。该店铺面很小，不甚显眼，对外是批发商行，对内定位为中共中区特派员与中共港粤工委的联络点。该交通站的设立，对加强内地与香港组织的联系，起了重要作用。

均祥店开始营业后，一切业务均由司徒卓负责。当时阳江的陆路交通十分落后，店中货物往来主要靠水路。其时开设在渔洲路一带的商店，大部分是批发商行，均祥店

中共阳江特派员工作机关（均祥店）旧址

的经营也定在批发之列。该店一般都是从江门的永大成、香港某店进货，购进的主要是煤油一类日用品，运出去的则是阳江土特产，如黄糖、草纸、鸭蛋等。为了便于运输，均祥店添置了一条机船，船上的大工是香港地下党员张飞。均祥店开业以后，机船来往于香港、江门等地，船上押货的是地下党员，有时则由那些有需要往返上述地区的人员代替。特派员司徒卓便多次押货到江门、香港等地，但他总要比别人多一项重要任务，就是借机与上级或异地党组织联系工作。

均祥店以经商的形式掩护特派员的种种活动，久而久之已成

常态。白天，在店里进进出出的是手执货单的各商店经纪；夜里，大门一关，店里全都是自己人。大家阅读各种进步文件、书刊和报纸，研究斗争形势与决策，那氛围则与白天经商完全不同。

1946年冬，司徒卓与交通员曹何押货前往香港。船靠香港码头后，司徒卓登岸，立即与曹何来到弥敦道生活书店与赵荣接头。赵荣原任中共阳江县委宣传部长，1946年5月到香港治病，在此期间，他与阳江党组织仍保持联系。司徒卓到港后，从赵荣那里取回组织文件、进步书籍、《华商报》、《大公报》等。

货船每次离港返回，一般都靠在埠尾码头起货。货物搬入店后，大家立刻关好门户，从货物里取出当局禁止的书籍、报纸、杂志，进而更小心地从报刊的夹缝中取出所需要的文件。返回时若遇上突发情况，组织会派人到河边守候，通知货船改靠马洲梁宏桂处，将重要文件、书报等取出，交由曹何保管，然后才驶船到埠尾码头卸货，力求不出意外。

主观上力求不出意外，可客观上还是曾经险些出事。那时店铺经营日久，因店里来往人员中不少是操外地口音者，他们的谈话，竟几度引起当局的注意。有几次，警察局派人来店查看，甚至派出便衣前来侦查。陈兴在店里出入最多，自然免不了受到查问。所幸他虽是台山人，可来阳江时间较长，已说得一口流利的阳江话，对外又称是陈家的人，才没有露出破绽。

均祥店的险情终于被化解，这当然值得庆幸；但生意经营上，于冬末便出现危机了。此时，上级领导李信正好入住均祥店并了解了实情，便试图设法帮助。《阳春地方史》这样记载了其原委："1947年1月春节前，李信通知曾昭常盘点资金，抽调出2500港元交由政治交通员陈婉霞送达阳江'均祥百货店'。"[1]

---

[1]　中共阳江县江城区委党史研究室编：《解放战争时期江城的地下斗争》2007年版，第64页。

不过，阳春的帮助终究是杯水车薪，作用不大。无奈，仅经营4个月之久的均祥店，于1947年2月终因资金周转困难、经营亏损较重而停业。

（二）广源店与中共阳江特派员工作机关的活动

1947年2月，均祥店停业；3月，司徒卓重新开设广源店。广源店位于江城埠尾路北边，靠近埠尾码头。埠尾路是漠阳江边上的一条街道，由于水路运输的有利条件，街上开设的都是咸鱼行，而广源店却做山货生意。

中共阳江特派员工作机关（广源店）旧址

开设广源店的资金，主要靠司徒卓在加拿大工作的两位大哥提供。其时，两位大哥的儿子都留在家中未找到工作，当他俩得知司徒卓要开商店时，十分高兴，分别拿出6000港元和5000港元，交给司徒卓开店做生意，并约定商店开业后，为两位大哥各安排一个儿子进入商店工作。

广源店与均祥店一样，也是"亦文亦武、亦政亦商"，经理由司徒卓担任，交通员为曹何。曹何当时住在马洲梁宏桂的小房子里。炊事员陈兴兼交通工作，司徒卓的爱人谭年负责管理商店的日常事务。

广源店以经商作为掩护，不随行经销咸鱼而经销山货，为的就是便于与各个交通站联系。因要联系外地组织关系，该店进销货物走的也是均祥店的老路：一方面是从江门、香港等地购进煤油等；另一方面是将阳江土特产如黄糖、草纸、鸭蛋等运出去销售。自然，江城的广源店也设为中共阳江特派员工作机关，是中共中区特派员联系香港党组织的联络点。

广源店开业之后，先后接待了余经伟、邝炎培、赵荣、梁昌东、杨飞、杨超、罗秋云、陈以大等，成了一个名副其实的接待站、情报站、工作站和中转站。广源店最重要的一次接待，要数接待中共广南分委书记冯燊等。

冯燊，恩平县人，海员出身，1925年7月加入中国共产党，曾参加红军二万五千里长征，1940年任中共西江特委书记，1945年2月进入东江纵队。1945年9月，冯燊执行中共广东区委的决定，到香港工作，先后担任中共香港市委书记、中共香港海员工作委员会书记。1948年4月，冯燊执行中共粤桂边区党委广南分委的决定，奔赴两阳。这年清明节前后，冯燊将香港的事情处理妥当，便打扮成商人的样子，身穿唐装衣服，脚踏薄底布胶鞋，手提藤笈，在政治交通员李君怡的护送下，在香港码头乘坐江门交通站的机船，首先到达江门。接着在刘汝霖的安排下，由守候在那里的阳江沙扒交通站交通员刘沃林接领，乘船转往沙扒，再由沙扒从水路到江城。当天，守候在码头的司徒卓立即将冯燊接到广源店，并通知中共两阳特派员李信到广源店会面。其时，李信尚在阳春蟠龙。

李信由阳春蟠龙赶到广源店后，即把两阳武装部队军事斗争情况和地方党组织活动的情况，逐一向冯燊做了汇报，并就调整阳江党组织机构、成立中共江城中心区委、建立中心交通站等问题向冯燊请示。随后，李信与冯燊来到织笼交通站邓其峰家，一连在织笼进行了几天调查。冯燊还边调查边向李信传达了如下几个事项：（1）中共香港分局决定成立中共粤桂边区党委，任命梁广为书记，冯燊、黄其江为委员；（2）粤桂边区包括广东南路地区、中区和广西的东南、中南地区，冯燊分工直接领导新会、高明、鹤山、台山、开平、赤溪、恩平、新兴、高要的南部、阳江、阳春、云浮、郁南、罗定、茂名、电白、信宜等地的党组织；（3）立即贯彻"大搞"方针，全面组织武装斗争。冯燊指出工作要面向农民，面向山区，掌握武装，大打游击战！

结束织篢的调查，冯燊便由漠南独立大队派人护送，经金堡、河口摆渡过漠阳江，再由廖德带领小鬼班护送，经过漠东轮水进入蟠龙，最后到达恩平。冯燊离开阳江不久，作为广源店老板的司徒卓也调离阳江，广源店便停业。

（三）横石街9号与中共江城中心区委机关的活动

中共江城中心区委机关（横石街9号）旧址

1948年2月，李信到阳江城接收阳江的党组织关系，成立了中共江城区委（代号：神州），书记为张慧明，副书记为何明，委员为许荣坤。1948年4月，又成立了中共江城中心区委，书记为张慧明。中心区委设在横石街9号。

横石街9号是一所矮小的民居，主人姓何。1948年4月至1949年冬，廖正纪与庞瑞芳夫妇在这里租住，李信与张慧明夫妇也曾在这里居住。这期间，这里为中共江城中心区委机关所在地。

中共江城中心区委成立当月，组织把廖正纪、庞瑞芳夫妇从阳春调到阳江县城工作。两人就住横石街9号，掩护、协助张慧明开展活动。廖正纪、庞瑞芳分别是阳春县人和阳江县人，均是中共党员。廖正纪通过统战关系进入国民党县政府，任指导员，兼任阳江中学教师。他利用经常往来于县政府与六区、七区之间的便利，从事组织联络工作。庞瑞芳参加县城妇女组织，开展妇女工作并全面负责中心区委的日常事务。

中共江城中心区委主要负责江城、织篢、沙扒三地地下党组织，还负责联系中共春城区委、金横区委，配合部队开展武装斗争。中共江城中心区委以江城为中心，与织篢、金堡、先农、春城、江门、香港等地交通站联系密切。区域内的交通员先后有关永、陈朝贡、江玉岳、傅嘉喜、林良芳、傅四仔等，与张慧明直接联系的交通员是曹何、黎英华、陈婉霞。中心区委直属中共两阳特派员李信领导，1948年10月，由中共高阳地委领导。

张慧明担任中共江城中心区委书记后，她的婆婆刘兴婆从春城来到了阳江。刘兴婆来阳江前，典当了老家的房子，拿出1 000元交给张慧明作为革命活动费，还送给何明一只袋表。1948年8月，刘兴婆随张慧明住进横石街9号。此时在横石街9号工作的，还有交通员陈婉霞与黎英华，她俩都是阳春中学初三级学生，毕业前后，服从党的需要担任中心区委机要交通员。此时，正值部队大搞武装斗争，传递情报频繁而艰险，她俩冒严寒，顶烈日，风雨无阻，不停地传递情报。

1949年1月26日，中共香港分局发出指示，要求各地党组织迅速扩大武装部队，摧毁国民党地方区乡政权和反动团队，把战略地区连成一片，建立区委、农会、妇女会、青年团等组织。根据上级党组织的指示，2月，中共江城中心区委撤销，张慧明根据组织通知，进入部队工作。

张慧明到达广阳支队后，于1949年5月对中共江城中心区委的工作进行了回顾和总结，写成书面汇报（原件存于广东省档案局）报告给时任广阳地委书记、广东人民解放军广阳支队司令员兼政委的郑锦波。整个报告既反映了相关的机构、工作、党建、宣传、统战和群众斗争等情况，又总结了经验教训，还提出了下一步的工作建议，内容非常丰富。

四、掩护外来党员干部隐蔽江城

（一）掩护广东人民抗日解放军部分人员隐蔽江城

1945年10月，广东人民抗日解放军集中在恩平朗底整训，中共中区特委在部队驻地召开团级、地方县级以上领导干部会议部署工作。会议决定撤销中共中区特委，成立中共中区临时特委，罗范群任书记，刘田夫任副书记。会议进行期间，突遭国民党一五六师四六八团，广东省保安七团和八团，恩平县地方团队，开平、新兴、阳江、阳春六县政警共3 400多人的联合攻击。当时，驻朗底的抗日解放军仅800多人，寡不敌众，只得连夜突围，会议也转到新兴、云浮等地继续进行。会议决定，中区临时特委领导成员分路转移。其中，广东人民抗日解放军司令部参谋室主任黎明、原六团团长黄昌熺率部队转移至阳春。黎明等人进入阳春县后，先后到过蟠龙、先农和西山那柳。由于这些地方党组织基础薄弱，加上国民党军警常来骚扰，处境十分困难，不久黎明等人便转移至阳江。

1946年1月，黎明一行10多人，配备武器来到阳江县城。同行的人中，有警卫员陈发，六团的总务黄光、干部李碧、卫生员陈韵如等。黎明当时负责云浮、新兴、恩平、阳春、阳江等5县中共组织的领导工作，兼任两阳军事督导员。

黎明率武装人员抵达江城的当天，司徒卓租用同乡司徒波的新屋，让黎明等住下，其所带枪支、弹药由中共江城镇委设法掩藏。黎明等在司徒波家住了几天后，决定转移，一部分人搬到马洲，住在沙屋，黎明与随行的女卫生员住在城内的陈家祠。陈家祠位于阳江县城朗星坊，由陈姓大绅士陈元泳掌管。因陈萼与陈元泳有同宗关系，平时常来往，于是司徒卓布置陈萼与陈元泳接洽。

黎明与陈萼见面时，自称姓陈，阳春县人。陈萼便以此同宗关系，向陈元泳提出请求。陈萼对陈元泳说："现有一对陈姓夫妇路过阳江，因途中遇劫，财物尽散，无钱住店，要借用祠堂房间暂住一两晚。"陈元泳答应让黎明入住祠堂内小楼。黎明住下后，一天，中共中区军事督查员卢德耀来到阳江，由司徒卓带他到陈家祠与黎明会面。卢德耀在陈家祠小楼上向黎明传达了中共中区临时委员会关于坚持武装斗争的指示。当天卢德耀离开了阳江。黎明在陈家祠住了十来天，感到离开部队很不方便，决定转移到马洲，跟战士们住在一起。跟随黎明到阳江隐蔽的战士10多人，除黄光住在岗背村外，其余的人都由郑靖华、梁宏桂安排住在马洲沙屋。为了便于隐蔽，全体战士都穿着当地工人的服装，同工人一起劳动，打铁钉、拉风箱……夜里则轮流放哨。由于隐蔽工作做得好，战士的行踪，敌人一点也没有觉察。

黎明等人在县城里住了3个多月，1946年3月才调离阳江，随行的10多人也跟着离去。

（二）帮助陈牧汀、邝伟莹夫妇转移到江城求职避险

1945年冬，随部队从朗底突围的陈牧汀、邝伟莹夫妇，先是随部队进入阳春，隐蔽在城郊一处村庄。不久，组织来人通知他们进城隐蔽，住进李希果家。李希果是阳春师范学校的教师，也是一名共产党员。其时，李希果计划推荐陈牧汀到师范学校当教师。当联系工作正在着手进行时，陈牧汀接组织通知，转移到阳江县城隐蔽。陈牧汀到阳江的当天，江城党组织的何明安排他住进景光小学。刚住下几天，在沙扒刘步堂盐业公司会计、共产党员刘沃林的帮助下，陈牧汀又转到沙扒中心小学担任教师。

陈牧汀在沙扒工作期间，身份暴露，处境十分危险。危急之中，他立即向督学张华（即张旭辉，中共大埔旅江临时支部主要成员）提出调动工作申请。张华得知事情原委，立即向国民党阳江县政府秘书饶德潜提出，后经罗贤同意，陈牧汀于是年6月调到县府建设科工作。接着，他的爱人邝伟莹也于暑假期间，从阳春来到阳江。

邝伟莹到阳江城的当天，住在醉月酒店，等候组织来人接头。入夜，国民党阳江县谍报队队长黄炽云率一伙人闯进房间，

再三盘问，由于邝伟莹早有准备，敌人占不了便宜，只好离去。次日，邝伟莹有事外出，归来时，发现放在桌子上的苏联小说《母亲》和《静静的顿河》两书有被翻动的痕迹，行旅包也被移了位置，她觉得事有蹊跷，决定立即离开酒店。于是，在组织的帮助下，当晚她住进了许建莲家。

几天过后，邝伟莹由组织安排，到沙扒寿场小学任教师，后来在张华等人的帮助下，又被安排进入县府收发室工作。邝伟莹到收发室工作之初，谍报队队长黄炽云常借故骚扰。后来，黄炽云得知邝伟莹是由县府主任秘书饶德潜介绍，经县长罗贤同意安排的，只好罢休。

1946年和1947年，是党组织活动最艰难的时期，国民党特务对中共党组织所有活动都严密监视。有一次，因陈牧汀、邝伟莹工作上的疏忽，竟被人发现一些严禁的刊物，引起了国民党阳江县党部书记长谢彦华的怀疑，陈牧汀、邝伟莹的身份几乎暴露。组织知情后，当即决定让陈牧汀、邝伟莹离开阳江江城。当天，陈、邝两人在中共大埔旅江临时支部的帮助下，返回台山县城隐蔽。

陈牧汀夫妇这次能在江城隐蔽和工作，又能成功脱险，离不开中共江城党组织和中共大埔旅江临时支部的帮助和保护。中共大埔旅江临时支部和中共江城党组织本没有直接的组织联系，只作为政治朋友，但两个党组织确实配合得很好，原因就是他们都聚集在中国共产党的旗帜下，都是在为共同事业和共同目标而奋斗。

（三）悉心照顾带病隐蔽在江城的部队干部黄光

1946年1月，黄光跟随黎明来到阳江隐蔽。

黄光（即黄国平），共产党员，台山县白沙乡潮境村人，任广东人民抗日解放军第六团总务（营级干部），负责后勤工作。转移隐蔽期间，黄光正患病，组织考虑到他年老体弱，安排住在岗背村关盛祥家，以利于养病。

黄光有一个儿子在部队当兵，他俩失去联系已有一段时间，虽多方寻觅，仍无音讯。黄光一直惦记着在部队的儿子，十分苦闷。关盛祥见状非常同情，不断安慰他。黄光住下不久，碰上阳江霍乱流行。一天，关盛祥捉到一只大尾鼠供全家充饥。黄光吃过之后，觉得身体不适，原来他已染上了霍乱。关盛祥知霍乱易传染，不但不嫌弃黄光，还到处延医诊治，悉心照顾。其时，周天行、司徒卓、郑靖华等正因事外出未归。黄光经医治无效，与世长辞。关盛祥将黄光的尸体背上山岗埋葬，一力办完后事，而且伤感不已。

五、造船行业工人举行两次罢工

（一）三洲造船工人首次罢工带动全行业联合罢工

阳江城紧靠漠阳江，濒临南海。20世纪40年代，在靠近漠阳江的上濑洲头、下濑洲尾、马洲与三洲等地，建起了大大小小的造船厂，带动了与造船相关的铁钉、竹丝、木材等行业的发展，那里聚集着一大群靠出卖劳力为生的贫苦工人。

当年的江城镇造船、打铁、革履、家具、理发、木作、竹器等行业已初具规模，漆器、小刀、豆豉三大名产，更是闻名省内外。在各个厂房、作坊工作的工人有7 000多人。在阳江县城的工人中，只有杨秉义是共产党员。1945年11月，中共江城镇委成立，书记为郑迪伟，组织委员为郑靖华，宣传委员为何明。中共江城镇委成立不久，做出了"组织领导工人开展斗争"的决定。是年冬，郑靖华来到马洲，在工人、群众中建立解放军之友社，并在骨干分子中发展党员，建立党组织，推动工人运动。

马洲，位于江城西南，紧连埠尾路。它跟三洲、上濑洲头、下濑洲尾一样，沿河建立了大大小小的造船厂，还有一排排的铁钉作坊与木材商店（杉栏）。那时候，在这些地方工作的工人，一般是近郊的农民，他们没有固定的工作，只有当船厂、铁钉作坊的老板接到了订货合同，他们才有机会被请到厂里去做临时工，平时只能各谋生路。当时，杨秉义也与梁宏桂、傅嘉喜合作，经营一间打铁铺，又与吴鸿新合办一间小型船厂。

1945年10月，经过党组织的培养教育，船厂工人吴鸿新、冯世良、刘纪合（刘文火）加入了中国共产党。同期，中共江城造船支部成立，吴鸿新任支部书记。在打铁行业里，也发展了党员傅嘉喜与陈立远，建立起中共江城打铁支部，梁宏桂任支部书记。

日本帝国主义宣布投降不久，国民党政府为了掠夺抗战胜利果实，不断扩大内战，对广大人民进行残酷的掠夺与压榨，滥发纸币，以致通货膨胀，人民生活苦不堪言。在阳江，国民党县政府也在横征暴敛，加捐加税，抽丁要粮。阳江的物价飙升，早晚时价不同，广大工人生活濒临绝境。1945年冬，因形势所逼，马洲造船工人举行了总罢工。

此次罢工，主要是由船厂老板停发红利而引起。本来，每年年底，船厂老板都会给每个工人发放红利，而且已成惯例。该年12月初，船厂老板突然宣布年末不发当年红利，立即引起全体工人不满。一时间，工人们议论纷纷，群情鼎沸，劳资之争激烈。当时，原有行业工会已名存实亡，无法带领工人开展斗争。了解此情况的吴鸿新心急如焚，立即向组织汇报。中共江城镇委收到汇报，迅即决定召开造船支部会，研究对策。

1945年12月10日中午，中共江城造船支部会在醉月酒楼的一个小房子里召开。参加会议的有吴鸿新、冯世良、刘纪合等。会议由中共江城镇委郑靖华主持。会议对要不要领导工人开展罢工与怎样开展罢工等事项，认真进行了研究。起初大家对罢工能否取得胜利信心不足，郑靖华便引导大家回忆党的斗争历史，指出：只要策略正确，罢工是一定会取得胜利的。最后，支部会做出罢工的决定。

会后，郑靖华向司徒卓进行汇报。中共阳江县委同意了支部会议的决定，并指示此次工人罢工要遵循有理、有利、有节的原则。

为了确保罢工斗争的胜利，支部会议于当晚转到幸福茶楼继续召开，就如何组织罢工一事，做进一步的研究。当晚8时，郑靖华来到幸福茶楼，推门一看，吴鸿新、冯世良、刘纪合等早已等候在场。郑靖华向大家传达了县委的意见，大家听了，心情异常激动。会议围绕如何领导工人开展罢工的问题进行讨论。9时过后，茶楼里的茶客纷纷离去，与会人员考虑到继续在这里开会，容易引起反动当局注意，遂转到上濑洲头刘德的烂船厂继续把会开完。会议结束，已是深夜。

会后，吴鸿新、冯世良、刘纪合和工人中的积极分子，分别到工人中进行宣传发动。一时间，大街小巷、厂内厂外都在议论，工人们对开展罢工，纷纷表示参与和支持。

这时，中共江城造船支部为进一步发动工人罢工，打算动员行业工会老会长冯绍参加。11日上午，吴鸿新找到老会长冯绍，动员他加入工人罢工的行列。冯绍不作答复。下午，吴鸿新约了冯世良，又去找冯绍研究，这次还带来了一群工人积极分子。大家再次向冯绍说明了事情的严重性，经过大家的一番动员，冯绍最终同意参加罢工。

12日早晨，三洲区的工人罢工正式开始，工人放下手中的工具，不开工了。起初，船厂老板看见，竟若无其事，还摆出一副傲慢的姿态。

罢工的消息，不胫而走，很快便传到了货主的耳朵里。货主们慌了手脚，有的人立即找船厂老板，要求退货。这时老板才开始清醒，工人这样一闹，货主退了订货合同，事情就不好办了！但是，狡猾的船厂老板还是死撑着，竟向工人施压，公开宣布：三天后不来上班，一律解雇。但是，船厂老板这一恐吓，不但没有使工人屈服，反而激怒了广大工人，大家表示要坚决罢工。

在三洲区工人开始罢工的当天，马洲、上濑、下濑的工人，还在继续开工。但是，当他们听到船厂老板要以解雇来威胁工人复工时，非常愤慨。天下工人是一家，工人们表示：一致行动起来，投入罢工斗争的行列，以支援三洲工人。这样，由全行业2 000多名工人参加的总罢工正式开始。

全行业工人总罢工的行动，牵动了更多货主的心，他们都来找船厂老板，提出退货要求。见货主纷纷退货，船厂老板慌了，连忙向工人宣布：先发50%红利，开工后，再全数发足。船厂老板的目的，是要以此来缓和当时局势。

工人没有接受老板的这个意见，一致表示："不发足，不开工；不获全胜，决不收兵！"老板见势头不对，知道工人不好惹，只得低头，答应全数发放红利，一分不少。于是，中共江城造船支部根据县委"斗争要坚决，并适可而止"的指示，在老板同意补发红利后，便通知工人复工。一场持续了五天的行业工人大罢工斗争胜利结束。

16日下午，三洲、马洲、上濑洲头、下濑洲尾等4个工区，分别举行了盛大的庆祝酒会，一时鞭炮齐鸣，欢声四起，工人们举杯畅饮，脸上流露出胜利的笑容。这是他们罢工的第一次胜利。

（二）造船行业工人二次罢工带动跨行业工人大罢工

时隔2个月后的1946年2月，造船工人为了提高工资，又举行了第二次罢工。

是年春天，物价成倍上涨，船厂老板趁机提高了船只出售价格，却不肯改善工人待遇。工人为此意见强烈，便向老板提出加薪要求，却遭到了老板的拒绝。于是，愤怒的工人便通过工会警告老板：船价提高，工人的工薪也要相应提高，否则，就不开工！

此次，船厂老板吸取前次工人罢工的教训，不敢再嘴硬，答应跟工人商量。可是，老板却多方刁难，谈判一而再、再而三都达不成协议。工人再也忍耐不住，决定再次罢工。

1946年2月上旬的一天，在中共江城造船支部的领导下，工会在三洲召开了全体工人大会。会上，工人高呼："不加薪，不开工！"第二次船厂工人大罢工开始了！

1946年春，打铁行业工会成立，会长为梁宏桂。造船工人罢工后，打铁行业的工人也纷纷响应，举行罢工。当天，在万祥源仓库大门口，打铁工人高高挂起了"江城打铁工会"的牌子，惹人注目。打铁工人的行动，带动木作行业工人也起来罢工，工人们一致提出增加工薪的要求。

罢工进行了两天，国民党县政府慌了手脚，连忙叫国民党县工会主席杨树春出来调解。

郑靖华及时将情况向中共阳江县委做了汇报。根据县委指示，罢工的当天，郑靖华在甜酒二巷2号杨秉义的家里，召开了造船、打铁行业支部书记联席会议。会议决定此次罢工按照有理、有利、有节的原则进行，如果杨树春能做出加薪的保证，便停止罢工。会议还决定，选派冯绍、吴鸿新、梁宏桂为工人代表，参加杨树春组织的劳资谈判。谈判进行得异常艰难，断断续续，双方争论十分激烈。经过反复多次的谈判，最后才达成协议：按不同行业，每人每月加薪大米一斗至三斗。达成协议后，工人的三天罢工宣布结束。

造船、打铁行业工人联合罢工斗争的胜利，推动了工人运动向前发展。罢工胜利后，中共江城镇委在造船行业工人中组织成立了行业工会，会长为冯绍，副会长为吴鸿新、冯世良。接着，工人齐心合力建造了一座师傅庙，庙里供奉着鲁班师傅。师傅庙实际上是工人集会的场所。经历了这两场斗争，广大工人群众的政治觉悟大大提高，他们从谋生存的经济斗争到争民主争自由的政治斗争，向前迈进了一大步，一批积极分子还参加了解放军之友社。阳江造船、铁器等行业的广大工人在中共党组织的领导下，在掩护革命干部转移隐蔽、支援地方武装斗争等方面所做的贡献和努力不可估量。

六、音乐社与文联的兴衰及影响

1946年2月，在江城党组织的推动下，由中学教师梁正琯、张文旭、刘贻荫等出面，在何明、许荣坤、左平、陈国维、谭友衡、施美馨、许国尧、王佐杰等人的参与筹备下，在县城各校师生中组织成立了音乐社。

音乐社成立后，参加者十分踊跃。一批较有影响力的人士，如县中的音乐教师梁泽霖、"基青社"的邓石等，也参加了该组织的活动。梁泽霖自任音乐队总指挥，还为音乐社起名"南天"，称为"南天音乐社"。参加音乐社的人还有小学教师何业强、许杰儒，基督教会的吴恩沛、陈蔚薇、岑国源，县中学生谭葆业、卓朝光、谭丽冰、徐学璇、张文彩、张文绚、何炳群、杨昌月、林恩葆，两中学生敖佩琼、林翠芳、林翠琼等，共60多人。放假期间，一批从广州返乡的学生，也踊跃参加音乐社的活动，人数最多时，有100人左右。

南天音乐社每周活动1～2次，选在青云路基督教会堂进行。音乐社常演唱的歌曲有《黄河大合唱》《祖国大合唱》《我们都是熔铁匠》《军队进行曲》等。

同期，"丹枫文艺联谊会"（简称"文联"）也在中共江城镇委的直接领导下组织成立。

1945年冬，何明在景光小学主持召开筹备会，出席会议的有谭葆业、张文郁、王直、冯梦鹄、陈家治、林学良、施美馨、冯学高等。会议就文联的组织宗旨、会员、活动内容、活动形式等问题进行了研究，确定文联宗旨为：文联是民主进步青年与文艺爱好者的群众性组织，通过开展各种活动，增进友谊、加强团结、增长知识、共同提高。会上确定以何明提出的"丹枫文艺联谊会"为组织名称，其含义是"丹心碧血、枫满秋山"。

文联成立后，何明执行组织决定，到平冈桐山开展工作；文联的日常事务，由谭葆业、冯梦鹄主持。参加文联活动的有来自县中、两中、扶东中学、县立师范、农校的师生共100多人，其中谭葆业、冯梦鹄、王直、陈国维、梁泽霖、冯适予、张重华、杜一飞、郑祖莹、邓石、许杰儒等，都是社会上的知名人士或活跃分子。

文联的活动，分为定期的集体活动与平时的分散活动两种。

定期的集体活动，每周安排星期六晚上在景光小学进行。其活动形式，有文艺晚会与专题讨论会两种。文艺晚会内容丰富，有歌咏、舞蹈表演、戏剧演出和乐器演奏，还有诗歌朗诵和文章选读。主要是朗诵和选读中外名著、进步诗词与会员佳作。专题讨论会则以漫谈、讨论的形式进行，让大家谈读书心得体会，谈学习方法，谈人生观与世界观。

平时的分散活动，主要是分校或分班、分小组开展读书活动。事先已发动会员登记各人藏书，继而统一编好目录交给联谊会印刷，确保各人手执目录一册，以便于交流借阅。在各人的藏书中，有中外名著，有批判现实的作品，有艾思奇的《大众哲学》、胡绳的《思想方法论》等。

在此期间，谭葆业、许杰儒主编出版了两期《丹枫专刊》，为红色油印活页册。刊登的作品包括诗歌、小说、散文等，有的揭露黑暗，有的歌颂真理和启迪未来。专刊的封面由苏天赐设计。

当音乐社与文联以各种形式开展和平民主、反对内战的宣传时，中共江城镇委则注重从中物色积极分子，进而对他们进行培养教育，为发展新党员打基础。1946年春，谭友衡发展谭丽冰为中共党员；接着，谭丽冰又发展徐学璇为中共党员；1946年6月，施美馨又发展杨昌月为中共党员。在这些人的入党记忆里，都无不留下他们在南天音乐社与丹枫文艺联谊会中接受组织教育、向组织靠拢、获得进步的印记。

从1946年夏起，国民党阳江县党部、县政府对阳江爱国学生的和平民主运动愈加敌视，并把矛头指向音乐社和文联。他们对这两个组织的活动不断地攻击、毁谤。县党部书记长谢彦华还亲自给梁泽霖写恐吓信，警告他勿参加音乐社活动；谍报队队长黄炽云则四处巡查，连学生读物也不放过；三青团骨干还监视学生言行，散布流言蜚语，称音乐社社员为"赤色分子"，文联的活动是"异党"活动。

在这种形势下，中共江城镇委做出决定，丹枫文艺联谊会的集体活动取消。1946年7月，何明在景光小学会堂召开的会员大会上这样宣布：南天音乐社改为教会的诗歌班，作为"圣乐团"，交由邓石负责。圣乐团以基青社为主，吸收部分进步师生、医务工作者参加。活动时以演唱圣乐为主，间或也演唱进步歌曲。为防范危险，中共党员多已从该团体中退出，只留少数人参加。丹枫文艺联谊会和南天音乐社虽然存在时间短，但其影响和意义却十分深远。参加过这两个组织活动的人员中，后来有不少人投身革命，有的还加入了武装斗争的行列。

七、革命统一战线的巩固与发展

（一）在国民党机关团体中开展统战工作

1945年，中共组织活动恢复后，中共江城镇委通过各种渠道，在国民党各机关、团体中，建立起合作据点，开展统战工作。

1．向国民党阳江县党部开展统战工作

1945年秋，黄开汉出任阳江民报社社长，陈蕚与他有密切关系。1945年11月，经黄开汉推荐，陈蕚在《阳江民报》任校对。1946年2月，陈蕚转到阳江县社会服务部任干事。1946年夏，中共江城镇委通过黄开汉的统战关系，安排陈蕚到国民党县党部任干事。

陈蕚在国民党政府机关工作期间，积极提供情报。进入县党部工作之后，陈蕚索取情报更加便捷，相继向党组织提供了如下重要情报：

（1）党政机关文件。陈蕚向党组织提供的文件有：上下级机关往来公文、函件；国民党广东省党部的《每月宣传指示》与《宣传通报》；要用密码翻译的机密文件；从各种反动书刊、杂志、报纸里选取的重要情报等。

（2）党工会议情报。国民党县党部与县政府每月都联合召开"党工汇报会"。会议由国民党县党部书记长与县长轮流主持。参加会议的人员有书记长、党部书记、县长、县府秘书、警察局局长、县参议长、三青团头目、教育科长、军事科长等。会议研究的内容，大部分是关于如何协调各党、政、工、团之间的关系和如何对付共产党活动的措施等。会议本应由秘书长张希杰作记录，而张希杰注重面子，怕失身份，往往由陈蕚代笔。陈蕚便利用这个机会，将情报整理，及时报送司徒卓、何明。

2. 向国民党阳江县政府开展统战工作

1948年夏，党组织通过统战工作，争取任县长的大埔人罗贤与建立在县政府内的中共大埔旅江临时支部的支持。同时，廖正纪通过国民党县政府民政科科长梁广和的关系，由漠南调进县府，出任指导员。廖正纪多次以出差为由，到织篑了解情况、联系工作。

3. 向国民党阳江县妇女会开展统战工作

当时，国民党县政府下设三个妇女组织：妇女新生活运动会（简称"妇运会"）、妇女委员会（简称"妇委会"）和妇女会。妇运会由县政府主管，妇委会由国民党县党部主管，妇女会则是国民党县政府属下的群众性妇女组织。妇运会设主任1人（由县长夫人担任）、总干事1人、委员5~7人；妇委会设主任和干事各1人；妇女会设主任1人、委员5~7人。

1944年至1945年，阳江党组织先后派梁嗣和、梁文坚、陈佩瑜参加县妇运会的竞选，她们分别担任过组训组组长、总务组组长、宣传委员、组织委员等职。1946年，国民党发动内战，全面推行反共政策，党组织转入隐蔽斗争，妇女工作难以开展。1947年春，中共广东区委发出恢复武装斗争的指示，公开与半公开的斗争又在各地展开。是年6月，阳江妇女会改选，党组织再次派出施美馨、陈佩瑜、许建莲、杨昌月参加竞选，选举结果：施美馨、陈佩瑜担任理事，许建莲任候补监事，杨昌月任候补理事。施美馨还担任宣传组组长，陈佩瑜担任总务组副组长，杨昌月任宣传组副组长。她们以妇女会的名义举办妇女识字班，宣传男女平等、妇女解放的道理。

4. 向行政部门和工会开展统战工作

大革命时期入党，先后担任过阳春县参议、阳春县立中学训育主任、潭水中学校长等职的廖绍琏，在1944年至1948年间，积极开展国民党上层统战工作，建立两面政权。1948年下半年，廖绍琏调任电白县公路交通管理站站长，后转回阳江任阳江公路交通管理站站长。任职期间，他向党组织提供了一批重要情报。

1948年冬，县总工会理事长郑立道离任，党组织派出梁宏桂参加竞选，并取得胜利，担任了县总工会监事。同期，铁器工会领导人调整，老工人黄伟、中共党员傅嘉喜分别出任该工会的正、副理事长。上述人员的任职，加强了党对工会的领导，也促进了统战工作的开展。

（二）向社会各界民主人士开展统战工作

中共江城镇委成立后，通过统战关系，加强了与各界人士的交往，并结成了亲密的共事关系，为党的地下活动创造了有利的条件。

1. 处理好与县参议陈元泳的关系

陈元泳，阳江县塘坪镇安阜村人，后迁入阳江县城定居，先后任过阳江县参议员、代议员、广东省咨议等职。在文化教育方面，陈元泳创办了私立文范中学，并出任校董会主席。中共江城党组织通过陈元泳的统战关系，安排陈蕚以同乡同宗身份，当上文范中学校董会校董；安排陈国维出任该校总务组长。同期，中共江城党组织还通过陈元泳的关系，将一批进步人士、共产党员安排进文范中学任职，使该校成为中共地下活动的又一个据点。

1948年3月，陈元泳安排陈蕚进国民党阳江县自卫队筹给会工作，任财政股员。当时，该会的主任是陈元泳。国民党阳江县自卫队每次开进山区"围剿"，事前都向筹给会报告准确的出发日期、派出人数与弹药配备情况，到筹给会领取军粮。每次，陈蕚都及时将上述情况报告给党组织。

2．搞好与县中校长彭德禄的关系

彭德禄，阳江县附城镇观光村人，先后于1939年和1946年两次出任阳江县立中学校长。任职期间，彭德禄积极支持抗日救亡活动。他重视人才，曾聘用抗日社团中思想进步、学有专长的人员担任该校的骨干教师。党组织通过彭德禄的统战关系，大大加强了阳江县立中学对国民党反动统治和对三青团反动思想的抵制，推动了反迫害、反镇压和争民主、争自由斗争的开展。

3．加强与其他社会人士的联系

司徒卓通过何明的胞兄何如我，取得国民党阳江县政府与社会各界上层人士的活动情况。何如我是一位民主人士，司徒卓到阳江时，何如我在景光小学当教师，后来进入国民党县党部任助理干事与县督学。何如我多次向党组织提供情报。一次，一支人民武装小部队在两阳交界处活动被敌人发现，县警卫队准备出兵"围剿"，何如我得知此事后，立即报告司徒卓，部队得以安全转移。

为及时取得敌人内部与其外围的情况，党组织还积极通过统战关系安排人员进入有关团体中去。左平就是通过其舅父梁宝琳的关系，进入中国社会事业建设促进会阳江分会开展统战工作的；廖正纪也曾利用同学关系，进入张希哲组织领导的正风社开展统战工作。

（三）联合中共大埔旅江临时支部开展统战工作

1946年夏，中共大埔旅江临时支部在国民党阳江县政府内成立。这个支部的建立，有一定的历史渊源。

那是1942年，中共南委和粤北省委事件后，根据党中央和中共中央南方局的指示精神，广东除东江人民抗日武装部队继续活动外，所有党组织的活动一律停止。全体党员执行"隐蔽精干，长期埋伏，积蓄力量，以待时机"的方针，进行分散隐蔽。其时，大埔武工队主要成员之一饶练（饶奕昌）、张华（张旭辉）等转移到鄂湘赣边隐蔽，1946年又转移到赣北，在赣北建立旅赣临时支部，在饶龙光（饶德潜）的掩护下开展统战、情报、文化工作。

1946年，国民党广东省政府主席由大埔人罗卓英担任。同年3月，罗卓英委任大埔县同乡罗贤（中共党员）为阳江县县长，饶龙光（中共党员）为县政府主任秘书。

"南委事件"后，大埔县的党组织暂时停止组织活动，实行分散隐蔽，自谋职业，开展"勤业、勤学、勤交友"活动。1946年3月，大埔县的中共党员张华、饶练等人凭着与国民党阳江县县长罗贤、主任秘书饶龙光的同乡关系到阳江工作，以职业来隐蔽。张华在县政府任督学、额外助理秘书；饶练、廖煜、罗芬（罗恭照）、廖信（廖力行）等，分别担任那龙、合山、程村、平冈、织箦、儒洞等地的田粮主任、税捐处主任；此外，还有饶练的妻子共产党员沈琼珍、共产党员李秋华（李毓华）也被安排到县政府收发室；丁仲翔（中共党员，后失去联系）任县政府出纳；张公甫任县政府财政会计；罗海和李芳在缮印室当油印员。

1946年5月，张华、饶练、廖信、廖煜、罗芬等5人，组织成立中共大埔旅江临时支部（原名"大埔县旅阳同乡共产主义研究小组"），饶练任支部书记，张华任宣传、统战委员，廖信任组织委员。在饶练写的回忆录里，支部成员还有沈琼珍、李秋华和饶龙光的母亲郑阿算（中共党员、老赤卫队队员）。

司徒卓赴香港与《华商报》的副总经理并代表党组织主持工作的饶彰风接头时，曾向他汇报此事。饶彰风指示司徒卓，不要与中共大埔旅江临时支部发生直接关系，并让司徒卓带一封信给罗贤。中共大埔旅江临时支部与阳江党组织，只是作为政治朋友保持着联系。支部成立初期，张华通过隐蔽在收发室的粤中部队干部陈牧汀与中共阳江县委司徒卓取得联系，后陈牧汀因身份暴露离开阳江，张华则直接与何明联系。中共大埔旅江临时支部为阳江的中共组织开展地下斗争，做了大量的工作。

1. 运用职权保护、转移干部

1945年12月，朗底战斗突围后的粤中部队干部陈牧汀，进入阳江县城隐蔽，阳江党组织把他安排在沙扒中心小学当教师。在一次会议上，陈牧汀结识了县长罗贤、督学张华。三人同是客家人，因而此后交往十分密切。后陈牧汀身份暴露，张华征得罗贤同意，将陈牧汀调进县政府，安排在建设科工作。其妻共产党员邝伟莹也从阳春调来阳江，先在沙扒寿场小学工作，后进入县政府收发室。到县城后，党组织决定由何明与他直接联系，并由梁宏桂帮他们租了一所房子居住。陈牧汀进入县政府工作后，利用其爱人在收发室工作之便，常给党组织传送进步刊物与重要情报。

1947年夏天，陈牧汀为扩大宣传，与李秋华一起，将一些红色书刊投放到国民党阳江县政府、国民党阳江县党部里，此事立即引起国民党阳江县政府谍报人员的注意。之后，阳江县政府教育科科长梁明彦，又发现县政府收发室里放着香港寄来的《华商报》，并报告了国民党县党部头子谢彦华。很快，国民党的谍报人员的注意力，便高度集中到县政府的收发室了。

一天，国民党阳江县政府党政军负责人联席会议在县府党部里召开，谍报队队长黄炽云在会上讲述了收发室发现《华商报》一事，还向在座的县长罗贤查问："收发室陈姓夫妇，是不是张华介绍进来的？"罗贤听后，不慌不忙地说："共产党为了扩大宣传，把刊物寄来县政府也不足为怪！"接着又说："陈牧汀夫妇，是经我同意安排进来工作的。"会后，罗贤即时找张华等人谈话，并布置饶龙光："告诉陈牧汀夫妇，最好到别处工作。"

陈牧汀也向司徒卓汇报了情况，司徒卓与何明研究决定，陈牧汀夫妇立即离开阳江。1947年7月的一天，张华陪着陈牧汀、邝伟莹来到县长楼，向罗贤的夫人郭媛君话别。会见时，双方谈话不多，心情显得异常沉重，分手时，郭媛君取出一些钱币交给邝伟莹作为路费。当天，县府主任秘书饶龙光邀请他们到家中做客，共进晚餐，饶母郑阿算参与了招待。陈牧汀夫妇离开阳江时，国民党县大队中队长丁敏驾车将他们送至恩平。丁敏原籍上海，抗日战争期间来到大埔县，与旅江支部一位成员结拜成兄弟。县政府出纳丁仲翔也来相送，并借给陈牧汀夫妇各人工作证一枚，以备路上检查。陈牧汀、邝伟莹抵达邝伟莹的家乡台山后，才将证件送还。

同陈牧汀一起从朗底突围转移到阳江隐蔽的，还有粤中部队干部、共产党员范林。范林由阳江党组织安排在沙扒寿场小学当教师，他与陈牧汀同属一个党小组，组长为陈牧汀。范林到寿场小学工作后，其活动引起了国民党的注意。一天，张华获得了国民党要逮捕范林的消息，马上转告阳江党组织，范林得以提前撤离。

2. 运用职权营救共产党员

1945年春，共产党员林昌铿被捕，狱中遭受了严刑拷打。7月14日，日军从南路北撤，侵扰县城，林昌铿随国民党政府人员撤离。脚戴镣铐的林昌铿，步履艰难，从县城一直走到大八。在此期间，林昌铿严守党的机密，没有暴露共产党员的身份。敌人没法，只得将他定为嫌疑犯，长期监押。1946年夏，张华来到阳江，当他获此消息后，凭着政治敏锐性觉得这位"嫌疑犯"历尽折磨，仍立场坚定，必为革命同志，便与饶龙光研究，设法放出林昌铿，可是一直找不到可行的办法。1947年春，罗贤接到国民党广东省政府的通知，赴广州述职，由饶龙光代县长职务。饶龙光便以"保释就医"为由，将林昌铿释放。

1947年，平冈桐山小学教师、共产党员周文奏被县政府谍报队逮捕。饶龙光知道后，与张华商量。张华认为，周文奏与何明同在一所学校工作，很可能也是共产党员。于是，两人便要营救周文奏出狱。饶龙光以提审为由，与张华来到拘禁周文奏的房子里。谈话中，两人暗示周文奏要坚持斗争，不要承认是共产党员。其时，在桐山小学工作的何明、校长欧昌谨正在发动群众联名保释，饶龙光借此机会，把周文奏释放出来。

3. 利用工作之便提供重要情报

中共大埔旅江临时支部成立后，派遣罗芬到香港与饶彰风联系，此后，香港党组织按时将《华商报》《正报》《形势与任务》等书报寄到阳江县府收发室。在此期间，陈牧汀亦将《华商报》转交何明。

张华与陈牧汀、李秋华一道，深入了解了阳江县国民党党政机关科级以上人员的基本情况，并由陈牧汀告知阳江党组织。

1946年夏，张华获得国民党阳江县政府下令逮捕林良荣、范林的消息，立即通知陈牧汀，由他向江城党组织汇报，从而使林良荣、范林两人得以及时安全转移。

为取得更多、更准确的情报，张华常借机接近谍报队队长黄炽云。一次，张华获得敌人掌握"一位共产党重要人物来到江城，住于车站附近某座楼房"的情报，马上便转告阳江党组织。当敌人前去捉人时，已人去楼空。又一次，张华听黄炽云说起"县中教师刘甦洛家中经常聚集着一大群青年学生，形迹可疑"，便立即将此事告知刘甦洛。刘知事情严峻，立即离开阳江到广州工作，后转入部队，改名刘肖寒。

4. 向阳江党组织提供一批"国民身份证"和"放行条"

1947年，国民党政府的国民大会代表选举工作，在全国各地铺开。国民党阳江县政府执行上级指示，设立阳江县国大选举事务所，张华被指定担任事务所的助理干事和总务股股长。在此期间，张华利用审发身份证的机会，送给阳江党组织"国民身份证"一批。

当时，国民党为了遏制中共游击队的活动，在城乡各处普遍设立了关卡，封锁交通，拦路检查，给中共方面人员的转移和物资的运输带来一定的困难。何明通知张华，设法搞到一批放行条供游击队使用，张华找县政府监印梁炯祥帮忙，很快便把事情办妥了。

5. 内外共同努力营救革命群众

1948年3月26日，漠南独立大队通过内线与阳江程村乡国民党粮库主任取得联系，发动农民破仓分粮4 000多担。国民党阳江县自卫大队获悉后，自卫大队队长罗礼廉带兵来到程村，逮捕了30多个农民。当时，罗贤到广州开会未归，饶龙光便与张华研究，将仓底谷送给罗礼廉抵数，使其释放全部被捕群众。

中共大埔旅江临时支部全体共产党员，为支持阳江党组织的斗争，做了多方面的工作和努力。1947年冬，由于形势的变化，支部人员分批离去。最先离开阳江返回大埔的是饶练、沈琼珍夫妇俩。饶练离开后，书记由廖信接任。接着，廖信、罗芬、罗煜、李秋华也相继离去。

1947年9月，宋子文接替罗卓英任国民党广东省政府主席。1948年春，国民党广东省政府下文，追查"释放程村破仓分粮在押人员"一案，罗贤为缓解局势，只得撤去饶龙光主任秘书职务，改任县长顾问。不久，饶龙光离开阳江。3月，关巩出任阳江县县长，罗贤离去。6月，张华离开阳江，中共大埔旅江临时支部的工作随之结束。可以说，江城乃至阳江全县地下情报和统战工作开展得有声有色，中共大埔旅江临时支部实在功不可没。

第三节 扩大组织 革命力量逐步积聚

一、武装斗争恢复与党组织的逐步健全

1946年6月，国民党挑起内战，出动军队向全国各解放区发动进攻，国民党在华南地区的正规军几乎全部北调，留驻广东的寥寥无几。形势在变，中共中央于11月6日对南方各省党组织发出"恢复游击战争，建立游击根据地"的指示，并提出："凡有可能建立公开游击根据地者，应立即建立公开游击根据地"，"凡条件尚未成熟之地区，则采取隐蔽待机方针"[①]。

根据上级指示精神，中共广东区委迅速做出"关于恢复广东武装斗争的决定"，指出"不违反长远打算，实行'小搞'，准备'大搞'"[②]。

为配合新的武装斗争，1947年春夏间，江城党组织在阳江城先后开设了均祥店、广源店两个山货店，作为中共中区特派员活动据点和中共阳江特派员秘密机关。"两店"借经商的机会，保持与中共香港分局的联系，接待过往的领导及各级革命同志。通过各种关系，弄来国民身份证和放行条，供革命同志进行活动时使用。

---

① 《中共中央对南方各省工作的指示》（1946年11月6日），见《华南党组织档案选编》，广东省档案馆1982年印，第38页。

② 中共广东省委党史研究室：《中国共产党广东地方史》（第一卷），广东人民出版社1999年8月版，第618页。

1947年9月19日，南京国民政府行政院临时会议任宋子文为广东省主席。10月初，宋子文来到广东，立即部署军队大规模"进剿"广东人民武装部队。从12月开始，宋子文对广东发动了所谓"分区扫荡，重点进攻"的第一期"清剿"。

这时，李信被调任为中共两阳特派员，统一领导两阳地方党组织与武装队伍，开展反"扫荡"、反"清剿"的斗争。1947年10月中旬，李信主持召开两阳武装斗争负责人会议，组织建立武装基干队伍。是年冬至次年春，两阳武工队在党组织的指挥下，分别袭击古良税捐处，河口、龙门、西平、马水等乡公所和马水圩，取得辉煌战果。

1948年2月，中共香港分局向各地党委发出"粉碎蒋宋计划，迎接南征大军的指示"，要求各地迅速发展武装队伍，建立主力部队，建立游击据点，组织民主政府，做好统战与整党的工作。是月，中共江城区委成立，书记为张慧明，副书记为何明，委员为许荣坤。同期，李信到阳江接收阳江的党组织关系，何明也从平冈桐山小学返回县城工作。

此后的几个月里，中共江城组织及其上下级党组织、相邻党组织接二连三地建立：

——4月，中共江城中心区委成立，书记为张慧明。江城中心区委由中共两阳特派员领导。江城中心区委除直接负责江城的地下革命工作外，还领导阳春五区、阳江西区部分地下党组织的工作。

——5月，中共漠南县工委成立，李信任书记，委员有赵荣、姚立尹。

——6月，中共香港分局属下的中共粤桂边区党委广南分委正式成立，冯燊、谢创、吴有恒、欧初任常委，冯燊任书记。江城随阳江县归属广南分委领导。

1948年冬，中共江城区委书记何明、中共阳东特区区委副书记林良荣在尖山渡口会面。为避免敌人的搜查、干扰，会谈在尖山河中一条小船上进行。双方确定，建立一条从江城经过岗列报村小学、尖山渡口至阳东的交通线。报村交通站、尖山渡口交通站的负责人分别为周炽奎与陈成禧，交通员有谭昌、许钦华。为预防意外，还增设了江城至丹载交通线，江城站由何明负责，丹载站由许名骐负责，交通员为许振（八叔）。

是年，中共江城区委为谋划全面开展武装斗争，在县城组织发动了工人运动、学生运动和妇女运动。在党组织的教育培养下，大批工人积极分子、进步教师先后加入游击队。游击队扩展以后，游击战全面开展，狠狠打击了国民党当局。12月26日，国民党保安副司令倪鼎桓见大势已去，装病潜逃。最终，宋子文推行的第二期"清剿"在阳江基本破产。

1949年初，中共中央预示"1949年是南方游击战争和游击根据地大发展的一年"。据此，中共香港分局制定了"全面发展，重点巩固"的方针，并于1月26日要求各地党委迅速扩大武装部队，组织民兵队伍，展开攻势作战，摧毁国民党地方区乡政权和反动团队，把战略地区连成一片，建立起区委、青年团、农会和妇女会。

1949年2月起，江城地域归中共领导的党政军组织进一步健全：

——2月，中共阳江县委成立，书记为赵荣，委员有姚立尹、陈国璋、梁昌东（前）、陈亮明（后）。

——同月，阳江县人民民主政府成立，县长为姚立尹，副县长为陈国璋。

——同月，漠南独立大队扩编为广东人民解放军广阳支队第八团（简称"八团"），赵荣任团长兼政委。

——同月，又先后调整和成立了中共金横区委、路北区委、路南区委、江城区委和罗琴区工委。其中，重新调整建立的江城区委，书记为何明，委员有许荣坤、谭启浩；新建立的罗琴区工委，书记为罗充（罗秋云），副书记为陈清，委员为钟勋。

——同月，中共江城中心区委撤销。

——3月，通过组织联系把长期在外地工作的阳江籍中共党员陈华调回阳江工作，安排进入国民党阳江县政府任助理秘书。

——同月，中共附城党支部成立，曾传荣任书记，成员有黄徽拔、周炽奎。

——5月，中共江城区委执行上级的指示，恢复支部活动，成立中共妇女支部，成员有陈佩瑜、许建莲、施美馨、莫蔚萍。

——同月，中共阳江县中男生支部、女生支部分别成立。男生支部书记为蓝志雄，委员有李子云、陈向兰；女生支部书记为谭丽冰。

——同月，中共江城区委在两阳中学发展李焕华、梁永先（梁荣芳）、刘经宾参加中国共产党，重建中共两阳中学支部，书记为李焕华，委员有梁永先、刘经宾。

——同月，罗琴区工委驻江城秘密工作组成立，联络点设在马屋街31号（现39号之一）吴天行（吴锋）家。组长为梁强（先）、吴天行（后）。9月，联络点迁至青云路钟嘉礼处。

——7月，中共江城区委调整，书记为何明，副书记为许荣坤（兼任组织委员），宣传委员为曾传荣。同期，谭启浩、卓朝光、冯正廉、范兴文抽调入八团学习。

——同月，中共粤中临时区委成立，书记为冯燊，委员有谢创、吴有恒、欧初、郑锦波、谢永宽、唐章、周天行。

——同月，粤中纵队成立，司令员为吴有恒，政委为冯燊。

——9月，中共江城区委在中学生中发展新民主主义青年团组织。

在健全组织的同时，中共江城区委于1949年3月和5月连续发动了两次大规模政治宣传攻势，在全城散发大量宣传阳江县人民民主政府成立和纪念五四青年节的传单，造成极大的政治影响。

8月下旬，谭启浩、卓朝光、范兴文受八团的派遣，参加中共粤中区临时委员会与中共粤中区广阳地方委员会联合举办的区级政权学习班学习，为迎接江城解放、建设新生政权做准备。

江城即将解放，阳江即将解放，整个漠阳大地的革命浪潮都迅速高涨起来。

二、进步文化组织的建立及其革命活动

（一）艺园社、鲲鹏社和拂社相继成立

1946年秋天，受中共党组织的影响，施美馨、许国尧与县中高中部的一群进步学生一道，在各班已建立起小型读书会的基础上，联合组织成班际性的群体组织，取名"艺园社"。艺园社的成立，曾得到县中校长彭德禄的默许。

艺园社分为"文艺组""戏剧组"和"体育组"，分别开展形式多样、丰富多彩的活动。文艺组以文艺创作为主，出版文艺期刊。文艺刊物封面上画着一支红彤彤的火炬，象征着对光明的向往与追求。期刊的编辑出版，得到进步教师的大力支持，教师主动承担修改文稿的任务。戏剧组以戏剧演出为主，曾经演出了《黄浦江边》与《面子问题》等话剧。《黄浦江边》写的是一位贫苦工人的悲惨遭遇：工人黄大伯，在旧社会里劳苦一生，受尽折磨，到头来还是吃不饱、穿不暖。最后，由于走投无路，黄大伯被迫投江自尽。《面子问题》一剧，通过展现国民党政府机关工作人员的工作与生活等方面，揭露、刻画了他们腐败的生活方式和极端虚伪的嘴脸。这两个剧目都在当时的大会堂（后来的阳

江电影院）公开演出，吸引了大批观众。体育组成立后，积极组织同学们开展体育锻炼，并在锻炼之余，通过座谈会交流思想，纠正个别同学存在的不正确的思想观念。

在艺园社内部，原本存在着进步与落后两种思潮。戏剧组成立初期，有人主张排练话剧《忠义堂》，并准备演出。《忠义堂》在排练期间，何明到场观看，认为该剧带有落后的思想意识，通知许国尧，停止该剧的演出，并指示许国尧要做好剧组人员的思想教育工作。后来，剧组改为排练话剧《黄浦江边》。

1947年春，县中校长彭德禄离任，谢彦华接任校长。谢彦华上任后，立即在县中施行一套法西斯统治，镇压学生运动，并于1947年夏下令解散艺园社。然而，革命的洪流不可阻挡，历史的车轮永远向前。艺园社的活动虽然被迫停止，但一批新的组织又相继出现。

1947年9月，通过江城党组织的教育培养，县中的蓝志雄加入了中国共产党。同年冬，蓝志雄在县中高二级组织成立读书会，取名"鲲鹏社"，组织同学阅读进步书刊。很快，鲲鹏社便产生了带动效应，江城各中学相继建立了读书会。1947年秋，两阳中学高中学生冯正廉、赵善桐在谭启浩的指导下，在本校高二级组织成立了名叫"拂社"的读书会，成了"鲲鹏社"第二。拂社读书会成立伊始，参加的学生就有20多人，还高效率地发动同学传阅进步书籍，开展读书心得座谈，显出其不凡的活力。

（二）流萤学术研究社与《流萤》的起落

1947年夏天，江城党组织根据形势的发展，配合全县的武装斗争，在学校中发展了党的组织，以党员、进步学生为核心组织成立各种学生社团，推动学生运动，开展争民主、反迫害、求解放的斗争。

在此期间，谭启浩按照何明的指示，到两中、县中和各小学里组织学生运动。在此基础上，谭启浩于1947年9月发展三麻乡小学校长黎明与扶东中学学生谭秀铿参加了中国共产党组织，还接收了介龄小学教师卓朝光的中共党组织关系。

由于连年战争，国民党政府财政至1947年已濒临全面崩溃。为支付高昂的军费，国民党政府只得滥发纸币，弥补巨大的财政赤字。而极端的通货膨胀，则带来了物价的空前高涨。如此状况下，低收入的江城教师，普遍谋不到温饱，怨气甚多。该年秋天，县中教师甘汝棠刚领到当月薪金"关金券"，该券就严重贬值，于是他当众烧毁，并带头罢教，以示抗议。

1947年后，人民解放战争取得了节节胜利。当此之时，国民党当局一听罢教、罢学、罢市和罢工，即进行严防和镇压。6月11日，国民党广东省社会处便致电国民党阳江县政府："共产党利用三罢（罢工、罢课、罢市）政策扰乱治安，为消患于无形，电到之日，即召集本县党团暨各社团负责人会议，商讨办理事项。"①阳江县政府接电后，于12日上午召开了有县农会、县渔会、县工会、教育会与中医师工会等社团参加的会议，商讨防止"三罢"事宜。

不久，国民党阳江县政府便致电江城等地中小学："奉广东省第七区专员公署电：'关于防范匪浪迹中小学从事绝密工作，不论公私立中小学校长职，一律在取得保证人后，方准上任，倘有匪或受匪利用者，除依法惩办外，保证人以庇匪论处。'"1947年9月18日，国民党阳江县政府又密令各中小学："奉教育部和省教厅密令：'饬令各校取缔童谣歌曲《你这个坏

---

① 阳江市地方志编纂委员会编：《阳江县志》，广东人民出版社2000年11月版，第64页。

东西》《坐牢怕什么》《逼上梁山》《到延安去》等。'"①

1947年秋，人民解放战争取得胜利的喜讯一个接一个地传到江城，激励着广大青年学生和爱国知识分子。他们对反动、腐朽的国民党政府，早已恨之入骨，深恶痛绝。此时，他们积极行动起来，投身于争民主、争自由的斗争行列中。

1948年2月，中共江城区委根据中共中央"造成最广泛的阵营""促进全国革命新高潮"的指示，不断扩大组织队伍，在县中发展高三级学生黄德基、李子云加入中国共产党。春季开学后，黄德基、李子云即与进步学生陈香兰（陈向兰）等，在阳江县中高二、高三级学生中组织成立了一个班际性的学生群众组织"流萤学术研究社"（简称"流萤社"），出版进步刊物《流萤》。该社的建立，经历了一场艰苦的斗争。

1948年3月，黄德基等第一次向学校提出建立"流萤学术研究社"的申请，学校却以"学生只管读书，国家大事不宜过问""一班人聚在一起，谁敢担保不闹事"等为由，不予批准。黄德基、李子云并不就此罢休，又去请黎安良和黄文科两位老师出来帮忙。黎安良、黄文科皆在县中任教，是社会上享有较高威信的教师。他两同意出面，以"该组织纯属学术研究性质"为理由，再次向学校申请，最后才获得校方的同意。

1948年3月下旬，流萤学术研究社正式组织成立，社员有20人，这批参与者来自不同的班级，都是品学兼优的好学生。20人中，有8人是享受学校助学金的公费生，均得到同学的尊敬和信任。为便于开展工作，还吸收校长谢彦华的儿子谢汝燊（公费生）参加。流萤社的理事由公费生叶桂添担任。其他组成人员

---

① 阳江市地方志编纂委员会编：《阳江县志》，广东人民出版社2000年11月版，第64页。

有：李子云负责对外联络，叶桂添、陈章英负责学术研究，黄德基、陈香兰任主编，林恩葆、许绍开、黄文汪任编辑。

流萤社成立后，以张屋园作为大本营。张屋园在县中大门口正对面，园里种有黄皮、龙眼、荔枝等果树。园子北面建有一排小砖房，叶桂添的母亲在小房子里为同学们操办伙食。当时，一批从农村来的学生，都不愿在学校饭堂开膳，便来到这个私人开设的小食堂吃饭。

黄德基、李子云、陈香兰是这园子的常客。叶桂添的母亲特地腾出一个房间，供他们休闲、聚集、学习时使用。此后，这小房子又成了流萤社的编辑部，也是学生地下党员活动的主要场所。陈开臻曾在房子中抄写《中国共产党党章》和《新民主主义青年团团章》，李子云、陈香兰在这里主持了陈开臻、冯圣联的入党宣誓仪式。

张屋园僻静、幽雅，离县中仅100米，出入方便。县中高中部的一批进步学生，都喜欢来到园子里，聚在一块，传阅从香港寄来的《大公报》《文汇报》《华商报》《正报》等，阅读各种进步书刊。每当傍晚时分，同学们穿过园子东边的小门，来到环城马路，三五成群地散步、聊天、谈形势、谈理想。

流萤社成立不久，便开始编辑出版文艺期刊《流萤》，其编辑费由社员集资解决。为弥补不足，也会发动师生捐资。

流萤社的社员都极关心自己的刊物，个个都积极投稿。他们多以政论、小说、诗歌、散文、随笔等来揭露社会上失学、失业、通货膨胀、瘟疫流行等现象，揭露国民党反动统治的黑暗与腐败，唤醒广大青年学生、群众寻找光明，追求自由，创造幸福。

在师生的共同努力下，《流萤》创刊号于1948年4月正式出版。陈香兰在创刊号的发刊词上写道："从黑暗中摸索一点萤光，使这块文艺园地耕耘得像个样""文艺是现实的产物，不该脱离社会现实去吟风弄月，无病呻吟"。刊物发表的作品有陈香兰写的评论《认识你自己》、黄德基的《社员剪影》，及林恩葆、许绍开、黄文汪、冯正磊、林学礼等分别以笔名写的小说、诗歌、散文。创刊号还登载了进步学生和教师送来的贺词。为避开敌人的目光，创刊号出版前，黄德基特意邀请美术教师、国民党阳江县三青团负责人周炽修为刊物设计封面。

创刊号发表了短篇小说《他的愤与奋》，该小说写一位品学兼优的农民儿子，初中毕业后，以优异的成绩考上了县中，入校读书后，正遇上灾年，家中农作物失收，加上社会上金融波动，物价飞涨，家里经济异常困难，父亲已无法再让他在校念书了。青年目睹这种现象，决心投身革命，后来，在父亲的鼓励之下，走上了革命的道路。

创刊号限于经费，在同文印刷厂只铅印了三四十份，分发给各社员并在全校同学中传阅。流萤社由此打开局面，规模也有所扩大。

1948年7月，《流萤》第二期出版了。这时，冯尚超、李述龙、冯仲明、江兴邦等进步教师也来参加，还为流萤社捐献了活动资金。这一期是在暑假期间编印出来的，内容比第一期更加丰富、充实，锋芒直指社会的弊端。该期刊发表了黄德基写的诗歌《求生只有上梁山》，诗中写道："肥的去了瘦的来，搜刮民脂何时止？""虎豹守门无活路，求生只有上梁山。"还有许绍开的《钞票》、林恩葆的《自由的召唤》等。编辑时，曾一度选编了黄德基写的《悼闻一多》，后经研究，此文没有登载。

《流萤》第二期的版面，由创刊号的绿色改成红色，十分耀眼。第二期出版不久便值秋季开学，学生期待先睹为快，反动派也在暗中关注。闻到风声的特务分子，纷纷向国民党县党部告密，称"流萤社受了共产党人的操纵"。谢彦华得知，连忙派人开展调查，并下令查封流萤社，将期刊全部没收。40本刚印好的《流萤》第二期全部收缴上来，放在县中后操场集中焚烧，一本也没留下。

县党部查封流萤社之后，接着便派出爪牙，四处活动，对参与流萤社活动的人员，进行严密的监视与审查。见形势一下子紧张起来，江城党组织立即将黄德基调离县中，去阳东一带农村隐蔽。陈香兰此时也离开县中，到阳东地区的新洲小学当了一名小学教师。

流萤社的成立及《流萤》的编辑出版，显示了广大青年学生、知识分子对民主、自由的追求与向往。尽管很快被查封了，但它毕竟是沉闷大地上的一声春雷，是黑暗夜空中的一线曙光，已让人们看清了前路。正因此，流萤社的不少人，后来分别加入了中国共产党与新民主主义青年团，为阳江人民的解放事业做出了应有的贡献。

流萤社被查封、《流萤》期刊被烧毁等迹象表明，中共阳江县中支部活动已经引起了敌人的注意。为保存实力，何明立即部署"总结经验教训，改变斗争方式"。

斗争并没有停止。在流萤学术研究社被迫停止活动后，各位社员分别回到自己的班级里，又开始酝酿和展开新一轮的斗争。

（三）红蓝社与各读书会的进步活动

流萤社可以被取缔、被解散，但是，青年学生趋向进步、追求民主自由、反对迫害的政治激情，则是冲不垮的，而且只要激情尚在，就可再次凝聚。江城进步活动的发展变化，就正好证明了这一点。

在江城党组织的领导和支持下，县中各班的读书会就是在流萤社被解散不久而相继组织起来的。1948年的第二学期，林恩葆、许绍开在地下党员黄德基、李子云、徐学旋、谭丽冰与进步同学的热心支持下，在县中高春二班组织成立了"红蓝社"读书会，还开展了多种形式的活动：（1）组织会员读书看报。红蓝社成员自愿捐款，订阅了《大公报》《世界知识》《中学生》等报纸杂志。（2）组织阅读交流。各成员将各自存书列出书单送交读书会，由读书会编印成目录，然后各人手执一份，开展交流阅读活动。公开阅读的主要书籍，有鲁迅的《呐喊》，有《华商报》《正报》，有邓初民的《新民主主义经济讲话》、艾思奇的《大众哲学》，有苏联小说《钢铁是怎样炼成的》，更有毛泽东的《论联合政府》《新民主主义论》等。（3）成立歌咏队。歌咏队演唱的歌曲有《苦命的苗家》《兄妹开荒》《黄河大合唱》《五块钱》等。（4）组织演出队，演出了话剧《艳芳酒家》《我的儿子》等。（5）组织专题讨论会。讨论了艾思奇的《社会发展史》中的一个专题：劳动创造世界。还讨论了学习目的和青年学生应如何选择自己的前途等。讨论活动使会员认识到劳动人民是历史的创造者，广大青年学生、知识分子必须走与工农相结合的道路，才有广阔的前途。（6）出版墙报。

红蓝社由最初成立时班内10多人，很快发展到30多人。此时，红蓝社的丰富活动，一方面引起了师生的关注，另一方面又引起了当局的警觉。国民党三青团骨干分子对读书会则恨之入骨，攻击读书会是"红色会"，指使一些人进行破坏，用石块砸红蓝社读书会的大门，有几次还将尿泼进读书会会址。三青团骨干周某、苏某、陈某还串通简师学校的军训教官傅某，伙同各校军训教官、童子军教员，加紧对各校学生的监视，并拉拢各校的反动分子干扰读书会的活动。面对异常尖锐的斗争形势，为戳穿敌人的阴谋，江城党组织发动读书会全体成员、进步学生，一方面揭露了国民党、三青团反动分子的阴谋和无理，对他们进行了声讨，展开了一场针锋相对的斗争；另一方面，又继续坚持读书会的正常活动，并争取更多学生的加入。而从安全起见，各读书会也更讲究斗争策略，学会了视情况而定，有明有暗。李子云在学校后操场一个荒废多年的烂门楼里住，没有楼梯，要靠攀爬凹凸的破墙上下楼。利用门楼四面都有洞开的窗口，易于观察外面的动静，李子云便在里面摆放了很多进步书刊，如《解放》《群众》等，供读书会的骨干集中读书、交流和开碰头会。这里因为墙高难进，加上易被忽视，相对安全。

1948年冬，县中校长人事变更，冯尚超出任阳江县立中学校长。冯尚超到任后，聘请梁恩波、江兴邦、李述龙等进步教师到校任教，校内气氛也随之有了改变。

1949年春季开学时，陈香兰、黄德基也从阳东农村返回县中复学。黄德基返校后，继续编辑出版大型墙报《红叶》，陈香兰返回高春二班，在班里组织成立了"黑白社"读书会。参加活动的有冯圣联（冯圣泳）、钟明（钟文华）、关则衡、陈永芳、林智辉、谢秀珍、许燕琼等。与此同时，陈开臻在陈香兰的指导下，在县中高秋一级，也组织成立了读书会。

读书会成立之初，陈开臻向学校庶务处要求划拨一个房子为会址。虽几次请求，均遭庶务处拒绝。此时，江城党组织及时指示陈开臻：要"团结教师，团结同学，利用合法形式，坚持斗争"，"注意做到有理、有利、有节"。于是，陈开臻再次派出代表，直接向校长冯尚超提出要求，最后学校同意读书会用教室旁边的房子作为会址。有了会址后，陈开臻省吃俭用，托人从香港购进《新民主主义概念》《马凡陀山歌》《虾球传》等书籍借给同学阅读。

各种形式的读书会接二连三地成立，团结了一大批进步学生，推动着学生运动的发展。1949年3月和5月，中共江城区委接连组织发动了两次规模巨大的政治宣传攻势，宣传解放战争的伟大胜利，宣传大好形势，揭露国民党的罪恶阴谋。在新形势的鼓舞下，加入读书会的进步学生日益增多。在县中、两中、县立师范、文范、宏中、农校……读书会一个接一个地组织成立起来。到1949年秋季，县中高中就有6个班成立了读书会；初中各年级，一批读书会也组织成立起来；苏少泉、左大华、周文英等一批进步学生，都在各自的班级中组建了读书会。全校21个班，成立了读书会的有15个之多。

1949年春，县中一些进步教师，在地下党员的配合下，带领学生演唱《苦命的苗家》《黄河大合唱》《古怪歌》《五块钱》等进步歌曲，排演《农村曲》等小歌剧。7月，学校放暑假期间，县中各读书会联合组织成立"读书会暑期联合会"和由校长郑家霖，进步老师梁一零、梁泽钦等支持组织的"县中学生暑假生活团"开展活动。一群在广州等地就读大专学校的阳江校友左郁文等，也在返乡度假时参与了上述活动。梁泽钦、梁一零和县城各校的教师何业强、张文郁、冯邦仪、刘贻荫等人，还组织县城内爱好唱歌和文艺活动的师生，成立了"江中暑期校友合唱团"开展活动。他们演唱了《春天大合唱》《长恨歌》等歌曲，演出了大型话剧《裙带风》《清宫外史》，演员有老师，也有学生，进步文化气氛十分活跃。他们为团结教育广大师生、影响社会、凝聚进步力量、迎接阳江解放及支援前线，都起着鼓舞和促进作用，还为后来正式成立"新文学新艺术联合会"打下了基础。

1949年4月，中国人民解放军百万大军强渡长江，占领南京，解放武汉、上海，迅速向华南挺进，国民党政权岌岌可危。然而，国民政府及其军队愈是垂死之时，愈是疯狂挣扎。国民党阳江当局也一样，倒台前也是张牙舞爪，穷凶极恶。一时间，白色恐怖遍及城乡。

在江城城区，国民党当局加紧了户口检查，街上常常戒严，不时搜查过往行人。中小学的军训教官、三青团骨干、特务分子也纷纷出动，监视师生的言行，把矛头直接指向各校的读书会，扬言"谁参加读书会谁就是'左倾'分子，一经查出，开除学籍"。各校还以检查内务为借口，搜查进步书刊。

在江城农村，国民党军警加紧搜捕游击队员。1949年9月6日凌晨，阳江县保安二营营长敖敏超，率领大队人马，在大八联防队的配合下，包围了塘坪赤岗村。正在村中开展工作的中共江北区委委员钟景宏和五名武工队队员被困。突围中除队员李世权一人脱险外，钟景宏、林冬、黎运雄、陈世伦、欧华贵均被捕。同时被捉的还有当地农民40多人，武工队队员陈世伦、欧华贵是本地人，当天被国民党杀害于大八圩。钟景宏、林冬、黎运雄三人，被押解回县城，囚禁在县府监狱。

9月下旬一个阴霾密布的傍晚，钟景宏、林冬、黎运雄被杀于城东二里的郊外。临刑前，国民党军警押着钟景宏等三人沿南恩路游街示众。一路上，三人同唱《国际歌》，高呼"打倒国民党反动派，解放全中国！""中国共产党万岁！"等口号，慷慨就义。

钟景宏等被杀害的第二天，蓝志雄在卜巷街一位读书会会员家中主持召开了追悼会，还组织与会人员上街撕去敌人张贴的布告，有的则将"打倒国民党、埋葬蒋家王朝"的标语覆盖在布告上。

从艺园社、流萤社的出现，到各校读书会的组织成立，走过了一段艰苦的历程。在那艰苦的岁月里，读书会的广大成员，团结在中共党组织的周围，积极开展各种活动，宣传党的政策，宣传中国人民解放战争的伟大胜利，团结和鼓舞着广大师生与反动势力做斗争。当大军南下、阳江即将解放之际，全体会员又积极投身到迎接解放、接管城市、拥军支前的工作中去，处处发挥着应有的作用。在开展活动和进行斗争当中，他们本身也得到了锻炼和提高，有不少人已加入武装斗争的行列，成了坚强的战士；有不少人已参加中国共产党，投入到建设新中国的工作中；还有不少人加入了新民主主义青年团，成了中国共产党的助手。由此足以肯定，江城的各类读书会及其会员在整个革命史册中，留下了难得的闪光点。

三、组织和推动两中学潮

1947年7月，谭启浩按何明的布置，进入两中，发展高二级学生冯正廉参加中国共产党，重建两中党组织。冯正廉在学生中组织成立拂社读书会，开展阅读进步书刊活动。在党组织的宣传教育和阳江县武装斗争全面开展的形势鼓舞下，广大青年学生都追求民主与自由，不少人准备奔向游击区，加入武装斗争的行列。就在这个时候，一场学潮在禁锢森严的两阳中学里酝酿着，其导火线是饭堂事件。

两中是广东省省立完全中学，校长曾纪伦是海陵人。曾纪伦在两中实施一套极其严格的管理制度，规定全体学生集中在学校食宿，严禁学生参加各种活动。然而，曾纪伦对学校工作人员却管理不严，对学校饭堂更是放任自流，不关心学生生活。直到1948年，阳江通货膨胀、物价飞升，学校饭堂则越办越差。学生每人每月交给饭堂大米45斤，可是每顿饭都不够吃，学生意见纷纷，曾多次与饭堂工作人员发生摩擦。

1948年9月，学生自治会即派出代表向校方提出改进饭堂管理的意见。庶务主任不但不接受，反而指斥学生"目无尊长、不守校规"。后来，学生代表又再次提出，仍无结果，矛盾日趋激化。广大学生对学校的管理制度早有意见，再加上饭堂问题未获解决，积怨更深。于是，一场学潮即将引发。

学潮组织者是高三学生雷志中、杜荣信（杜化）、费流檄（费定民），三位都是阳东（原二区）人。在阳江县武装斗争开展后，雷志中等人早有参加游击队的念头。雷志中是雷启光的亲属，雷启光的思想行为，对他有很大的影响。为组织学潮，1948年9、10月间，雷志中曾经三次征求雷启光的意见。与此同时，共产党员阳东学生冯正廉也通过谭启浩向中共江城区委汇报，何明指示冯正廉，要积极参与并领导这场斗争，还要及时将情况向区委汇报。为确保斗争的胜利，雷志中还进一步把工作做细做稳，联系了校学生自治会主席黄安达、副主席敖大珍，共同做好学生的组织发动工作。临近举事，县中学生特别是二区籍的学生，对这次行动的支持尤其坚定。

摸准情况后，雷志中对罢课行动做出安排，原定只在高三级甲、乙两个班进行。不料，消息传开，高一级、高二级和初中部全体学生都要求参加。行动前，学生散发了《告阳江父老书》和《致国民党省教厅电》，还发动同学回家取枪以自卫。行动时间，定于10月某日午夜进行。行动时首先派人持枪把守教师宿舍大楼，然后组织各班学生分成三路离校。如遇阻拦镇压，给予武装反击。行动结束后带枪参加游击队。

罢课的准备工作在紧锣密鼓地进行。负责印制《告阳江父老书》和《致国民党省教厅电》的是冯正廉、赵善桐、叶桂枢。冯正廉原计划找律师张沾广代写，后因张沾广要求的酬金过高而改由自己拟制。《告阳江父老书》列举了两中学校当局独裁专制、不关心学生生活和贪污舞弊等十大罪行，揭露了一些教职员工"课余校内搓麻将，饭后南强叹'白鸥'（白鸥是南强酒楼的一个茶厅的名字）"，只追求享受，不认真工作的不良现象，最后强烈要求学校改善学生伙食，并呼吁广大父老乡亲给予支持。

文稿写成后，冯正廉来到县中。当时担任学校学生自治会干部的李勋章，还有学生共产党员黄德基，学生会干部谢志钦、李勋修等，他们都是二区人，对两中学生的罢课行动特别支持。冯正廉打算向县中借用工具自己刻印，后见时间紧迫而交给印刷厂，并委托县中学生自治会派人代发。

罢课前几天，杜化、费定民、黄广清、林元辅等人均把枪带进学校，雷志中也从雷启光处取来手枪。此枪是雷启光通过国民党驻合山自卫中队队长钟远行于罢课前一天派人送来的。一切准备就绪。

由于领导者缺乏组织斗争的经验，没有注意做好保密工作，行动前，罢课计划暴露。在学生离校的前一天，各班学生不断来到洗衣店领取衣物，一些初中学生担心衣服丢失，竟连未晒干的也要取回来，引起一些员工的怀疑，当即有人将情况报告给校长曾纪伦。

曾纪伦早已听到学生要闹罢课的消息，但他一直都将信将疑，在听了这些人的报告后，才知道学生真要行动，于是他连忙向县政府汇报，以"共匪"潜入学校为由，请求派兵维持秩序。当晚，县警30余人开进学校把守校门，在学校周围布起岗哨。

当夜，曾纪伦带人进入高三级学生宿舍，进行全面搜查，缴去学生2号左轮手枪两支、进步书籍一批。

雷志中见罢课已不能按原计划进行，便与杜化、费定民研究，决定强行罢课。第二天中午吃饭时，雷志中、杜化、费定民等分头通知高三级学生，饭后集中于大王山观音堂开会。会上，雷志中做简短讲话后，宣布罢课当天进行。下午，高三级甲、乙两班学生分成三路离校；在高一级、高二级读书的阳春籍学生，也随着高三级同乡返回阳春。

雷志中、杜化、费定民三人离开学校并没即刻回家，而是带着队伍来到列尾村后，又沿广湛公路返回县城，留在城里继续指挥斗争。当天晚上，雷志中来到县中，在学校学生自治会干部的协助下，将《告阳江父老书》和《致广东省教厅电》在城里散发，罢课消息立即在城里传开。高三级学生罢课，在全校学生中造成很大的反响，各班学生积极响应，纷纷投入罢课行列。

高三级学生罢课的序幕已经拉开，雷志中又在积极筹划着全校的总罢课。高三级学生离校后的第一个周末，雷志中、杜化、费定民来到牛圩，等候两中出城的学生。其时，阳江县城范围很小，出了南门便是一片田野和荒郊野岭，人烟稀少。牛圩位于县城南门外，阳江解放前，这里称南校场。牛圩是两中学生往返县城的必经之道。当天，雷志中在牛圩守候，很快便联系上冯正廉、赵善桐、叶桂枢、叶于林、林贤辅等进步学生30余人，大家一齐从牛圩转上北山，在离石塔不远的小山坳里召开紧急会议。雷志中、赵善桐等在会上积极发言，与会者异常激动，一致同意，立即组织全校学生罢课，不获全胜，誓不罢休。会上，大家进行了分工，一部分人返城，通知家住县城的学生，星期一不回校；另一部分人返校，组织在校寄宿生，约定星期一全部离校返家。

星期一，全校学生罢课开始。学生的罢课行动，给了学校一个沉重的打击。此时，学校里还逗留着一些学生。在这些人中，一种是离家较远，暂时回不了家的；另外一种，是学校领导层的亲属、同乡，不敢轻易离去。曾纪伦为维护自己的声誉，决定组织这些人上街游行。星期三，曾纪伦将留校学生、教职员工集中在大操场开会。会上，他以强硬的言辞，指斥罢课学生受到了共产党的蒙蔽，要对参加罢课的人进行严惩，还宣布成立"护校队"上街游行。会议结束后，护校队进城，沿环城路、南恩路行进，一路高呼口号、张贴标语。这些标语立即被县中学生撕了下来。护校队认为县中进步学生都支持两中的罢课，必定要抵制其"护校"活动，故游行队伍经南恩路行至北门街横石街口即转回，游行遂告结束。队伍折返两中后，校长曾纪伦像打了败仗一样，无奈地宣布：学校放假，何时上课，另行通知。

两中学生罢课期间，广东省教育厅派出督学张开放来阳江开展调查，并去到江城酒楼，与雷志中、杜化、费定民、彭荣熙、黄广法等座谈。其时，参加座谈的有七位学生代表，县政府主任秘书刘觉民也在座。与此同时，学校还布置全体教职员工，分头做学生的思想工作。几天过去，终于有一些学生返校了，但人数不多。雷志中等一直留在城中观察，见情况有变，便约好杜化、费定民返校，对这些已返校的同学继续做思想工作。结果，这些已返校的同学，又即刻离去。罢课仍在继续。

罢课让曾纪伦等校领导非常难堪，他们对罢课的组织者非常憎恨。渐渐地，雷志中等人的行动被校方掌握了，学校立即采取了强硬措施：一方面派人对雷志中等人进行跟踪监视，并布置教师，制止学生与雷志中等接触；另一方面又决定开除雷志中、杜化、费定民、彭荣熙、黄广法的学籍。

雷志中等五人的学籍被开除后，他们行动严重不便。后来，他们又想利用回校收拾行李的机会，再次与二线人员接触。可是，此次校方对他们监视更加严密，不管走到哪里，都有人跟随，在这种情况下，他们只得离开学校返家。

罢课连续进行了约半个月，后来在学生与社会舆论的压力下，曾纪伦公开表示，愿意接受学生的意见，采取措施，改善学生伙食。还宣布，对参与罢课行动的其他学生，一律不再追究。学生见罢课目的达到，便陆陆续续返回学校上课。学潮终于平息。

在两中学潮中，雷志中、杜化、费定民、彭荣熙、黄广法等五人虽被校方开除了学籍，但他们为正义而斗争的精神和突出的组织能力很让人佩服；李焕华、叶于林等因表现积极，也受到同学的尊敬。

罢课斗争的成果和收获，主要在于：（1）充分显示了广大学生团结斗争的力量，动摇了学校对学生进步活动的压制；（2）反映了学生的正当诉求，提高了学生的思想觉悟和斗争意识；（3）唤起了各界的关注，造成了积极的社会影响；（4）锻炼了学生队伍，教育培养了进步学生赵善桐、李焕华，两人于学潮后参加了中国共产党；（5）激发了学生的革命精神，促使雷志中、杜化、费定民当年投奔阳东游击区加入了武装斗争的行列。

然而，此次两阳学潮也有值得记取的教训：（1）组织不严，领导不力，缺乏统一指挥，行动规模受限，未能充分发挥影响力；（2）纪律不够，保密不够，行动过早暴露，未能按计划实施和达到预期效果。

四、恢复并加强情报工作

情报工作是中共江城组织的传统性工作。1948年4月，阳春木楼村"大搞"武装斗争会议结束后，阳江县武装斗争全面展开。为配合全县新一轮的武装斗争，中共江城区委也积极地全面恢复、完善和加强情报工作，继续给上级组织和武装部队提供有价值的情报。

1949年春，中共组织利用统战关系把共产党员陈华从新兴调到阳江，进入国民党阳江县府任助理秘书。陈华（陈国豪）是阳江县塘坪镇丹步村人，与陈萼是同胞兄弟。陈华担任过台山县国民党政府统计员、行政科科长等职。1938年，他加入台山县民族解放先锋队，10月由李嘉人介绍加入中国共产党，成为党的地下工作人员。陈华长期在外地工作，与周天行保持单线联系。1941年至1945年，陈华先后担任国民党恩平县区长、恩平县府民政组长、阳山县府秘书。1946年至1948年，他先后在英德、河源、新兴等县，任国民党县政府民政科科长和政府秘书等职。陈华返回阳江，为阳江党组织搜集情报工作创造了极其有利的条件。他先后将国民党阳江县政府内部组织的人员名单、履历，县政府的布防设施、县城地图等重要资料，提供给阳江党组织，还多次将国民党军调动情况报告给中共党组织。

陈华调回阳江后，阳江县人民武装力量不断扩大，连续袭击了敌人多处据点。国民党阳江县县长甘清池见状，连忙向国民党广东省政府主席薛岳请求派兵"进剿"，以维持其统治。电报于1949年5月中旬发出，陈华及时告知何明。何明知道事关大局，立即代表中共江城区委（代号"神州"）向中共粤中区临时委员会（代号"泰山"）写了一份报告。报告原文（原件藏于广东省档案馆）如下：

旧四十八日，①日前阿甘打电报向薛岳请求救兵来阳江，闻蒋已复电省方无兵，可迳向肇庆方日英第二保安师及区转署请求，但前（四十六）晚，阿甘确接到薛岳电谓正调一个保警团来，此信使甘大为兴奋，遂将此信给xx看，有些职员精神为之一振。与此消息同时，有传谓k省当局打算维持由穗至琼州岛之交通线，以作最后撤退之用。故日内多少总有可能临时从别县调些人马来，故请及时准备。

②阳江驻东门外医院之美侨，于昨全部撤退出阳江境，闻说是往广州集中回国，彼等临走时向友人辞行说，共党要并吞世界，美国人反对，所以要撤侨。

③第二保安营教敏超因在大沟被我军袭击，可能被撤

换，现有莫如正其人正在积极活动，扬言有机枪十支汤姆生二十余支，如给他做营长，则他可以将枪借出来。查莫如正为阳江莫与硕之疏堂弟，高中毕业未久，现读广大一年级，在穗时为教仁在沙头时的驻穗后方办事处主任。其活动此职，可能为莫与硕之妻指使，或得教仁之怂恿，故所云之枪，可能有多少，其在关巩任时，已持黄镇球之介绍信来谋此职，阿甘来亦于……之活动，但结果仍落空。现其乘敖敏超打败仗之过失又继续进攻。陈抱愚对此表示，莫既有此大批武器，又是阳江人，给予营长职亦无不可，免被人骂有此大批武器而白白放弃，一来似乎是进行讲条件，莫表示做了营长要有全部用人权，及退职时所借之枪要带走，此人行动颇有教仁等之企图。

④白石北甘一带（四凹牛尿水地方）闻近有小股土匪由北甘许文华暗中授意出来活动，其中有个名叫得标刘及一个前被陈耀劫过的保长，另牛尿水地方有一人带小股投入陈枫（？）部，请注意这些家伙特别对后者加以调查警惕。

⑤西南堡伪参议员陈国超（大拾村人），现在城积极活动该乡乡长，其为许文模、梁振鼎、叶大生等派人对我方采敌对态度，其计划一做上乡长，即请求将卢经义（耀英残部）调其乡组织兵力，赶走我军，安定八、九区。

神州

1949年6月，国民党六十二军四六一团派往粤中，拟协同驻粤中的省保安二师、十区保安司令李江所辖的保安总队，"扫荡"粤中游击区。阳江是广湛公路中站，地理位置十分重要。6月下旬，余汉谋将四六一团派驻阳江，沿广湛线分别部署在那龙、合山、江城等战略要地。

国民党军队进入阳江以后立即兵分两路进犯游击区。一路由团长雷勋亲自率领，共七个连兵力千余人，"围剿"漠阳江两岸的广东人民解放军广阳支队第八团；另一路由团长温某统率，在大沟、新洲守敌的配合之下，"清剿"活动于阳东的恩阳台独立大队。陈华又将这些情报，及时告知何明。

其时，八团与电白县独立连正驻于阳春县龙门圩。是年5月，八团攻下阳春龙门后，金横区人民政府就设在圩内。

是年7月2日，中共江城区委的一封紧急情报送到龙门。情报的主要内容是：大军渡江之后，正向华南挺进，国民党残敌为打通南北通道广湛线，于6月底派遣六十二军一五四师四六一团（团长为雷勋）开进阳江，企图以该团为主力，连同地方团队"扫荡"漠南。

八团接到情报，立即召开反"扫荡"会议。活动于阳江漠南地区的中共电白县委委员、电白独立连连长邵若海，指导员张顺南也出席会议。会议决定：（1）姚立尹、邵若海率八团一连和电白独立连西出茂、电、信地区，以转移敌人视线，牵引其兵力部署；（2）赵荣带八团二连与金横区队，就地战斗；（3）陈国璋、冯超分别到路南、路北，加强对两地的领导，将路南区队转往路北，以东水山为依托，进行斗争。

在此期间，陈华又分别给中共江城区委和恩阳台独立大队送来情报信，信中写道："7月2日，国民党四六一团一个连70余人将协同阳江县保安二营敖敏超部和新洲、合山地方武装进犯阳东地区。"恩阳台独立大队接信后，立即与直属武工队表竹武工组、民兵等配合，将部队埋伏在新洲至大沟路段的马岭，袭击国民党军队，将其击退。

八团和恩阳台独立大队在这次反"扫荡"斗争中，能先后主动应对并取得胜利，都是得益于中共江城区委及陈华及时提供的情报。

五、开展两场政治大宣传

1949年3月和5月,中共江城区委组织力量,先后向国民党发动了两场规模较大的政治宣传攻势。

1. 第一场政治宣传攻势

这场攻势于阳江县人民民主政府成立的次月(即1949年3月)举行。为保证攻势猛、效果好,中共江城区委认真做好各项准备工作,从资料搜集、传单制作到时间安排都做了具体的部署。

首先是做好宣传资料的搜集与制作工作。其时,各种资料分别来源于党组织的文件和从香港订购的《华商报》《正报》等报刊。

各种材料收集整理后,均由城区油印组负责印制。1949年春,为了适应斗争需要,中共江城区委组织成立了区委油印组,组长为谭启浩(后为曾传荣、许国尧),成员有许国尧、范兴文。油印组先后隐藏在附城报村小学与龙津路邓屋巷5号。每次区委送来宣传资料,都先由许国尧用蜡纸刻好,交给报村小学范兴文保存,然后许、范两人集中在报村小学秘密印刷。宣传品印好以后,由谭启浩、曾传荣交区委使用。当时,油印组使用的工具异常简陋,为了便于收藏,刻蜡纸用的钢板仅二寸见方,刻写用的钢笔也是用留声机的唱针做成。

这次印制传单选用的文字材料很多,主要是《向全国进军命令》《中国人民解放军布告》《约法三章》《惩治战争罪犯的命令》《接收条例》《淮海战役》《阳江县人民民主政府布告》《广东人民解放军广阳支队第八团成立》《华南学联决议》等。还印发了何明写的《分析美蒋和平攻势的阴谋》,区委编发的《时事报导》和各种警告信,印制了关于"打倒甘清池,活捉香翰屏"等大型标语。

3月5日，所有的传单、标语都已印好。当天晚上10时起，张贴和散发传单、标语的工作，在县城内外同时进行。

3月5日晚上8时，许荣坤、蓝志雄便回到文范中学，做行动的准备。他们的任务是将传单贴到学校大门口的墙正面。10时一到，两人一起来到校门前。此时夜色漆黑，街上行人稀少，两人观察清楚周围动静后，选好位置立即分工合作行动，首先由许荣坤担任警戒，蓝志雄涂抹糨糊。只见蓝志雄冲到高墙下，快速在墙上涂上一层糨糊，完工以后马上退下来接替警戒。接着再由许荣坤上前，将藏在衣袋中的传单取出，贴上去，用手压实。两人事前约好，遇上情况，踏响皮鞋为号。工作完毕，两人分头离开。

在中山公园，张贴传单的是卓朝光。当晚8时，卓朝光衣内藏着传单和糨糊，随着人流进入中山公园。进园后，他先在园内走了一圈，对四周的情况进行观察，当他确认园内没有异常情况时，便闪进距民权阁不远的一处花木丛里躲藏起来。10时左右，园内游人已全数离去，公园管理人员也出来清场，关锁大门。卓朝光静静地守候着。直至管理人员收拾完毕，熄灯睡觉，他才闪身出来，快步奔向民权阁，将布告和传单牢牢地贴在墙上，随后转身从牛角巷边的围墙翻出去，消失在茫茫黑夜之中。

在国民党阳江县政府内，当天执行散发传单任务的是在县府当杂工的谭东福等人。当晚10时，谭东福进入县长办公室，在环视左右无人后，迅速将预先准备好的传单放在办公桌上。谭东福于1948年由谭启浩发展加入中国共产党。入党以后，谭东福绘制了一幅标有敌人岗哨具体位置的阳江县政府地图交给党组织。

散发传单的工作，在城中各大街小巷、各机关、各学校内也同时进行。几位女党员也全部参加了，许建莲负责县粮食集中仓，陈佩瑜负责南门街，莫蔚萍到牛角巷，施美馨到龙涛村，谭丽冰、徐学璇分别在朗星坊、马屋街等地执行任务。

这次张贴和散发传单、标语的行动，由于计划周详，部署具体，行动迅速，不留痕迹。不到一个小时，全体人员都先后撤离张贴区域。

3月6日清晨，县城的大街小巷都出现了《阳江县人民民主政府布告》"县长姚立尹、副县长陈国璋"和各式各样的传单。各茶馆里，饮早茶的茶客纷纷议论："昨天夜里，游击队进城散发传单""黑头仔真厉害！"有人还低声问："姚立尹、陈国璋是哪里人？毕业于哪所学校？"

当天早上，县长关巩走进办公室，发现桌面上放着《阳江县人民民主政府布告》后，马上将布告放进抽屉里，不敢声张。过后不久，国民党江城镇镇长，一些乡长也拿着传单来见县长。一时间，国民党政府机关内的人员都受到了很大的震慑。

全城气氛骤然紧张，各家报馆都对此事做了报道。3月7日的《两阳民国日报》还为此发表了题为《紧急维持阳江县的治安——为奸匪在军警林立的阳江城贴布告而作》的社论。文章写道："昨日早，阳江县城的街头巷尾，发现贴有奸匪姚立尹、陈国璋的布告""宵禁令不是已经执行了许久吗？街上行人11时以后，非持有灯火不得通过，如果照这样做到，匪类怎敢在城市活动？可是事实上并不如此，反动布告竟贴到警察局门口""何以如此猖獗，岗警绝无发现，警察究竟向哪里去了？"

2. 第二场政治宣传攻势

这场攻势是在1949年5月4日这天发动的。

1949年4月11日，中国新民主主义青年团第一届全国代表大会胜利召开。中共江城区委从《华商报》得到这条消息，立即部署各支部在五四青年节这天举行纪念活动，扩大宣传，发动第二次宣传攻势。

五四青年节的前几天，各校党支部按中共江城区委的布置，利用读书会组织学生编辑出版"纪念专刊"开展宣传。与此同时，谭启浩按何明的布置，着手起草《告师长书》《告同学书》，并以"阳江学联"的名义进行发表。《告师长书》《告同学书》，揭露了国民党大量扩充军费、减少办学经费、加重学生家长担负的内情，及其贪污腐败、独裁专制和压制民主的罪行，号召师生投入到争民主、争自由的斗争中，号召革命青年参加中国新民主主义青年团。这些稿件写好后，一律交由油印组印制。油印组还印制了各种传单，以便在纪念活动期间散发。

在此次活动中，中共阳江县中支部的行动最为迅速。节前的几天，撰稿、绘画等活动在班级中积极进行，学生自治会还对各班墙报进行评比。当时，国民党当局对此已有所觉察，学校当局在"纪念周"集会上，对学生这样"训话"："学生的职责是认真读书，不要多管政治"，"要规规矩矩，不应惹是生非"。三青团骨干分子则附和并造谣恫吓说："投稿者要小心，切莫触及政治。"他们还别有用心地抄录了一些反动文稿，交给编辑部并指令在板报上发表。后来，这些文章一篇也没有登载。

5月3日夜，散发传单工作在县中校内开展。何向群、冯正磊组成一个行动小组，他们的任务是将传单散发到后操场上。当晚10时左右，两人来到后操场升旗台边，正准备行事时，突然发现军训教官汪长福出来巡夜，他俩以宿舍太热，出来乘凉为由，避开了汪的追问。待汪转身离去，便立即动手，将传单裹着石子，抛到围墙脚下，造成传单是从墙外抛进的假象。当晚，陈向兰也将一张传单贴到学校后门的门板上。此传单贴得很牢，过了许多天都没被撕下来。

五四青年节的当天，县中党组织利用学生自治会搞班际壁报比赛开展宣传活动。一大早，县中各读书会的纪念专刊墙壁报在校内各处同时张贴，有的版头上画着红旗，有的画着象征光明的火炬，整个县中都沸腾起来。红蓝社读书会墙报的版头，是由林恩葆临摹了广州大学生"反内战，反迫害，反饥饿"大游行一周年纪念小册子《血债》的封面画——在炮火连天的背景上，一个带血的拳头高举着，两旁书写着"大江流日夜，中国人民的血日夜在流"。黄德基编写的《红叶》墙报，为了吸引同学的眼球，选用蓝纸白字（当时世俗只有丧事才用这种色彩）。墙报发表的都是一篇篇宣传民主自由的文章，形式多样，有论文、诗歌，还有快板和漫画。墙报贴出后，一大群人在围观、议论。与此同时，校内的墙上、教室里还发现各式各样的传单。其中谭启浩写的《石头都有翻身日》最惹人注目："石头都有翻身日，人民无处出头天，世上事情都会变，今年不似往时年，往日蒋介石威风，今时人民志气雄。"这次，一些文章因署名"阳江学联"，也特别引人注目，甚至给了广大学生极大的鼓舞。

县中正面广场，是师生进出校门的必经之道。当天，这里贴满了纪念五四的专刊，整个广场人潮涌动，校长、教官、三青团骨干们路过时，也无可奈何。然而他们并不甘心失败，连日组织人力开展调查。但由于江城党组织的活动异常严密，他们终究还是一无所获。

因为别无他法，国民党阳江县政府只好于5月6日发出通知，重申各学校、警察机关"要防止学生利用五一、五四、五卅纪念，煽动群众，发动学潮，配合共军渡江。要注意侦察，密切防范"①。

在江城展开的这两次政治宣传攻势，主要宣传了中国人民解放军向全国进军和阳江县人民民主政府成立两件大事，大大振奋了江城地区乃至全县的人心，威慑了县内的反动派，收到了良好的效果。

六、动员青年参军上前线

1949年春，中共香港分局发出一系列指示，要求各地迅速扩大主力部队，组织发展民兵。

1948年夏至1949年秋，江城先后多批次将40多名青年学生输送到解放军部队。其中有县中音乐教师刘甦洛、税捐处会计课长黄碧光（黄放）和县府工作人员罗海，还有卓朝光、谭启浩、范兴文、冯正廉、赵善桐、谭秀铿、陈永芳、关则衡、陈忠、陈敢、钟明、陈卓亚、梁炳可等。

1949年10月2日，广东战役打响；10月14日，广州解放；10月24日，阳江解放。

解放军在阳江作战期间，发现阳江的青年学生在支前、迎军工作中表现十分活跃，刷标语、涂壁画、扭秧歌、打腰鼓，文艺宣传气氛热烈，加上部队需要一批会说两广话的干部、青年学生参加进来工作，故军政组织在庆祝阳江解放活动的现场、在看护伤员的临时卫生站，一连两晚发动学生参军，把迎军的热情转变为参军的热潮。当时，人人争着报名，报名站就设在当时的阳江县文化馆（今江城区第一小学左边的礼堂）。部队要出发了，十四军文工团的领导还在当时北门街尾谭昭达的小楼稍候等待招

---

① 阳江市地方志编纂委员会编：《阳江县志》，广东人民出版社2000年11月版，第68页。

兵。结果，有文化教育界的许章衡、张文郁、杨继圣（杨青），有青年学生李宗毓（李由）、冯正磊、谭百辛、何美萍，有刘贻荫一家三姐弟等一大批热血师生，纷纷为祖国解放事业的继续推进而参军，其中相当一部分人后来都成了十四军文工团的文艺骨干。

第四节　罗琴建区　领导开辟新根据地

一、建党团组织　加快发展党员团员

1949年2月，根据中共粤中分委、广阳地委的决定，撤销中共漠南县工委建制，建立中共阳江县委，书记为赵荣。当年春夏间，金横、路南、路北、江城、罗琴5个区委先后成立。其中罗琴区以罗琴山命名，其范围包括白沙、平冈、埠场、近河和程村、城西的部分地区。罗琴区工委直接受中共阳江县委领导；罗琴区工委书记为罗充（罗秋云），副书记为陈清，委员为钟勋。

在罗琴区工委的领导下，建立了党支部，发展了一些党员。当时党员有罗充、陈清、钟勋、敖卓魁、梁强、敖卓材、阮葆平、陈阵、梁冠文等。

罗充，高州人，1948年春任春江区区队指导员；1948年6月执行漠南县工委、漠南独立大队的决定，进入溪头活动。同年7月，溪头区中队成立，罗充任区队指导员。

中共罗琴区委成立之后，通过办团训班，发展了一批团员，并于1949年8月成立了中国新民主主义青年团罗琴区第一支部，吴锋任支部书记，区柱、许竟和阮近为支委。随后一两个月连续发展团员3批20多人，团支部发展至3个。新入团的青年于当年9月某日晚上，在埠场丹龙村外举行集体宣誓仪式，参加宣誓的团员有吴天行、叶迁霖、钟惠珍、阮葆健、阮葆烈、阮仁、林喜

高、吴文言、谭冠俦、林宣伟、梁昌藩、黄棉昌、黄润昌等。

二、建立武工队 加强革命斗争力量

在中共罗琴区委成立的同时，罗琴区武工队宣告成立。区武工队一经成立，即挺进平原与城郊，把联络组设在江城城区。区武工队在区委的领导下，依托罗琴山，以程村、近河为起点，向东、南、北三个方向扩展，北至白沙，南至平冈与埠场，直抵大海边，东到城西农村与县城城郊地带，以一个农村包围城市的态势展开游击战争。

区武工队下设四个武工组，各组成员如下：第一组，组长为罗充，组员有梁冠文、阮葆平、钟惠珍；第二组，组长为陈清，组员有郑道琼、林进杰；第三组，组长为钟勋，组员有梁强、曾毓彬、曾毓礼；第四组，组长为敖卓魁，组员有敖卓材、敖卓栋、关则衡。各组统归罗充指挥，担任组长的均是中共党员。区武工队成立后，主要活动于琅瑘、雁村、丹龙、阮朗、近河、程村、白沙、岗三、平冈一带村庄。

区武工队队员每进入一个村庄，都坚持与当地群众同吃、同住、同劳动，帮助群众发展生产，维护群众各种利益，保护群众生命财产安全。由于区武工队队员处处为群众着想，对群众帮助较多而无损害，各地群众对武工队乃至罗琴区各革命根据地都是好感日增，信任日增，拥护日增。有了这样良好的群众基础，区工委开展工作由难变易，区武工队则不断由小变大、由弱变强。区武工队由成立时的几个人，发展到阳江解放时的100多人。

三、浴血游击区 武工队队员可歌可泣

（一）学生军被困寨山

两阳县武装斗争恢复后，游击队在各地不断取得胜利的消息

不时传到县城，给广大青年学生很大的鼓舞。与此同时，在党组织的宣传教育下，县中、两中、文范、宏中等学校的部分进步青年学生，纷纷要求加入战斗的行列。1949年夏天，共有40多名青年学生报名参军，正要经江城区委和罗琴区工委，分别输送给八团。其时，八团驻在金横区马山。

从县城前往马山，要穿过国民党政府设置的道道关卡。国民党政府为镇压革命群众，在各地都设了关卡检查，参军青年进入部队，只能绕道而隐蔽前进。

根据实际，罗琴区工委决定：由区工委负责输送给部队的青年学生，一律绕道到埠场琅瑘村集中，然后由区工委就地举办学习班，组织全体人员进行入伍前的培训学习，再派人护送到部队。

1949年7月，文范、县立师范、宏中、漠中四所学校的入伍青年学生19人，在区工委驻江城秘密联络组人员的带领下，按计划分12批来到集中出发地——琅瑘村。学生进村后，个个热情高涨，有的住在亲戚家中，有的在松林下露宿。此次学习，安排时间为7天。学习结束后的农历七月初三的晚上，19人的学生军由区工委副书记陈清，武工队队员林进杰、曾毓彬带领，启程前往八团。出于保密和安全考虑，行军不走大路，而走山路，即从琅瑘出发，向西北前进，路经龙窝，再转入勒竹，最终到达马山。

为避开敌人耳目，队伍经过银田、廉村……走的全是山间小路，翻过一个又一个山岭，渐渐进入了罗琴山的一片密林之中。此时正值月初，没有月光，四周黑沉沉的。又走了一段路程之后，带路人竟分不清东西南北，迷失了方向，转来转去也找不到出口。队伍在林中左拐右拐，直至东方发白。此时，队员从山上往下望，晨雾中，只见山脚下有一个小村。一打听，村子原来名叫寨山。

得知山脚下就是寨山，向导先是一惊，随后便醒悟过来：原来队伍已走错了方向，没有按计划朝西北奔往勒竹，而是朝西南进入了寨山。

寨山是罗琴山下的一个小村，四面环山，地方虽然隐蔽，但距离敌人驻地较近。村子西南面5千米处是近河圩，那里是乡政府所在地，常驻军队；再往西是程村圩，国民党一五四师四六一团（团长为雷勋）在该圩派驻了一个营；村子东南面10千米处是平冈圩，是平冈防剿区主任关崇机的老巢，驻着一个武装中队。如此处境，本来就危机四伏，加上中共组织及武工队在这里没有群众基础，绝对不可久留。可是，此时天色已明，队伍行踪已暴露，若再往回走也不可行。陈清想到这些，于是通知队员进村，暂且停留，以观动静。

进村前，陈清向队员做了简短的动员：全体武工队队员须将所带真枪放在衣外，随行人员带有假枪的，则一律半藏半露，以假乱真；带有油纸雨伞的，加以伪装后可托在肩上故意示作武器。陈清做如此部署，目的就是虚张声势，迷惑和恐吓敌人，以保证学生军路途的安全。

早上7时左右，队伍在陈清的带领下进入寨山村。村子的甲长名叫关礼，他见游击队到来，装出一副十分热情的样子，一面招呼全体队员进村休息，一面吩咐手下的人烧火做饭。村子里的人听说游击队进村，都围拢过来。他们看见游击队队员人人都带有武器，上下都肃然起敬，有人还指着包得严严实实的油纸雨伞说："还带有机关枪哩！"别人随意看着、说着，甲长则认真记着、想着。

吃过早饭，为便于防卫，队伍并不在村里休息，而是按陈清的要求，全部重新上山，然后再休息。计划是待太阳下山后，再继续赶路。

队员上山后，各人找个地方，倒头便睡。10时左右，哨兵发现远处大路上，有一队敌军正朝村子方向开来，人数为二三十人。原来，这是一支接到狡猾的甲长告密而来的国民党部队，他们正要进村"围剿"陈清率领的学生军。

得到哨兵报告，陈清一边指示哨兵继续监视敌人行踪，一边立即通知队员做好应战的准备。

前来"围剿"的国民党军，因一时尚未弄清情况，没有立即进村，只是将部队开到村子对面的山坡上一字形排开，用机关枪扫射一阵之后，见没有回击，才探头探脑地开进村里。这一幕，陈清所部都密切注视着。

国民党军进村后，因找不到游击队的影子，料想游击队一定是上山了。他们本欲立即上山"围剿"，便四处打听虚实。群众有眉有眼地告诉他们："游击队总共有几十人，个个都带有武器，有长枪和短枪，还有机关枪呢，可厉害啦！"听群众如此一说，国民党军不但锐气大减，甚至还生出几分害怕。

寨山一带，山连着山，林木茂密，花草丛生。人在其中，可见外面一切；人在其外，里面动静难辨。这里不但山道崎岖，而且只有一条道可以上山，真有"一夫当关，万夫莫开"之势，确为一个易守难攻的险要之地。凭此，陈清所率的学生军，个个都岿然不动，严阵以待。

山下的国民党军，听到群众反映，游击队人数与己相当，武器又多，而且是据险死守，虽然口说无畏，内心却十分害怕，哪敢轻易登山。而实际上，山上的武工队仅有三把手枪，学生军皆无枪，与国民党军相比，力量非常悬殊。

国民党军一时弄不清游击队的真正实力，又不死心，故而先是在村边一带山坡搜索，还边搜索边向山上喊道："共军游击队员，你们已被包围了，快出来吧！"接着又不停地朝山上乱放枪。一时间，枪声、哨子声、军号声响成一片。

自壮声威后，国民党军的几个士兵也试图往山上冲，可当他们走近唯一的山道口时，守在那里的陈清一梭子弹打过来，个个都被吓得夺路而逃，急忙退到山下。此后，国民党军除了在山下叫喊外，也不时向山上射击，枪声紧一阵、慢一阵，但再也不敢上山了。

在山下的国民党军与山上的武工队对峙了一整天，早觉十分疲惫，又见太阳下山，夜幕降临，怕出意外，只得收兵回去。

敌人走后，陈清清点了人数，陈元、莫开勇、潘宝莲、李毓英、张丽蓉、陈维娟、关秀英、陈锦才、吴定娟、张泽莲、梁端允、陈希礼、黄永、陈汝皆、叶迟、区德新、潘声锋、陈竹等18名学生军都在队列中，唯独少了徐其藩一人。陈清令众人分头去找徐其藩，但找遍四周也没有找到。经分析，陈清等人认为徐其藩可能已离队归去，便重新集队起程，但仍然选择走山路。因是月初，天上没有月光，方向难辨，武工队少不了又是在山中转来转去。就这样，队伍在山上整整折腾了三天三夜，最后才走出了大山，来到勒竹。

勒竹是游击队的根据地，相对较为安全，于是武工队在此整整休息了一天，入夜时才再向马山前进，第二天到达粤中纵队第二支队司令部。首长见到武工队到来，非常高兴地逐个致以问候；亲切的关怀，温暖着新入伍的每一位战士。

上述这个故事，亲历者和知情人一直都称之为"寨山事件"。这个事件，一直都是他们挥之不去的记忆。

（二）武工队血溅陂头

继"寨山事件"之后，罗琴区内随后还发生了另一个事件——"陂头事件"。

"陂头事件"得从陈清、林进杰、郑道琼组成的罗琴区征粮队讲起。

组成罗琴区征粮队，本来事出有因。当时中共的主力部队靠各武工队维持给养，而武工队筹粮筹款的方法，一是向地主、富农及征偿征粮，二是建立税站收税。之前，八团收税站设在青草渡，不定期向各来往船只收取税款。税站设立后，国民党军政把它视作眼中钉、肉中刺，经常派兵围捕。处在敌人的眼皮底下，机警的武工队队员，已多次化险为夷。可在1949年7月28日（农历七月初二），正当武工队的收税船在河面准备向一艘圩渡收税时，却突遭埋伏在一艘大船上的国民党军警的袭击，于是双方发生激战。激战多时，武工队队员张启光、周道行、陈日欢、胡明水四人终因寡不敌众而全部壮烈牺牲。

武工队青草渡税站遇袭后，该站收税工作一度中止。此后，这一带征粮征款的任务，便全部落到了罗琴区征粮队的肩上。因上级对征粮追得甚紧，为完成任务，不管路途怎样艰险，征粮队照样出发。经过10多天的努力，征粮队先后在银田、程村、近河一带征集了一批粮款，给八团等主力部队提供了较大的支援。

1949年8月25日（农历闰七月初二），陈清又领着郑道琼、林进杰进村征粮，此次去的地方是程村的石潭村。这天，经过努力，征到稻谷8石，折合银圆32元。收队时，已近黄昏，粮款由郑道琼携带，三人离村返回。回到龙窝时，正要在此留宿，突然发现有人跟踪，便临时改变方向，取道陂头河，折返梅寮。

此时，陈清等人的行踪，已为国民党自卫队队长郑木典所掌握。郑木典与武工队队员郑道琼是同乡，此人狡猾刁钻，经进一步分析，他还预判陈清的征粮队必定经过陂头返回，于是便立即带领乡兵10多人前去占领有利地形，并重点将兵力布置在陂头上拦截，一步步陷陈清等人于险境之中。

在农村，农民为引水灌溉，常在小河上筑坝蓄水，所筑之坝农民多称之为"陂头"。郑木典此次要在陂头动武，目的却是要化"陂"为"悲"。

当天晚上，天昏地暗，星月无光，陈清正率领武工队匆匆赶路，来到小河旁陂头处，正要沿陂头过河之际，枪声突然响起，早已守候在那里的乡兵一齐开枪。陈清、林进杰发现有伏兵，连忙开枪还击。就在这时，林进杰不幸中弹。过了一会，枪声停止。陈清连忙走到林进杰身旁，俯身来看，发现其腹部中枪，鲜血直往外冒。陈清连忙转身找郑道琼，却不见人。原来，陂头枪声一响，拉开一定距离的郑道琼便机警地转身回到村里了。陈清心急，本想背起林进杰撤退，但转念一想，在没人掩护的情况下，背着伤员撤退，可能两人都不安全。于是，他马上改变主意，先是只身回村找人，再图抢救林进杰。

当陈清在村子里找了几个可靠的农民，抬着床板，来到陂头时，已是深夜。他们走到林进杰身边查看时，方知林进杰已光荣牺牲。林进杰牺牲时，年仅17岁。

1949年9月初，八团团部在罗琴山大垌头村为林进杰召开追悼会，出席追悼会的有上级领导和武工队队员100多人。大会追认林进杰为中国共产党党员，并号召全体同志向英雄学习，奋勇杀敌。

四、创立根据地　拓展农村武装斗争

（一）梅寮游击根据地的建立和武装斗争

为建立罗琴地区游击根据地，罗充最先来到梅寮。

梅寮地处南海边，与近河伪乡政府相隔约4千米。村子北面紧靠罗琴山，西、南两面都是大海，东面是树木茂密的沙岭和北苏岭，地方隐蔽，加上有良好的群众基础，适合开展游击战争。1948年初，漠南独立大队就曾在这里开展革命活动。当时，赵荣率领漠南独立大队一连二排，分别以梅寮和骑鳌两村为据点，组织带领群众，攻克了近河乡公所，缴获枪支10多支、粮食80余担。这次，罗琴区工委要建立游击根据地，首选的地方也是梅寮。

罗充、陈清等来到梅寮，住在曾纪章家。曾纪章在群众中享有较高的威信，罗琴区工委成立后在梅寮建立了交通站，就由他任梅寮交通站站长，曾纪方任交通员。

梅寮村设有武馆，曾元鼎任武术师傅。农闲时，村里人在曾元鼎的指导下练习武艺，十分活跃。罗充结识曾元鼎后，经他引荐，又认识了大垌头的张六记，并拓展大垌头为游击根据地。

（二）大垌头游击根据地的建立和武装斗争

白沙大垌头村是罗琴山下的一个小山村，地处罗琴山区中部，地方隐蔽，当地人常称之为"大垌头"，现属江城区白沙镇石河村委会。张六记是大垌头村的一位佃耕富农。在罗琴山一带，张六记的名声较大，交际较广，影响较深。张六记曾参加土匪组织，与国民党素来不合。

张六记在大垌头有一处田庄，田庄里放养着大批的母鹅、母鸭。他雇来多名工人，耕种田地，饲养牲畜。1948年4月下旬，罗充等请曾元鼎当向导，先经过华陈村并逗留了两天，第三天才到达大垌头。

罗充等的来到，受到了张六记的热情接待。在相处的日子里，张六记在罗充等人的教育启发下，思想认识有了很大提高，并向罗充表示，全力支持区武工队的工作，大力提供物质帮助。此后，每逢武工队进村，食宿都由张六记安排，大垌头也成了罗琴区工委的大本营，多个重大会议都在此召开。因这层关系，1949年下半年海防大队起义，部队在莫如正的带领下前往八团驻地，行军到达的第一站便是大垌头。

武工队在大垌头一久，张六记转而又介绍一向听自己指挥的石河保保长黄居积给武工队认识。从此，石河保公所的小楼成了武工队活动的新据点，武工队的来往活动都得到了黄居积的保护。

（三）骑鳌游击根据地的建立和武装斗争

骑鳌是一个四面被海水包围的村庄，与梅寮隔水相望。1948年，漠南独立大队在该村开展活动，赵荣为攻克近河乡政府，便是以该村和梅寮村为据点，来组织群众和进行各方面准备工作的。

以前的中共武装组织已在骑鳌打下牢固的群众基础，加上这次的武工队队员郑道琼与近河乡第八保的干事谭昌惠（骑鳌村人）又是表兄弟，这对在此开展各项活动很有利。武工队进入该村后，果然事事都好办：首先，连该村的伪保长谭显程及4位甲长、10多名巡逻队队员，个个都听从武工队的指挥；其次，村中群众曾多次帮助武工队队员转移。每当国民党军警进村搜捕时，群众便用小船载上武工队队员渡海，运抵对岸，然后登上黄草岭。

在当地群众的帮助下，武工队一度在骑鳌设立了流动收税站联络点。税站站长张启光、副站长陈励及全体收税站人员，经常在该村活动，积极收税，努力为主力部队提供一定的经济援助。

（四）琅㻛游击根据地的建立和武装斗争

埠场琅㻛村住着百余户人家，村前隔着一片开阔地便是大海边，村后是古树森森、荆棘丛生的琅㻛山。村子距埠场圩一二里路，中间仅隔着一个小田垌。埠场乡公所就设在圩上，所里常驻武装部队，戒备森严。经过罗琴区工委努力做工作，琅㻛成了武工队的一个坚固的游击根据地。罗琴武工队队员梁冠文本是琅㻛村人，他的家更成了武工队活动的主要据点。1949年4月间，罗充、陈清等在梅寮、骑鳌活动一段时间以后，将郑道琼留在当地活动，其余的人于5月上旬转往琅琊。

出发那天，罗充等人趁夜乘船离开梅寮。小船乘风破浪，穿越九姜河，在九姜登岸。登岸后，众人连夜赶路。进入平冈时，他们绕过关崇机防剿区布设的岗哨，在天亮以前抵达了目的地。

罗充到达琅琊之前，便与中共江城区委联系上；到达琅琊后，便来到与琅琊相邻的雁村黄徽拔家中，与中共江城区委委员许荣坤会面。一连两天，双方互通情报，联系工作。此前，罗琴区工委与中共江城区委在组织上没有直接联系。罗充与许荣坤见面，讨论过雁村、琅琊的情况，而后双方决定：由黄徽拔任江城与罗琴两地的单线联系人。

琅琊村群众一向支持共产党的革命斗争。1946年，黄徽拔在中共江城区委何明的直接领导下，曾在该村组织农民运动，开展反“三征”斗争，成立了解放军之友社，都得到了群众的支持。1949年7月的一天深夜，梁强从武工队回来，当晚住在梁冠文家。次日天刚亮，平冈防剿区的一队便衣人员突然闯进村子，群众见了，连忙将熟睡的梁强唤醒，带他到后山躲避。是年秋天，两中学生钟惠珍、利孟珍，县中学生何志芳、叶遇霖，在秘工组吴天行的带领下，离开学校来到游击区参加武工队的斗争。出发时，一行几人在石觉头乘船，途经阮朗阮葆平家暂作歇息再转琅琊村。进村后，按照与农民同吃同住同劳动的要求，梁冠文将钟惠珍、利孟珍、何志芳安排住在许爱贞家中，相处日久，她们之间的情谊越来越深。许爱贞丈夫早死，她独自带着一个7岁的儿子过活。许爱贞把钟惠珍认作三妹，对其他几个人以姐妹看待。钟惠珍等人渐渐跟村里的群众打成了一片，群众则教会了她们入乡随俗，照着农村妇女戴耳环、梳头髻、戴草帽，身穿农村妇女服装，对外掩人耳目，以防受人关注，引来不测。当然，这都是出自一片好心。许爱贞与罗琴区工委钟勋从发展革命情谊开始，后来结成了夫妇。

群众原来的担心，确实不无道理。国民党当局很快便得到城里"学生妹"进村活动的消息，并由平冈防剿区主任关崇机率领乡兵200多人进村搜捕。关崇机逼着保长梁国英引路，硬要梁国英交人，而梁国英则带着他们在村中瞎转，拖延时间。乡兵见一无所获，挥动枪杆向梁国英砸去，但梁国英仍然不肯交人。关崇机没法，只得下令搜山。此时，村里人纷纷出来劝阻，年迈的百均婆对关崇机等人说："三位江城大姐是来帮亲戚过六月（收割早造稻谷的月份）的，割完禾后，早已返城去了！"乡兵仍然不肯罢休，拉起队伍便进后山搜查。

看管后山的是梁天安，他一向支持革命，支持武工队的工作。当他看见乡兵进山来，只好装模作样，带着乡兵在山林里瞎转，最后，将敌人哄走。

其实此前，梁天安就曾多次帮助武工队队员脱险。一次，平冈防剿区得到武工队队员在琅琊村里活动的消息后，调动军队前来包围。村里的武工队队员闻讯，立即向别村转移。而此时罗琴区工委副书记陈清正患病，双腿不能走动，情况十分危急。当梁天安得知此事后，立刻背起陈清，转移到较为安全的洛园村隐蔽。此次国民党军队的"围剿"十分凶狠，武工队人员几度转移，首先转移至埠场，敌人追到埠场；再次转移至渡头，敌人又追到渡头；后来再转移到阮屋朗，才摆脱了敌人的跟踪。

梁天安看管的琅琊村后山，1949年秋后，罗琴区的新民主主义青年团也看中了其幽静和安全，在这里举行了隆重的新团员入团宣誓仪式。

（五）塘地园游击根据地的建立和武装斗争

埠场塘地园村是武工队活动的又一个据点。1946年，黄徽拔曾在该村进行革命活动，组织成立解放军之友社。1949年5月，罗充、陈清、钟勋与武工队队员梁强、林进杰、郑道琼来到塘地园，住在林喜建家。这期间，罗充等人在该村和附近村庄发展了一批武工队队员，包括塘地园的林喜高（林正）和林喜建（林喜建当时是阳江县《正谊日报》的记者），琅瑗村的梁冠文、梁达文，那贡村的林淑贤、吴定娟，阮朗新村的阮葆健、阮葆烈、阮二，丹龙村的林举秀、林举溢。

武工队队员林进杰是塘地园村人，他的叔父林喜泉一向支持武工队的活动。林喜泉的公开身份是国民党自卫集训队的中队长。林喜泉在埠场也有家，罗充等人到埠场，常住在林喜泉家中。林喜泉任交通员，他在工作上给予武工队大力支持。武工队进村后，他提供食宿，累计供给武工队大米约1 000余斤、银圆450元、金耳环两对、食品一批，还多次将枪支供武工队使用。林喜泉还积极掩护武工队的革命斗争。1949年8月的一天上午，罗充在埠场林喜泉家召开武工斗争会议，参加人员有钟勋、阮葆平、阮葆健、叶遇霖、钟惠珍、林举溢、林淑贤、吴定娟和林喜泉。会议正在进行时，平冈进剿区派遣一队人马，突然闯进村来。原来这天武工队进村的消息已由伪保长林善仕密告了关崇机，于是关崇机便派中队长关崇茂率领五六十人进村围捕。罗充接到报告后，马上部署与会人员分头转移。罗充、钟勋、阮葆平、阮葆健、叶遇霖和钟惠珍等人在林喜泉的带领下，从后门撤离，登上预先守候在河边的小船。林喜泉家后门靠着大河，每次开会，林喜泉都指定长工刘二喜放船在河边守候。此次，刘二喜将罗充等人送到阮朗新村，其他人员也分别安全转移，关崇茂所率乡兵进村，只扑了个空。

事情本可告一段落，可是关崇茂不甘心空手而归，于是当天晚上率大队人马杀了个回马枪，将整个村子团团围住，接着抄了林喜泉的家，搜出长短枪一支，抢走衣物、三鸟银币一大批，还逮捕了林举溢、林举光和刘二喜。正在这个时候，林举添闻风赶到。林举添，丹龙村人，他的家是武工队活动的据点。林举添曾为武工队筹集长枪11支、银圆150元、稻谷千余斤。林举添到场，当即与关崇茂理论，经乡长黄世聪当场调解，被捉的人全部释放。此时伪保长林善仕在关崇茂的耳旁嘀咕了一阵，关崇茂便下令重新拘捕刘二喜，并将他投进阳江县政府监狱。

在狱中，刘二喜受尽折磨，但始终保守党的秘密。当局没法，只得将他长期监禁。直到阳江解放时，刘二喜才从监狱里出来。

（六）阮西新村游击根据地的建立和武装斗争

靠近阳江县城的阮西新村是罗琴区工委的另一个据点。1949年4月，罗充由梁强介绍，认识了阮西新村的阮葆平。阮葆平向罗充汇报了一年来的活动情况，并带罗充到阮西新村调研。由于此地较为隐蔽，很快便被罗琴区工委定为武工队活动的据点。

阮西新村与新寨、上寨紧紧相连。这三个自然村里，阮西新村面积最小，仅5户人家。村子三面环水，四面建有围墙，村边种着大榕树，河边长着连片的竹林，榕树与竹林把整个村子围得严严实实。村子只留一个出口，易守难攻。

阮西新村是"南国诗人"阮退之的家乡。阮退之大革命时参加了中国共产党，曾任国民党中央青年部代总干事、两阳特派员等职。1928年中共阳江县委改选，阮退之、冯军被选为技术干事，冯军多次来到阮西新村开展革命活动。阮退之的儿子阮葆平、阮葆烈也投身革命。阮葆平1943年在连县省文理学院附中读书时，曾参加中国共产党，后因与联系人失散，与组织中断了关系。1948年，阮葆平回到家乡，在群众中开展革命宣传；1949年5月，由梁强介绍参加罗琴区工委武工队。此期间，阮葆平在阮西新村一带先后发展了阮葆健、阮葆烈、阮仁、阮还、林竹、梁方、梁之仁、何滚、何服、大黄、小黄等参加武工队。他还谋划组织人力夺取南埠机动运输船上的枪支弹药。为此，他利用与船主相识之便，多次登上该船察探，暗中了解到，南埠机动大货船往返于阳江、台山两地，为防范海盗抢劫，船上配备了重型机枪1台、其他机枪2挺、步枪10余支、子弹一大批。他明白这都是游击队急需的，于是便将劫船夺枪的计划向罗充提了出来。而罗充等人经研究，认为撤退路线不安全，执行起来难度极大，故而没有接纳和付诸实施。

但是，罗充却采纳了另一条建议：那就是促使阮西新村、新寨、上寨三个自然村联合组织成立农民自卫队，统一进行巡查放哨。这三个村，有自卫队队员30多人，配备了"七九"步枪6支、驳壳枪1支。为防敌人偷袭，自卫队在上寨村口搭建了一个寮子，用作哨所，并挑选了10名队员，日夜站岗放哨，进一步巩固了这个根据地。

在建设根据地方面，阮西新村则是三个村中所起作用最大的一个村。这个村子以往给游击队提供了大量的物质援助。曾进过该村活动的游击队队员达1 000人次以上，食宿几乎都由村中群众供给，共计供给粮食2 000多斤。除罗琴区有关人员在此活动外，江城区委送去部队的人员，也曾在该村参加学习班，后由罗琴区工委送往八团。由此可知，阮西新村这个游击根据地对革命的贡献是比较大的。

（七）良朝游击根据地的建立和武装斗争

良朝有多个自然村，参加革命的人不少，倾向于革命的群众也较多。大革命期间，国民党驻阳江特派员梁济亨、阳江县农军队队长兼良朝分队队长梁泮亨、平冈区农运负责人梁洸亨等人，曾在良朝组织农会，建立农军武装队伍，进行武装斗争。

1927年4月,蒋介石发动"四一二反革命政变"时,阳江县县长陆嗣曾、驻军营长梁开晟、县警察局局长梁鹤云等奉命"进行清党",镇压革命力量,先后逮捕了中共阳江党支部书记敖昌骙等中共党员、共青团员、进步人士共三四十人,良朝的梁济亨、梁泮亨、梁洸亨三人也同时被捕入狱。同年5月3日,梁济亨等三人与敖昌骙、谭作舟等一起被解往广州,囚于南石头监狱。1928年9月5日被国民党杀害于广州。

抗日战争时期,共产党员梁之谋回到良朝,在村里组织抗日救亡活动,其后,梁文娟也在良朝开展革命斗争。1944年10月,梁之谋调往珠江三角洲参加游击战争,任中山人民抗日义勇大队副小队长,当年在中山县斗门黄杨山与日军战斗时,英勇牺牲。

1946年,中共江城区委书记何明,中共党员周文奏、左大年三人来到良朝桐山小学任教师。工作期间,三人在村里举办"扫盲班",向群众传播文化知识的同时,宣传革命道理。桐山小学也是罗充等经常活动的地方,在罗充等的启发教育下,校长梁维秀也积极支持武工队的斗争。

1949年夏天,罗充、陈清、钟勋、梁强来到良朝,开展武装斗争。罗充等进入良朝时,住长工梁福仔家。经过几个月的努力,区工委在朝东、良村、朝良、那麦等自然村,先后发展了武工队队员20多人。

梁福仔,良朝朝东村人,任交通员,负责联系白沙、石河、埠场等地。在良朝,还有梁强、梁锡汉两家也是武工队的落脚点,武工队的住宿,全由梁锡汉负责安排。

武工队进入良朝村后,组织起巡逻队,队长由大革命时期良朝农会会长梁国相的儿子梁胜周担任。巡逻队成员有20多人,拥有长短枪10多支。巡逻队是游击队直接领导下的一支农民队伍,平时维持治安、保护农作物,有情况时配合武工队的行动。

武工队在做好农民工作的同时，还对一些伪职人员开展策反工作。原国民党五区区长梁国栋，是良朝朝东人，因被国民党解职，常怀恨在心，经武工队做工作，转而支持武工队，为掩护区工委人员出过力。1949年7月"寨山事件"后，国民党反动势力一度异常嚣张。在这段时间里，罗充等几位区工委成员转移来到良朝，不但住进了梁国栋家中，还得到了他的保护。

五、分化并争取　培育基层两面政权

罗琴区工委成立后，根据上级指示精神，结合当地的具体情况与认真总结"撤出龙高山根据地"的经验教训，决定采取新的斗争方式，开展新一轮的游击战争。未来的新式斗争，就是通过分化和争取，在各地农村建立起表面应付国民党，实则支持共产党的乡、保、甲两面政权。所要建立的两面政权，既要对中共基层组织及其游击队的斗争起到积极的保护作用，又要在经济上给予中共基层组织及其游击队积极支持。

这一时期，罗琴区工委建立的两面政权主要有：

（一）埠五乡两面政权

平冈区埠五乡乡长黄世聪，埠场那栋村人。黄世聪与地下党员黄徽拔和武工队队员梁冠文、林喜添、林喜建等都是同学，一向交往十分密切。后经黄徽拔等人的多次启发教育，黄世聪的思想认识转变很大。任职期间，他积极为武工队办事，曾安排武工队队员敖尧昌出任乡政府文书。1949年8月，当武工队镇压反动保长林善仕时，黄世聪、敖尧昌两人，给予积极配合，使此次行动得以顺利进行。

埠五乡下辖三个保，第一保保长由地下党员黄徽拔担任。黄徽拔在江城区委的直接领导下，在雁村等地积极宣传革命，组织农民运动，带领农民开展反"三征"的斗争。第二保保长梁国

173

英，经党组织教育，积极支持革命，1949年8月参加了中国新民主主义青年团。梁国英任保长期间，多次向武工队通风报信，多次帮助区工委领导干部、武工队队员转移，避开了国民党军警的搜捕。梁国英为了不让武工队队员被国民党军警拘捕，宁愿挨打受罚，也不出卖武工队。

（二）冈三乡两面政权

平冈区冈三乡乡长梁宜杰，朝东村人，他与地下党员梁强同宗。该乡辖下的朝东保保长梁维国，是梁强的伯父。梁宜杰与梁维国两人经梁强多次动员教育，渐渐倾向革命，支持武工队开展斗争，积极为武工队办事。在他们任职期间，良朝村成了罗琴区工委与武工队的重要据点。

1949年7月，"寨山事件"发生后，国民党军警搜捕活动更加频繁。由于叛徒出卖，关崇机调动国民党军警到琅琊等村逐家逐户搜查。形势一度十分严峻。在此期间，罗琴区工委书记罗充和武工队队员阮葆平、阮葆健等天天被查，藏身十分不易，最后受到"最危险的地方最安全"这句话的启发，转移到良朝，由保长安排住到了伪五区区长梁国栋家中。

原来，罗琴区工委在良朝的群众基础最为牢固。一直以来，凡是区工委的党员干部进入该地区开展活动，群众都能为之保密并加以保护，从未受到过国民党军警的袭扰。

（三）阮西新村保两面政权

阮西新村、新寨和上寨，均属于城西乡。新村保保长阮宠伟、副保长阮辅荣都是阮葆平的亲属。经武工队的宣传教育，他们不但支持武工队的革命斗争，还常为武工队办事。因他们的带动，该保辖下的10位正副甲长，都听从武工队的指挥。每当国民党军警进村搜捕，便立即给武工队通风报信，帮助武工队转移。

阮西新村保的保长和甲长，还积极为武工队筹款筹粮，甚至提供武器。甲长阮宠连曾借给武工队驳壳枪一支，阮宠桥借出左轮枪一支和子弹10发。保长阮宠伟还安排武工队队员阮葆健担任保公所的财粮干事，表达了对武工队的亲近和信任。

实际上，罗琴区的两面政权还不止这些，这里就不一一列出。两面政权的建立，是罗琴区工委在总结龙高山战斗经验教训的基础上，广泛开展统战工作的结晶。这些两面政权，反映了罗琴区统战工作的成功，体现了罗琴地区统一战线已初步形成。可以肯定地说，罗琴区工委领导下的游击活动和革命斗争，正是由于得到了两面政权的配合，才减少了损失。所以，人们不会忘记其一定的正面作用。

六、惩处顽固保长　威慑地方反动势力

1949年，阳江县恢复区、乡建制，仅罗琴地域内，设立了国民党东南、平冈、岗三、埠场、近河、白沙等6个乡98个保，正副保长超过百人。由于武工队影响日益扩大，宣传教育得到加强，大多数保长都不敢与武工队作对，其中不少人还给武工队提供帮助。但是，丹龙保长林喜仕却极其反动，一心要做武工队的死对头。

林喜仕担任丹龙保长后，极力巴结平冈防剿区主任关崇机，对革命组织和武工队的仇视有增无减。林喜仕敢如此顽固不化，根源就在于他有恃无恐。因为他相信，关崇机手下有武装人员百余人，足可当其保护伞，便不怕武工队。1949年1月起，林喜仕多次探得武工队进村的消息，每次都向平冈防剿区告密，还亲手抓了武工队家属四人。像这样怙恶不悛的顽固保长，在别处并不多见。罗琴区的党员干部由此越来越清楚，林喜仕手上沾满了人民的鲜血，罪大恶极，若不除掉，难平民愤。为此，区工委决定，择时派人处决林喜仕。根据这个决定，武工队选择在1949年

7月的一个埠场圩日，在埠场圩内对林喜仕执行了枪决。

惩处林喜仕的同时，还有龙潭村的两位反动保长，也被区工委确定为惩处对象。这两位保长属思想反动、阳奉阴违一类的人，常暗中带领国民党军警进村搜捕革命者和武工队队员。惩处这两个反动保长的计划，由陈清带队执行。行动开始后，武工队正要在山间小道执行伏击任务，可惜枪弹卡膛，让两位反动保长暂时逃脱；过后不久，武工队直接拘捕了两人，并交与八团处置。

多名反动伪保长被惩处的消息，很快便传遍了罗琴区乃至阳江县，极大地震慑了反动势力，鼓舞了武工队和革命群众，伸张了正气和正义，大长了人民的威风，振奋了革命人民的精神，推动了罗琴区武装斗争的进一步发展。此后，罗琴区的所有乡、保（村），基本上为中共组织及武工队所控制。

广泛动员　党群同心加紧备战

一、层层召开会议　紧急部署工作

1949年7月，江城的党组织不断壮大，地方党员已由1945年的5人发展到63人，他们已成了组织开展革命斗争的中坚力量。

1949年8月上旬，中共粤中临时区委贯彻执行中共华南分局《加紧准备迎接南下大军的工作指示》，在阳春合水召开第一次执委会议，会议通过了《坚决执行中共中央七届二中全会决议，实行人民民主专政，配合南下大军，为彻底解放全粤中而斗争的决议》，具体部署配合南下大军解放全粤中的各项工作。该月中旬，中共广阳地委在恩平县清湾圩召开扩大会议，大会由郑锦波主持，下达了《坚决执行临时区委第一次执委会议决议，为彻底解放全广阳而斗争的决定》。会后，郑锦波到两阳检查和具体部署两县及六团、八团迎接大军南下的工作，他强调必须加紧烧毁阳江境内广湛公路的桥梁，阻敌南逃，配合大军全面歼敌。该月下旬，中共阳江县委在地豆岗召开迎解放工作会议，为期三天，由县委书记赵荣传达广阳地委扩大会议的精神，部署迎接解放、接管城市等工作。各地区委以上领导干部参加了会议。由于交通员在路上耽误了一些时间，中共江城区委书记何明来到地豆岗时，会议已经结束。后赵荣在塘口马山与何明单独开会，传达会议精神并听取了江城区委的工作汇报。

1949年9月中旬，何明主持召开了中共江城区委扩大会议，传达并贯彻了上级指示精神，部署迎接解放、接管城市等工作。会议在县城麦屋巷曾传荣家召开。出席会议的有许荣坤、曾传荣及党员骨干陈佩瑜、李子云、蓝志雄、冯世良、黄徽拔、陈向兰、徐学旋、谭丽冰等10多人。

会议认真讨论了上级关于"待解放城市和地下党组织，全力组织工人、学生、市民，保护工厂、学校和一切市政设施，协助入城部队，做好接管工作"的指示；组织学习了《论人民民主专政》等文件。会议研究决定，部署了四项工作：

（1）立即行动起来，组织发动全面宣传攻势。

（2）对国民党阳江县党、政、军和工、商、学等机关、团体的主要人员情况，进行一次全面的调查。

（3）组织人力，发动群众，做好护厂、护校、保护地方安全工作。

（4）培训干部，准备接管。

区委扩大会议的召开，拉开了"迎接解放，做好城市接管工作"的序幕。

二、发展团员三批　再添新生力量

中共江城区委在1949年8月召开的一次会议上，提出了关于建立中国新民主主义青年团组织的问题，并对有关事项做了部署。

在党组织的部署和推动下，各校读书会积极组织开展各种进步活动，使一大批积极分子从中涌现出来，为建立中国新民主主义青年团组织，打下了坚实的基础。这个青年团组织，既是一支生力军，也是中共组织的得力助手。

条件已经具备，江城区在数月内，发展了三批团员。

——发展第一批团员，是在中国新民主主义青年团第一次全国代表大会召开（1949年4月11日—18日）至中华人民共和国成立前这段时间完成。这次发展的团员，基本上是流萤社与各个读书会的骨干分子，人数不多，参团手续也不完善。当时申请人只写了一份个人简历，交组织审查，再由负责培养的党员作为介绍人即可。

——发展第二批团员，是在中华人民共和国成立后至阳江县解放前这段时间完成。1949年10月14日广州解放，国民党军队即向西南逃窜，主力于10月22日抵达阳江县城。为了安置军队，县中宣布放假。一批学生被迫离校，却不离城，仍聚集在北门街林家。中共党员李子云就在这批学生中发展了第二批新民主主义青年团团员。此次发展的团员，都是历次斗争中的积极分子，比起第一批来，人数略有增加。同时，李焕华按照曾传荣的布置，也在两中的学生中发展了一批青年团员。

——发展第三批团员，是在解放阳江、开展迎军支前工作中进行。1949年10月24日，阳江解放。同一天，在区委的组织指挥下，各校学生300多人，进入各临时医院护理伤病员，各地的支前工作也同时进行。在工作中，涌现出的积极分子，成为数月来被发展的第三批青年团团员。

三、宣传侦察结合 文攻武备并行

中共江城区委扩大会议后，县城迎接解放的工作全面展开。1949年9月下旬，区委印制了《中国人民解放军布告》《向全国进军的命令》《约法三章》和《阳江县人民民主政府命令》等，四处散发，发动新一轮政治攻势。

10月1日，中共华南分局发表了《告广东人民书》。同一天，南下大军向广州进发。10月2日，广东战役正式打响。

解放军进入广东前后，国民党军队便加强备战，做着负隅顽抗的准备。在阳江县，国民党当局也在县政府内修筑了防御工事。为探明敌情，10月上旬，中共江城区委书记何明在陈华的陪同下，进入县政府内，对各项防御设施做了细致的登记。在此期间，区委还派人进入驻有国民党军队的双恩盐场和一区防剿区等处进行侦察，后将所得资料绘成《县城设防地形图》再连同陈华4月份送来的《城区地图》一齐送交解放军部队，作为攻城的参考。

四、饬令旧政职员　保证完整交接

1949年10月14日，广州解放。广州一解放，中国人民解放军（当时简称为"大军"）立即追击西逃的国民党军队。22日，大军到达广阳地区，恩平、阳春接连解放。

国民党阳江县县长甘清池见大势已去，准备以西巡为借口，离开阳江。22日，他留信给陈华，由陈代理县务。陈华将此事向何明汇报，然后两人共同研究，决定在甘清池走后，立即张贴布告，昭示安民，饬令各机关、团体、学校公职人员，不得擅离职守，而要坚守岗位，保护好公共财物、公文档案，听候接管。同时，中共江城区委也对各支部布置了任务，由陈华安排县政府工作。陈华遂向民政科科长梁广和提出具体的工作要求，梁表示积极配合。其时，阳江县公安局局长已离去，故布置彭德礼联系总务科科长曾纪刚，做好公安局在职人员的思想工作。其他各条战线的陈萼、许国尧、陈佩瑜、周炽钏、李耀东等人，也各司其职，分别担负各自的工作任务。

10月23日，甘清池带着阳江县政府保警一百多人，正式逃离阳江，陈华开始代行县务。当天，陈华在胞兄陈萼的陪同下，专门来到了陈元泳家。

自1949年2月阳江县人民民主政府成立时开始，陈元泳多次收到中共江城区委寄来的传单和信件，他本人也觉察到共产党必然胜利，国民党行将下台。一段时间来，他见到不少人逃往香港、澳门，自己也产生了离去之念，只是总拿不定主意。陈氏兄弟的来到，他十分欢喜。陈华会见陈元泳，为的是利用他开展阳江上层人士的统战工作，保证县城的顺利接管。陈华向陈元泳交代了中国共产党的政策，邀请他做好阳江上层人物的思想教育工作，保护县城，迎接解放。陈元泳见陈华态度真诚，也表示赞同，并向陈华提出会见粤中纵队第二支队司令员郑锦波、副司令员杨子江的请求。陈华答应转达陈元泳的请求，并促成郑、杨两位领导接见了他。后陈元泳在迎接阳江解放、维持社会治安和政权交接工作中，给予了较好配合，做了一些有益的工作。

第六节 军民合力 阳江围歼四万逃敌

一、制造障碍 阻止敌人逃窜

广湛公路是国民党军队从广州逃往海南、广西的交通要道，其中的阳江路段更是通道的咽喉。为阻敌西窜南逃，最直接的方法就是破路毁桥。为此，粤中临时区党委委员、粤中纵队第二支队司令员兼政委郑锦波迅速做出具体指示，中共阳江县委、八团党委随后则做了动员和部署，命令各区委、武工队在近期内烧毁本区域范围的主要公路桥梁及重要交通设施。

在罗琴、江城，两区的武工队坚决执行上级指示，分别行动，将程村至白沙的几座主要桥梁烧毁，破坏多个涵洞。武工队还在路面上挖坑，人为设置障碍，阻止敌军车辆通过。

广湛公路江城城郊麻布演路段，为漠阳江下游宽阔河段所隔，成了国民党军西逃的自然障碍。为加快撤军的步伐，10月中旬，国民党广东省政府下令阳江县政府立即修筑漠阳江浮桥。该通知正好落到陈华手中，陈华故意将通知搁置，以拖延时间阻滞南逃之国民党军。在国民党县政府着手架桥期间，中共江城区委则布置工人支部组织工人怠工，于是打铁工人迟迟不将铁钉等架桥材料交付使用。在汽车站工作的共产党员廖绍琏，又将停留在阳江、电白等地的6辆汽车上的重要部件拆下，连同站里的8桶汽油一并转移收藏。因此，此浮桥建设速度极慢。而由于桥梁迟迟不通,国民党军大批溃逃的车辆、马匹、火炮、辎重等都滞留在阳江县城和城郊。

二、分头行动 稳定城乡局势

1949年10月23日,中国人民解放军各路部队陆续抵达县城外围,国民党军十分紧张,群众也惶恐不安。城内已无往日热闹气氛,商店老板担心国民党士兵哄抢物资,关紧店门,各条巷道口都上好了"弄子"(木栅栏)。民宅也大门紧闭,人们都躲在家中。大街上只有少数赶路的人,以及一队队国民党士兵在来回走动。大街小巷连日挤满了国民党士兵,一派战前混乱的景象。

中共江城区委为稳定局势,在甘清池离开后,便在县城各显眼处张贴国民党县政府的布告:"县长甘清池出巡西区,县务由县政府助理秘书陈华代理。"张贴布告的同时,陈华走上街头,逐家发动商店老板开门营业,又来到一些民宅,安抚民心。

其他的中共党员,也分头开展迎接解放工作。按中共江城区委的统一部署,傅嘉喜、冯世良、吴鸿新、陈勋励、梁宏桂到同丰、永丰、大昌等米机厂、电厂动员广大工人,做好厂房、公物的保卫工作,保证电力、大米等的正常供应;吴鸿新、冯光培负责西岸桥、下濑桥、上濑桥、滘仔桥的保卫工作,不让敌人破坏;陈佩瑜、庞瑞芳、许建莲等人,分别到上濑、下濑搬运工人家中,发动他们在解放军进城时,积极做好支前工作,工人陈松姆、关细姆、郑五叔等都表示积极参加。党组织还派庞瑞芳负责阳江县妇女会的思想工作,派许建莲负责发动任国民党粮食集中仓主任的舅父吴荣谋坚守岗位,保护粮仓,保证解放军到来后的军粮供应。

10月24日10时左右,在隐约的炮声中,李子云、徐学璇、谭丽冰、林恩葆、李宗毓、李宗骥等一班县中的学生聚在北门街林恩葆家，按《华商报》登载的中华人民共和国国旗的样本制成了五星红旗。此刻，在县立中学里，一些擅长书画的老师正动手书写迎接解放的标语。梁泽钦老师也来到林家，与学生一起写标语。此外，何劲、何向群、林乐、林明光、李焕华、徐学斌、刘昌达则分别到卜巷街、盐场衙等处，做着上街游行的准备。

这时，曾传荣也按何明的部署，到傅嘉喜处联系工作。离开傅嘉喜家后，曾传荣顺路来大街打听消息。当他走到罳山路段时，正好碰见阳江县商会常务理事刘经湖。两人是旧识，交谈中，曾传荣得知当天中午国民党阳江县上层人物将集中于商会大楼开会。曾传荣立即将此情况当面汇报给何明，并共同研究决定，由曾传荣前往参加。

阳江县商会设在太傅路国民党县城镇政府二楼。当天12时左右，会议正式开始，参加会议的有：地方绅士陈元泳、陈章衮，国民党一区防剿区主任、阳江县商会理事长廖永年，国民党阳江县江城镇镇长莫嘉毓，县商会常务理事刘经湖，还有国民党退伍军官、社会名流等一批，计有二三十人之多。会场气氛凝重，与会者忧心忡忡，坐立不安。会议开始后，陈元泳向在座的人讲述了自己的观点，他的发言合情合理，对与会者起到一定的安抚作用。

会议进行中，曾传荣进入会场。曾传荣的突然出现，与会人员有点诧异，尽管对"曾传荣是共产党的人"一说早有耳闻。曾传荣按中共江城区委的部署，在会上做了发言。他说明了是受中国人民解放军粤中纵队第二支队第八团的派遣，前来与众人联系，共同商议迎接解放军进城事宜。接着，他便将带来的宣传资料分发给众人，而后又提出两点要求，希望众人共同遵守：一是在解放军进城前，防剿区全体士兵要维护好社会治安，各工商业主，要协同各工厂、商店工人，保护好米机厂、电厂、商店，并照常营业；二是解放大军进城以后，商会要保证大军生活所需品的供应，全体人员通力合作，支援前线。众人听后，神色各异，有的表示赞同，有的低头不语，但最终都表示遵守。

10月25日清晨，太阳刚刚升起，阳江城的一切都井然有序：在东门车站里，中国人民解放军第四兵团作为胜利之师，虽个个满身汗水、泥灰，疲惫不堪，但仍枕戈待旦；政工人员因要贴墙报、搞宣传，个个尚在不知疲倦地满街跑动；住在林家大院的一班学生，高擎着早一天赶制好的三面五星红旗，来到介龄小学，随后在操场上高唱中华人民共和国的国歌，升起鲜红的五星红旗。同时，何业强、梁一零、梁泽钦亦将连夜印好的国歌——《义勇军进行曲》带来散发。接着，他们又在学校搬出大洋鼓，扛着两面国旗，来到南恩路、太傅路、河堤路游行，高唱着《解放区的天》《你是灯塔》等歌曲，高喊着"共产党万岁！""中华人民共和国万岁！""中国人民解放军万岁！"等口号，表示对阳江解放的庆祝。队伍行进过程中，沿街吸引学生、群众无数，他们纷纷主动加入到游行的行列中。时任广阳地委书记、粤中纵队第二支队司令员兼政委的郑锦波，在其回忆录中这样写道："我率第二支队进入阳江城后，各界群众喜气洋洋，奔走相告，纷纷拥向街头，夹道欢迎，欢呼雀跃，热烈庆祝各地的解放，衷心感谢南下大军和粤中纵队为粤中、广阳的全面解放做出的重大贡献。"[1]

由于党组织的宣传工作做到了位，又宣布了约法和要求，所以整个江城的社会秩序基本保持稳定。在解放大军进入县城时，各项迎军工作有序进行，商店基本照常营业，碾米厂、电厂工人照常上班，人民生活用品照常供应，大军所需物资得到优先解

---

[1]　郑锦波：《一个老兵的自述与思考》，花城出版社2001年版，第239页。

决，乡村里也秩序井然。

三、当好后勤　各界合力支前

1949年10月25日凌晨，在中国人民解放军南下大军分路合击、围歼堵截之下，国民党第二十一兵团刘安琪部队已被团团包围在阳江县白沙至平冈之间长约10千米、宽5千米的狭长地带。

天亮以后，中国人民解放军粤中纵队司令部、第二支队司令部相继率领部队进城。粤中纵队司令员吴有恒一到，立即向中共阳江县委下达支前任务，指示各区委马上派人找粮食、柴草等供给大军，并令恩阳台独立大队组织人力尽快修复漠阳江鱿鱼头渡口浮桥。

支前工作十万火急，但支前司令部尚未组织成立，支前工作尚由南下大军军一级后勤部部长直接指挥，陈华负责具体工作，何明则负责税捐处，专门组织人力筹集支前资金。

鱿鱼头浮桥是解放军过江作战的主要通道。国民党军撤退时，曾在河面上铺设了浮桥，但过河后，便于10月24日晚将其拆除。解放军随后过江，靠的是两艘小船，大半天也渡不了一个团。于是，江城及周边人民武装组织受命而动，立即沿漠阳江上至大八，下至大沟、北惯找寻民船。这期间，正值阳春一批运载大军的民船开到，陈中福从中征集了50艘，与当地民船一起，重新架起了浮桥。

在中共江城区委的组织和指挥下，支前工作在阳江县城全面展开。冯世良、陈勋励带领工人支部全体人员进入碾米厂、电厂指挥生产，保证大米、电力的供应；附城支部、解放军之友社则组织发动城郊农民给解放军送蔬菜、马草、干柴，还动员平冈、埠场等多个村庄的农民收割田野里仅八九成熟的稻谷，及时供应给正在作战的解放军部队。

10月25日，新团员和进步青年学生除了游行迎军之外，第一次交的团费就决定一部分用来买纸和糨糊以书写和张贴迎军标语，一部分用来买水果等去慰问已参军并随军入城的黄德基等同学。随后，多数学生都参加了救护伤员的工作。学生们得知县政府内临时安置了几十名在攻城战斗中受伤的伤员，便第一时间去福民医院取担架，抬伤员到医院去救治。

25日晚，粤中纵队司令部通知要组织战地服务队到前线做群众工作。接到通知，县中学生陈向兰、林恩葆、梁贻沃、许绍开、冯圣联、林海文、李宗毓，两中学生李焕华、梁兴邦和粤中纵队第二支队的区华昌等一行共20多人，来不及吃晚饭，便在中国人民解放军派出人员的带领下，从县城出发，迎着炮火，去到埠场、端逢、平冈，帮助大军开展群众工作。当时解放大军正在分割围歼国民党军，战斗异常激烈。前线司令部为了学生的安全着想，决定把二支队的游击战士留下，护送学生返回县城。深夜返城的学生都住在南恩小学办公厅，当时二支队司令部亦设在南恩小学。第二天（26日）一早，杨子江副司令员来到办公厅，说要派一名学生马上带信去阳春找县长借粮。学生中只有梁贻沃会骑自行车，便找来自行车，让他前往阳春。从未到过阳春的他沿着电线杆向北走。路上，正好碰上解放大军，便在大军的带领下，找到阳春县政府陈庚副县长，完成了任务。

26日，阳江县支前司令部成立，司令员为姚立尹，副司令员为陈华，政委为赵荣，办公室主任为许荣坤。当天，中共江城区委动员原阳江县商会常务理事刘经湖，组织全城商人开市，恢复商品供应。并布置许建莲，发动原县城集中粮仓主任、舅父吴荣谋，加入支前行列，亲自带领大军战士，到各米机厂领取大米。大军进城后，所需物资得到及时供应。

与此同时，中共江城区委积极组织人力，开展伤员护理工作。战斗中，解放军伤病员先由城内的福民医院接收，后随着围歼战斗的开展，不断有伤员运返县城，便设立了南恩小学、文范中学、宏中、四小、农职等五个临时伤兵站。一批来自县中、宏中、文范、两中、农职等校的师生共200多人，24小时执勤，精心照料伤员。在护理人员中，还有妇女支部的谭丽冰、徐学旋、陈佩瑜、许建莲、庞瑞芳、施美馨、莫蔚萍、苏媛英、赵慧中、谢秀珍，以及女老师林逸文、谭日桂、邓小周、陈衍和等。他们给伤员包扎、换药、洗脸、擦身、喂茶喂饭、端屎端尿、换洗衣服，每天将一筐筐的血衣拿到江河、池塘中泡洗。由于血衣太多，漂出的血水竟将陈家祠附近的水塘染红了。师生的举动，感动了街坊群众，一批妇女也来参加，其中萧文正、曾蒲嫂、冯桂英、冯洁、梁仲机、六姑等人，虽已年过半百，也主动参加护理工作，表现十分积极。

在战争中牺牲的指战员的尸体，一般都运到指定地点安置。负责该项工作的是江城区委委员曾传荣，由他安排选择墓地、购置棺木，直至安葬。

阳江县以江城区人民为主的支前工作，做得细致具体，成效显著。"据不完全统计，在不足一个月的时间里，共解决了十万人的粮食供给，其中包括过往大军、遣散战俘，维护县城居民粮食供应等，筹集支前粮食610多万斤、木柴250多万斤、马草24万多斤"①。在此次支前工作中，中共江城区委起了支柱作用，得到上级的充分肯定。尹林平在《支前工作总结》中写道："支前工作被南下大军誉为'有求必应，无微不至，是过江后仅见'，

---

① 见《中国人民解放军粤中纵队第二支队第八团成立四十周年纪念专刊》第31页。

对大军在精神上起了巨大的鼓舞作用。"①

四、沿海决战 大军迅猛歼敌

（一）防敌西逃，布局围歼

1949年8月1日，中共中央任命北平市市长叶剑英为中共华南分局第一书记。中共华南分局原称中共香港分局，1949年4月8日改称中共华南分局。同年6月，中共华南分局从香港迁至粤东解放区，隶属中共中央华中局，领导中共广东、广西两省和香港工委。

1949年9月7日至24日，叶剑英在江西赣州主持召开作战会议和高级干部会议，对华南解放工作做了具体的部署。9月25日，中国人民解放军南下大军在林彪的统率下，将第四野战军连同第二野战军拨归第四野战军指挥的第四兵团，立即分成东、中、西三路向华南、西南进军。

参加广东战役的中国人民解放军部队是林彪统率下的东路军，由中国人民解放军二野第四兵团、四野第十五兵团和两广纵队组成，统归陈赓直接指挥。陈赓随后又将东路军划分为左、右、南三路，直逼广州。10月2日，广东战役打响，10月14日广州解放。国民党军向西逃跑。

左路军进占广州的同时，陈赓严令右路军一律不准开进广州，昼夜兼程，向西南猛追逃敌。与此同时，中国人民解放军粤桂边纵队与粤中纵队，贯彻执行了毛泽东"切断西江一段，断敌西逃之路，不使敌向广西集中"的战略部署②，迅速向西江南北

---

① 尹林平：《广东支前工作总结》（1950年1月）。原件存于广东省档案馆（华南分局办公厅第168号卷）。

② 中共广东省委党史研究室：《中国共产党广东地方史》（第一卷），广东人民出版社1999年8月版，第728页。

两岸进攻，消灭了沿岸国民党军、土匪，配合着右路军占领三水、四会、高要，紧扼西江要道，切断敌人西逃之路。此时，溯西江逆流而上的国民党刘安琪兵团，见西逃无望，便转向西南，移兵阳江、阳春。

陈赓查明国民党军主力去向之后，立即作出部署，将右路军（中国人民解放军第十四军四十、四十一、四十二师，第十五军四十三、四十四师，第十三军三十八师）分成右、左、中三路，展开平行追击、超越追击，两翼前出，断敌退路，协同尾后追击部队聚歼逃敌。接到命令之后，各路大军以每天前进75～100千米的速度，齐头并进，向阳江、阳春疾驰。

其时，南下大军与国民党刘安琪部队还有一段距离，要想追赶上，尚需几天时间。这期间，各地方武装部队都积极配合大军作战，粤中纵队组织力量，对敌骚扰，滞其后路，并派人对敌开展策反工作。粤桂边纵队也按中共华南分局的指示，于1949年10月16日策动国民党第62军直属部队邱德明警卫营1 300余人，在湛江西营起义；又发动国民党广东省保安第三师副师长兼第九团团长陈庚桃1 000余人，在梅茂县博铺起义。两起兵变，使国民党军措手不及、惊恐万分。刘安琪获悉后，在阳江、阳春暂且逗留，观察动静。此举为粤中纵队探到，并被及时报告给南下大军。

10月18日，粤中纵队司令员吴有恒带领部队来到广湛公路边，等候南下大军的到来。10月19日上午，在鹤山金岗圩路上与行进中的左路军四十三、四十四师会师。吴有恒司令员与向守志师长早年相识，相见甚欢，吴有恒遂带几名随员与向守志师长同行。队伍经开平、恩平向阳江进发。

10月22日，右路军第十四军四十二师和四十师一二〇团进入阳春城，阳春县全县解放。

作为第二梯队的三十八师，于23日向阳春进发。当日晚，右路军进军到阳江县城西北15千米的双捷圩，俘获国民党军侦察兵两人，从中获悉国民党军第二十一兵团已窜到白沙圩，企图逃往电白的消息。

（二）军地配合，白沙阻击

在阳江地方人民武装的密切配合和参与下，解放军很快便对西逃的国民党军形成了包围，并逐渐将包围圈缩小。至10月23日夜，国民党军基本已被困于白沙圩周围。

10月24日6时40分，解放军右路军前锋部队一二五团三营在当地游击队队员的向导下，营长石占标、教导员张荣发亲自指挥，以八连（缺第三排）为尖兵，七连在左，九连在右，追至罗屋寨以南之木金水南侧公路旁时，发现国民党军以数路纵队向西逃窜，其先头约一个连已接近江电公路上的50高地（土名猫头岭）。八连指导员王子江即率二排抢占50高地，掩护营主力展开；同时一排和炮排隐蔽在公路北侧担任掩护，二排即迅速攻占山顶，把即将爬上山顶的数十名敌人打下山去，并俘敌30多人，这是解放军右路军第一把切断国民党军西逃的钢刀。

国民党军先头部队连遭解放军迎头痛击后，又组织两个步兵连和一个机枪连的兵力，向50高地解放军八连二排反扑。此时，解放军三营的三个连分左、中、右三路同时投入战斗，对国民党军形成三面夹攻，猛打猛冲，穿插分割，仅用一个多小时便将国民党三十九军军部及其警卫营共600余人，一举歼灭在公路两侧地区。

为不让国民党军有喘息的机会，解放军一二五团首长立即命令三营沿公路向佛子岭追击，一营迅速向新村、大茶山方向猛插，二营作预备队随三营同进，全团三个营呈扇形交错并进，互相配合，猛冲猛打，把国民党军打退至白沙以西三里多的佛子岭一带，又与该敌在此发生激战，并占领了佛子岭和南侧高地。一天下来，阳江地方武装配合解放军，在该阵地共打退国民党军8次冲锋，牢牢截断了国民党军西逃的退路。在战斗中，共击毙国民党军第五十军副军长以下数百人，生俘国民党军第七十军副军长、第三十九军参谋长、第五十军政工处处长以下2 000人，缴获各种火炮29门，轻、重机枪99挺，各种枪支623支。解放军亦付出了一定代价：一二五团伤107人，团副政委李振之以下官兵31人牺牲。国民党军在突围无望的情况下，都龟缩到白沙圩去了。

（三）超前截击，再堵逃兵

打赢了白沙阻击战，解放军四十二师政委于当天便将所缴获的美式武器，用来装备粤中纵队第二支队第八团的四个连，而后由赵荣率部队协同大军一起开赴公路两侧的罗琴山进行警戒，继续阻击逃敌。

10月24日清晨，解放军右路军四十师一二〇团由瓦窑头超前直取程村，这是切断阳江至电白公路的第二把钢刀。进攻时，在通往白沙圩的公路上，解放军一二〇团与西逃的国民党军发生遭遇战，结果解放军大获全胜，俘获国民党军180多人，缴获汽车6辆，并将余敌堵了回去。吃了败仗之后，国民党军继续焚烧辎重，意在轻装往程村圩以南的大路西逃。察觉了国民党军的意图后，解放军一二〇团两个营即乘缴获的汽车驶至程村圩，接着又由程村圩沿大路转而向东南推进，在龙运岭高地经两小时战斗，歼灭国民党军第三十九军一四七师一部，俘虏600余人；在大岭71高地与26高地之间，又歼灭国民党军一四七师二七二团一个营，击毙80多人，俘虏营长以下300多人，并于当晚进至早禾庙。

（四）三面合围，平冈鏖战

10月24日，解放军进入阳江县城，县城解放。

10月24日至25日，解放军分路合击，包围国民党军。

10月25日凌晨，在解放军的围歼堵截下，国民党第二十一兵团刘安琪部队已被压缩包围在阳江县白沙至平冈之间长约10千米、宽5千米的狭长地带。在这约50平方千米的狭小地方，仅双方军队及支前民兵就有十三四万人，平均每平方千米约有3 000人，交战之兵密集度极高。

垂死挣扎的国民党军，于25日以三个师的兵力，一天向西发动8次猛烈的进攻，目的是向西撕开一个逃跑的口子。但在解放军的英勇奋战、坚决阻击之下，都没有得逞。国民党军西逃之路走不通，便烧了汽车辎重，转而向南，从白沙向平冈移动，企图从海上乘船逃窜。国民党军的这个企图，早在当地党组织和游击队的预判内，更在解放军的掌握之中。

25日8时，在游击队队员和群众的向导下，解放军左路军四十四师一三一团乘船迅速控制了漠阳江口及北津港口，断敌海上逃路；主力抵达阳江西南之漠阳江边地区，向敌猛烈进击。一三二团进占端逢渡口后，遇到国民党第五十军一〇七师的一个营依河抵抗，该团主力便经华龙迂回至敌之侧背，歼敌一部，占领滩头阵地，保证了师主力渡江。此时，四十师一二〇团从西向东追击国民党军；四十四师一三二团在东沿埠场河向国民党军攻击，连克王屋寨、关村，并占领朝东、良村等一线阵地。解放军一三〇团攻占莫屋村后，立即占领朝东村以西的有利地势。

解放军四十师一一八团和四十一师一二二团渡过漠阳江后，占领了有利阵地；一一八团四连扼守漠阳江西岸的制高点56高地，控制了白沙圩通往海边的道路，掩护主力向南突击。面对解放军的强大攻势，国民党军集中优势兵力不断进行反攻，炮火一次比一次猛烈。扼守阵地的四连战士在营机枪连火力支援下，用手榴弹和排子枪将反攻之敌一次又一次地打了下去。傍晚，国民党军用猛烈的炮火继续向四连、五连的阵地进行第5次轰击，但最终都无法突破解放军的阵地。

解放军右路军第十四军四十二师一二五团在白沙地区截住国民党军西逃去路，24日激战竟日。25日晨，指战员不顾疲劳，主动协同主力再次对敌发起攻击，向廉村、平冈圩推进。四十师一二〇团继续由旱禾庙向新屋、近河圩再向平冈圩推进。该团一营进至大仓岭、乌石头地区，歼国民党军第三十九军直属队及一个营；进至新屋，歼国民党军第三十九军通讯营；进至茝场，又歼国民党军第十军三十六师一部，俘敌共700余人。一二〇团一营继续向平冈的上元头、南山岭、南山、九姜急进，于25日19时30分进至上元头，与据守于南山岭的国民党军对峙，随即便与二营配合，分别从正面和左侧向南山岭高地进攻。国民党军顽抗一个半小时不支，被迫放弃南山岭阵地向九姜逃去。解放军占领南山岭高地，截断了国民党军向九姜的逃路，使国民党军残部慌张四散。同时解放军二营又在南山岭附近的公路上，俘获国民党军五十军直属部队一部及溃散官兵共500余人。右路军完成了从平冈西面包围逃敌的部署。

解放军第十三军三十八师作为战役的第二梯队部队，参加白沙圩战斗后，也奉命沿岗头、廉村直插九姜，堵歼被围的国民党军。

至此，解放军各路部队陆续抵达阳江境内，对国民党军从东、西、北三面形成了包围圈，而南面的缺口却是大海。绝望的国民党军开始作困兽之斗，大肆破坏汽车辎重，突围数次，皆被解放军打垮。25日下午，解放军将国民党军全部包围在平冈地区沿海的狭小地带。到了此时，国民党军自感末日将临，狼狈不堪，乱作一团。

午后，解放军的炮火迫近，国民党军第二十一兵团司令官刘安琪见势不妙，只带了小部分亲信仓皇乘船逃跑。晚上七八点钟，军长胡家骥也悄悄开溜。当日晚至26日晨，解放军各部队对国民党军持续压缩包围，形成大军压顶之势；而国民党军因司令官、军长提前逃命，军心动摇，已失掉有组织的抵抗能力。

国民党军军长程鹏在白沙战斗中，见势不妙，亲率残余部队600余人，折而向南，企图从海上逃走。25日晨，该国民党军残部刚逃到平冈圩附近的海边，便与解放军四十师一二〇团四连相遇，受到袭击，军长程鹏的卫士已被打散，马又陷在泥里，程鹏便弃马乘船逃走，其余全部被俘。

26日拂晓，解放军第四兵团前线指挥所向左、中、右三路大军下达总攻命令。10多支突击队交替插入退至平冈的敌人之中，将其割裂成若干小块，逐股歼灭。四十四师一三二团在良朝一线阵地，激战一小时，攻占了382高地及名扬村；一三〇团在朝东村西边高地，击退了敌人的数次进攻后，占领山头村、达良、帮六、412高地及鸭掌寨等要地，并向462高地之敌进击。一三一团即由北津港西渡漠阳江，11时占领了扒沙村，国民党五十军残部2000多人，企图向海上逃窜，被该团截击歼灭。解放军右路军四十师从西向东迫近，国民党军就像热锅上的蚂蚁，到处奔跑呼号，混乱不堪，成千成百地被解放军活捉。

26日早上8时，被围困的国民党军全部被解放军打乱，两军互相交错。短兵相接，国民党军一触即溃。而侥幸漏网由平冈圩西南之九姜向海路潜逃的少数国民党军，因仓皇抢登渡船，被挤落海中淹死者，竟达数千。还有的士兵夺船逃命，拿出刘安琪的招牌，不让别人上船，有四个士兵爬进船舱，竟被投进海里淹死。国民党军的士兵吵着、骂着，有人还向大船开了枪。

解放军的大炮也向海边打来，击沉了四只大船，船上2000余国民党军官兵皆死于海中。这时，解放军源源不断地追至海岸边，形成合围态势。无法登船而滞留岸上的国民党军官兵，见逃生无路，都纷纷举着白旗、摇着帽子示意。至12时，海岸上的国民党军官兵全部缴械投降。

（五）战果重大，贺电沓来

中共阳江各级党组织配合中国人民解放军，在阳江地区对国民党军队展开的追击围歼战，取得了重大战果，全歼了由广州逃至阳江的国民党军第二十一兵团部及第二十三、第三十九、第五十、第七十军等部四万余人①。1949年11月8日《漠阳江日报》载："新华社南前线六日电称：华南前线解放军某司令部公布广州西南阳江地区歼敌四个军战果。"计有生俘国民党军第七十军副军长，第三十九军参谋长，第五十军副军长、政工处处长，第一〇七师副师长谷彬、参谋长白国杰，第三十六师师长李成忠、参谋长徐正法以下官兵24 054人（包括两阳地区各路游击队歼敌1 000人在内）。毙伤敌一〇七师副师长胡炳一以下官兵1 256人，在海中淹死数千人。向解放军投降者计有第三十九军九十一师师长刘体仁、副师长裘建之、参谋长龙骧，一〇三师师长曾元三及广东保安第二师师长以下官兵7 000人。缴获各种火炮230门，轻、重机枪1 101挺，长短枪12 207支，火箭筒26个，汽车105辆，牲口426匹，报话机41部，自行车24辆。阳江战役是解放大军渡江后的十大战役之一，这一战役的胜利，彻底粉碎了残余的国民党军妄图向西逃往海外的梦想。

围歼战结束后，上级纷纷致电祝贺。10月27日，解放军第四野战军司令员林彪致电嘉奖第四兵团："庆祝你们全部歼灭由广州向西南逃窜之敌主力的伟大胜利，这一胜利对于解放琼崖和解放广西均有重大意义。对于你们坚决执行毛主席指示的精神，

---

① 中国人民解放军国防大学编：《中国人民解放军简史》，江苏人民出版社2007年8月第1版，第670页。

连续十昼夜穷追猛打的精神，特予表扬。^①"参加阳江围歼战的野战军首长在撤离粤中时也致信纵队领导人说："由于你们直接有力的配合，才使得我们顺利完成了上级所给予歼灭敌人的任务……没有你们的帮助，就没有这样大的胜利。^②"

---

① 周宏雁、姜铁军主编：《解放战争全记录·第五卷》，四川人民出版社2007年6月第2版，第412页。

② 见第四兵团阳江前线指挥部首长向守芝等给粤中纵队吴有恒等领导的信。原载于1949年11月7日的粤中《人民报》。

第七节　阳江解放　建立新的人民政权

　　1949年10月24日，阳江解放。同日，中共粤中临时区委决定成立中共阳江县委，书记为杨子江，副书记为赵荣，委员为姚立尹、陈国璋、林良荣、陈中福。

　　10月25日，阳江县军事管制委员会（简称"军管会"）成立，实行军事管制。军管会主任为郑锦波，副主任为赵荣、姚立尹。军管会下设机构有：军事科〔科长为赵荣（兼），副科长为陈中福〕，民政科（科长为陈国璋），财政科（科长为陈华），文教委员会（主任为陈亮明），公安局（局长为林良荣，副局长为冯超），交通管理处〔处长为姚立尹（兼），副处长为廖绍琏〕。

　　10月26日，新成立的阳江县人民政府取代了原来的阳江县人民民主政府，并从金横区搬进县城办公。进城后，县政府立即接管了国民党的各机构。接收工作较为顺利。

　　阳江县人民政府成立的当日，江城镇政府同时成立。江城镇属阳江县一区管辖，镇委书记为许荣坤（1950年何明兼任），镇长为冯光培。

　　解放战争时期，江城各级党组织发动和组织人民群众，高举武装斗争旗帜，全面开展各种革命斗争，革命力量不断发展壮大，最后配合人民解放军南下大军，取得了阳江围歼战的重大胜利，解放了阳江。在这个时期，江城的革命斗争有其自身的特点和价值：第一，武装斗争具有广泛性，开创了江城的城市革命斗争和罗琴区的农村革命斗争，建立了数十个城乡地下交通站和农村游击根据地，建立了多支武工队；第二，武装斗争与统一战线工作紧密结合，动员和团结了广大人民群众，形成了江城反对美蒋反动派的爱国民主统一战线；第三，斗争越是艰苦，党组织就越是得到锻炼和加强，发挥的作用也越大。

1926年3月在江城成立的中共阳江县支部和后来成立的中共江城区委，在中国共产党的领导下，经历了20多年的不懈斗争直至阳江解放。在20多年的斗争历程中，江城党组织运用"统一战线、武装斗争、党的建设"三大法宝，有力地推动着江城的革命事业乃至全县、全省革命事业的发展，为党和人民建立了不可磨灭的功勋。

中共江城党组织带领江城人民，在新民主主义革命斗争中终于取得了胜利。从此，江城的新纪元开始了。

第五章

凝心聚力 共建老区

第一节 阳江市江城区革命老区村庄概况

　　根据广东省民政厅《印发〈关于开展评划解放战争游击根据地和确定老区乡镇、老区县工作方案〉的通知》（粤民办字[1991]18号）的精神，经阳江市评划解放战争游击根据地和确定老区乡镇、老区县领导小组审核，阳江市人民政府向省民政厅发出阳府函[1993]14号文，将批准全市2 976个解放战争时期革命老区村庄的情况上报备案。其中，解放战争时期江城革命老区村庄共15个，分别是新寨、上寨、新村、雁村、琅瑗、洛园、塘地园、丹龙、渡头、朝东、良村、那麦、朝良、骑鳌、梅寮等村。在这15个革命老区村庄中，朝东、良村、那麦、朝良、骑鳌、梅寮等6个村庄，分别属于平冈镇良朝村委会和东二村委会；雁村、琅瑗、洛园、塘地园、丹龙、渡头等6个村庄，分别属于埠场镇埠场村委会和埠场居委会；新村、上寨、新寨等3个村庄，均属于城西街道阮西村委会。这15个老区村庄，有耕地13 030.72亩、山地7 199亩；评定时的1993年，总人口为11 797人，现时总人口为15 438人①。

　　上述15个革命老区村庄，其详细情况如下表：

----

　　① 广东省民政厅编：《广东省革命老区村庄名册》（上卷），1997年，第875页。

江城革命老区基本情况表

所在镇街	所在村委	老区村庄名称	老区类型	现在人口（人）	耕地面积（亩）	山地面积（亩）
合 计				15 438	13 030.72	7 199
城西	阮西	新村	解放	50	30	
		上寨	解放	380	250	
		新寨	解放	485	500	
埠场	埠场	雁村	解放	1 858	973.4	1 008
		琅瑌	解放	1567	897.6	800
		洛园	解放	189	530.47	580
		塘地园	解放	458	384.25	120
	居委	丹龙	解放	2 560	1 473	1 000
		渡头	解放	1 230	430	55
平冈	良朝	朝东	解放	1 011	1580	467
		良村	解放	1 333	2000	701
		那麦	解放	158	540	234
		朝良	解放	149	542	234
	东二	骑鳌	解放	2 673	1 500	800
		梅寮	解放	1 337	1 400	1 200

第二节 革命老区备受党委和政府的关怀

一、党委和政府支持老区的重大决策和举措

中华人民共和国成立及阳江解放以后，阳江人民立即大力进行经济建设，医治战争创伤。

在中国共产党由革命党转为执政党、全国由革命战争转为和平建设的新形势下，各级党委和政府一直没有忘记革命老区。在反复表彰革命老区所作贡献的同时，各级党委、政府都不断地给予革命老区必要的扶持和帮助，自始至终把建设老区、发展老区列为一项重要任务。1949年至1987年，江城区尚未设立，江城革命老区工作由阳江县直接领导实施；江城区于1988年4月成立起，开始接管区划内革命老区工作。

为帮助革命老区从革命斗争时期过渡到社会主义建设时期，弥补老区在革命年代的各种损失，各级党委和政府都号召老区人民发扬光荣传统和革命精神，加快进行经济建设。与此同时，各级党委和政府在不同时期、不同阶段也对老区给予了相应的扶持、关怀和激励：

——1954年5月25日，平冈海堤竣工。海堤东从埠场虎头山起，西到平冈九姜止，全长33千米，防护着包括平冈、埠场两地各革命老区村庄在内的6.3万亩农田。这是广东省1954年八大水利重点工程之一。

——1962年，漠阳江双捷拦河坝引水工程竣工。该工程于1958年12月动工兴建，灌溉面积10多万亩，是广东省大型水利引水工程之一。该引水工程的建成，让全区的革命老区村庄都从中受益。

——1965年12月至1966年8月，阳江县人民委员会从平冈、白沙、双捷等公社和江城镇共抽调2 000人，组成漠西排洪工程专业队，对位于江城革命老区内或附近的正坑地段排洪河、文笔洲水闸、银田反虹吸和蒲壳山水闸等工程进行施工。还在学校寒暑假期间抽调全县七所中学师生共4 000多人，分两期参加以上工程建设。工程完成后，基本惠及江城所有革命老区村庄和当地农民。

——1970年代，平冈人民公社组织在九姜围海造田，使骑鳌、梅寮两个革命老区村庄增加了大片农田，还解决了骑鳌岛交通难的问题。

——1992年11月13日，阳江市江城区革命老根据地建设委员会成立。

——2000年12月2日，平冈联围海堤加固达标工程竣工验收，该工程于1997年5月动工，历时三年，完成土方127.48万立方米、石方19.02万立方米，总投资为7 878.2万元。平冈、埠场两镇12个革命老区村庄均是这一工程的受益村庄。

——2004年1月14日，中共阳江市委、市政府、阳江军分区在市政府大楼门前举行"全国双拥模范城"挂牌仪式。从"革命老区"到"全国双拥模范城"，这是红色的传承，是革命传统的发扬光大。

从上述的决策、举措和事例看，对革命老区的关心和支持，有本级的，也有上级的；有直接的，也有间接的；有精神的，也有物质的……而所有这些，全都对激励和推动革命老区的建设具有正面的积极意义。

二、党委和政府褒扬、优抚老区的五老烈军属

（一）发证褒扬革命烈士

2017年，全区有革命烈士84人，其中，革命时期牺牲的有31人，中华人民共和国成立后牺牲的有53人①。为使烈士流芳，1981年12月，阳江县统一编印了《阳江县革命烈士名录》。1983年，又换发、补发了革命烈士证，并以大队为单位，敲锣打鼓把烈士证送到有关家庭，以扩大社会影响。

（二）优抚五老和烈军属

中华人民共和国成立后，政府把优抚列为社会民生大事。1950年至1987年，由阳江县统一向江城等地优抚对象发放优抚款445.46万元、大米25万斤、大米指标一大批。

1988年，全区享受定恤定补的优抚对象有548人，均给予固定补助；评定优待对象共787户，均按标准给予优待，优待面为100%。随着经济的发展，优抚对象的抚恤补助标准逐年提高。

1999年，投入帮扶资金63.24万元，帮助81户重点优抚对象解决"三难"（生活难、医疗难、住房难）问题。同年，对在乡老游击队队员、老交通员、老苏区干部、老堡垒户、老党员（简称"五老"）进行了评定。之后，政府每年都拨出抚恤补助经费、"三难"救助资金，分别发到五老人员②。至2017年，全区确认身份的"五老"人员共38人。

（三）传承红色基因和传递关怀

中华人民共和国成立以来，江城数十年如一日都坚持在江城

---

① 阳江市中共党史学会编：《阳江市革命英烈事迹选编》，第101~108页。

② 阳江市江城区地方志编纂委员会编：《阳江市江城区志》，广东经济出版社2013年10月版，第424页；阳江市和江城区2001—2017年各年的年鉴。

解放日——10月24日，组织干部群众和学生到烈士陵园向烈士碑献花圈，还组织健在的革命老同志召开"庆祝阳江解放、缅怀革命前辈"的座谈会，宣扬革命精神，发扬光荣传统，传承红色基因。每年的元旦、中秋节、江城解放日和春节等重大节日，各级政府和有关部门，都进城下乡去慰问老区、慰问革命老同志、慰问烈军属，向他们发放礼品、纪念品和慰问金，对他们表示特别的关怀。

第三节 老区建设坚持自强为主、外援为辅

一、 成立机构 加强老区工作

阳江市江城区成立前，老区工作由阳江县政府负责。建市设区后，江城区于1994年4月成立老区建设促进会（简称"老促会"），下设办公室。老促会有正副会长、正副秘书长共6人。2013年4月，老促会换届，正副会长、正副秘书长6人均更换，另有会员51人。

江城区老促会自成立以来，主要开展如下几项工作：

（1）推动革命传统教育基地的建设，宣传革命老区的革命历史、革命贡献、革命精神。

（2）对革命老区的社会、经济、文化发展状况进行调查研究，向当地党委、政府反映老区人民的意见和要求。

（3）为老区建设出谋划策，推动老区的道路建设、村庄建设、经济建设和饮水改造。

（4）协助做好老区革命文物的保护、维修和利用工作，特别是推动了阳江围歼战革命烈士纪念碑、纪念园的建设。

（5）推广老区建设的典型经验，促进老区的各项具体工作。

二、村村通路　方便老区出行

中华人民共和国成立以来，各级政府都把修桥建路当作改善老区交通、促进老区建设的大事来抓，各镇老区村庄共建宽3米以上的硬底村道21条及桥梁6座，桥路总长120千米，其中埠场镇为38千米，平冈镇为65千米，城西镇为17千米。该项桥路建设共投入资金3 603万元，其中政府给予专项扶持1 366万元，老区人民自筹2 337万元。至2017年，全区的15个老区村庄，村村都实现了通公路，不但方便了老区人民的出行，也促进了老区的经济发展。

三、开山治水　改变老区旧貌

江城范围内的15个革命老区村庄，过去多是穷山恶水、陋巷破屋，直至阳江解放初，仍是路不平、水不清、灯不明。

阳江解放后，历届党委、政府都格外重视帮扶革命老区的建设。至2017年，15个革命老区村庄共有5 075人、100多个项目获得过各种帮扶，累计接受物资帮扶折价338.8万元、资金帮扶2 100多万元。在各级政府的帮扶下，已基本实现了生产发展、社会进步、民生改进、生活改善、环境美化。

老区的持续发展，开山治水是根本，水利兴农功更殊。从1954年起，老区发挥"水绕青山、青山蓄水"的特有优势，坚持全党动员、全民动手，投入不计其数的人力、物力、财力，依山建湖蓄水，依河筑坝引水，不但建成了双捷拦河大坝、漠西水利等大型水利工程，还建成大小山塘水库100余座，实现了农田灌溉水利化。如今，15个老区村庄仍然从中受益。埠场、城西两镇9个老区村的农田，还全部通过人工建成的排洪河进行排洪，实现了农业旱涝保收。仅15个老区村，就累计投入资金4 315万元

（含上级扶持的695万元），建有水利支渠20多条和小型水库20多座，极大地促进了老区村的农业生产。

从20世纪90年代起，15个老区村庄还先后进行了电网的架设，架设主线53 600米，投入资金1 080万元，使村村都接上了交流电，家庭照明、主要道路照明开始普及，电视、电话广泛进入农家，大大提高了村民的生活质量。

2014年至2017年，实施美丽乡村建设项目7个，在上级扶持207万元的基础上，共投入资金434万元，完成了1 100平方米的主建筑和一批绿化美化工程项目。老区正逐步走向城镇化，旧貌已变新颜。

四、重点扶持　不让老区掉队

在革命年代，老区的村庄都相对较穷，但他们为革命的胜利做出了特别大的贡献。对这样的老区村庄，各级党委和政府都制定和实施了一系列的优惠政策。根据党和政府的优惠政策，江城多年以来都把重点扶持老区、优先发展老区作为一项重要任务来落实。中共十八大以来，全区从"双到扶贫"（指"规划到户、责任到人"的扶贫方式）到"精准扶贫"（指"精准识别、精准帮扶、精准管理"的治贫方式），也是把老区作为重点，有所倾斜地给予较多的扶持，使之较早较快地全面摆脱贫困。精准扶贫从2015年上半年开始实施，江城区选定的扶贫对象分为五类：第一类就是老区中比较贫困的军属、烈属；第二类就是老区中的老、弱、病、残；第三类就是因天灾横祸而受灾致穷的家庭；第四类就是子女无钱上学的家庭；第五类就是人多、劳力少、耕地少、失业人口较多的家庭。

全区对上述老区各类家庭给予的救济、扶持，累计达到1 250户次、13 200人次，约3 000多万元。在各级党委和政府的扶持下，15个老区村庄的贫困人口已由新中国建立之初的6 300余人减少至2017年的279人。这279人虽未完全脱贫，也已得到较大改善。九年义务教育在适龄青少年中已得到普及，儿童入学率达到100%。仅改革开放以来，15个老区村庄考上大学人数累计达到960人，被招工招干人数累计达到817人，进城务工经商人数达到3 949人，在农村自建了住房的有1 965户、253 498平方米，进城购房居住的有1 819户、4 800多人，衣食住行均获明显改善。

在上述的15个老区村庄中，已脱贫的6 000多人，占原贫困人口的95.6%。脱贫总人口中的1 200余人（占脱贫人数的20%），还成了各村的致富带头人，起着引领致富的作用。

五、发展生产　振兴老区经济

江城区15个革命老区村庄，原来多数都是纯农业地区，至改革开放初期，才基本解决粮食的自给自足问题，但"钱袋子"依然空空。穷过苦过的老区群众在被改革开放的春风吹醒之后，发现了自身藏有一样很重要的财富——剩余劳动力，他们最不缺、最富有的也就是这个。于是，越来越多的村民放弃了一味等待扶持，而选择了自强；放弃了哭穷守穷，而选择了勤劳致富；放弃了只搞种植，而选择了多种经营；放弃了专营第一产业，而选择了兼营第二、第三产业。

思想认识转变以后，这些村庄不只种植业有了起色，畜牧业和渔业也跟上来了。城西街道的新村、新寨、上寨，种粮、种菜逐步走向专业化，亩产产值、效益均明显提高；平冈镇的朝良、朝东、良村、那麦和埠场镇的琅琚、洛园、塘地园等村，不但涌现许多种粮专业户，还出现许多种果专业户；埠场镇的雁村、丹龙、渡头等村，除家庭式少量养殖鸡、鹅、鸭之外，规模化养鸡、养鹅、养鸭300头以上甚至1 000头以上的专业户不少于50

户；平冈的梅寮、骑鳌等村，既种粮养鱼，又出海捕鱼，多数家庭收入较高。以上种粮、种果、养鸡、养鹅、养鸭和从事渔业的专业户，年均收入达8万元以上的，占了一半以上。

在发展种养业的同时，在政策的引导下，另一部分村民则开始"洗脚上田"，由进入乡镇企业打工到进入大中城市企业打工，由当普通建筑民工到当技术职工。这个转移出去的劳动大军，初时只占总劳动力的20%左右，高峰时超过80%；他们从村外带回的劳动财富，少时占家乡农业收入的50%左右，多时是家乡农业收入的10倍不止。老区村民外出尝到了甜头，也有了一定积累，于是进城居住、进城陪读的人越来越多，进城就业、进城创业的人也是与日俱增。目前，15个老区村庄进城居住、读书、就业和创业的总户数超过2 000户，总人口超过4 000人。他们正成为追求"让农村不再唯农业，让农业不再唯种植，宜工则工，宜农则农，宜商则商"的活典型。

六、兴办公益　造福老区人民

江城革命老区村庄坚持一手抓经济的同时，又坚持一手抓公益事业发展和民生福利的改善。第一，完成学校建设项目20个，新增校舍15 900平方米，投入建校资金960万元，其中由上级扶持468万元，保证15个老区村庄全部的儿童都能读上书。第二，在上级扶持280万元的基础上，总投入资金增至476万元，建设以公房为主的公共设施23处，完成建筑面积3 500平方米，大大改善了村集体的办公场所和活动场所。第三，实施水改工程，铺设主管道总长127千米，让各村各户都接通并饮用自来水。这项工程最利民、最便民，是一项广泛受到老区村民欢迎和拥护的大好事，但困难多、投资大，因而各级政府给予的补贴也较多，累计补贴达1 089万元，占总投资2 588.8万元的42.1%。第四，实施厕改工程，对粪便进行科学化处理。15个老区村庄共完成水改厕项目31个，完成水改厕面积4 490平方米；投入建设资金447万元，其中上级扶持236万元。第五，推行医保、社保机制，动员各村村民积极参加。15个老区村庄参加医保、社保人数分别为13 054人和7 544人，两项参保率均达到90%以上，这既为村民平时治病提供了保障，也为到达退休年龄农民的基本生活提供了保障。第六，动员参加养老保险，保证村民老有所养。老区各村庄的老年人逐年增多，从实际出发，老区实现了养老工作全覆盖，至2017年，已为4 672名老人办理了养老保险，从机制上把老人养老的措施落到了实处，有效地减轻了老人及其儿女的负担。

自中华人民共和国成立至2017年，原来环境普遍较差、经济相对落后的江城革命老区村庄，经过近70年的发展，今非昔比。在老区发展的过程中，各级党委和政府给予了最大的关怀和帮助，老区人民自身也做出了不懈的努力。老区人民正用实践证明：他们能立足家乡为新民主主义革命做贡献，也能不忘初衷为家园建设、为祖国振兴立新功。老区人民永远都是好样的。

第六章

兴区组曲　发展乐章①

---

①　中华人民共和国建立以来，江城全面建设的历程就如一组以兴区、强区为主题的组曲，分别由经济、社会、科技、教育、文化、体育、卫生等发展乐章组成。

本章内容主要参考了：2013年10月版《阳江市江城区志》第二编第二章、第七编第五章、第九编第二章、第十一编、第十七编第三章，及2001年至2017年的《阳江年鉴》《江城年鉴》等资料。

第一节 开拓新路 摸索发展

一、从新民主主义向社会主义的过渡

改革之前，江城隶属阳江县而尚未建区。

1949年10月1日至1956年11月，是中华人民共和国从新民主主义向社会主义过渡时期。实现这个过渡，大致分两步走：

第一步，是从建立政权走向经济恢复。在中华人民共和国成立的头三年，中共阳江县委领导江城人民，进行了土地改革、镇压反革命、抗美援朝三大政治运动，积极组建国营经济和集体经济，统一财政金融，兴修农田水利，战胜严重自然灾害，发展工农业生产和各项社会事业，全面完成了恢复国民经济的各项任务。开展民主政治建设，进行整党整风和"三反""五反"运动，清除腐败分子，建立各界人民代表大会制度，巩固新生的新民主主义政权。

第二步，是从新民主主义走向社会主义。从1953年9月起的后四年，中共阳江县委领导江城人民全面开展生产资料私有制的社会主义改造，大张旗鼓地宣传贯彻党在过渡时期的总路线、总任务，开始有计划、大规模的经济建设，实施第一个五年计划；积极稳妥地对农业、手工业和资本主义工商业进行社会主义改造，结束了以往阶级剥削的历史，完成了由新民主主义到社会主义的过渡。此时的江城大地，百废待举，成就令人瞩目，作为光

荣的革命老区，同全国人民一样踏上了建立社会主义制度的新
征程。

二、社会经济建设的初步实践和探索

（一）探索建立分级管理的体制

在第一个五年计划时期（1953—1957年），江城实行直接
计划与间接计划相结合，以中央集中管理为主的分级管理体制。
对全民所有制的工业企业和重要产品实行直接计划，按隶属关
系实施条条管理。企业生产所需的主要物资由各主管部门按计划
供应，产品由物资或商业部门收购或调拨，财务上实行统收统
支，企业只有生产权，没有经营自主权。其他经济成分的工业和
手工业户，多属独立核算、自负盈亏，主要运用经济手段，将其
纳入国家指导计划。对集体所有制农业，实行间接计划。从1955
年起，逐年对乡镇政府和国营农林场下达指导性农业产值和主要
农产品的生产计划。在商品流通领域，允许多种经济成分和多条
流通渠道并存。被列为"统购、派购"和计划购销的一、二类商
品，其收购、销售、调拨、出口计划，按隶属关系分别由其主
管部门条条下达。1953年，建立县一级财政，由以往的"统收统
支"改为"划分收支，分级管理"的体制。这种既有集中又有分
散的体制，达到"管而不死、活而不乱"，比较适合当时的生
产力，从而促进了国民经济的迅速发展。1957年，江城所在的阳
江县社会总产值达13 026万元，是1949年的3.45倍，是1953年的
1.92倍。

（二）探索中不断调整国民经济

1958年，实行"在中央集中领导下，以地区综合平衡为基
础，专业部门和地区相结合"的计划管理体制，扩大了地方在计
划、基建、财政、物资等方面的权限，鼓励地方自成体系。当

时，农村掀起人民公社化，城镇的手工业和集体商业向单一的全民所有制过渡。全县全民所有制的工业企业，1960年发展到39户，比1957年增加一倍多。

为推动工农生产"大跃进"，当时全县的工作重点，农业方面，一是运用开展竞赛的行政手段，采取"拔白旗，插红旗"的措施，激励和调动农业生产积极性；二是运用典型示范的方法，掀起大积农肥创高产的高潮；三是运用农业技术革新的方式，推行水稻高度密植；四是采取"大兵团作战"的办法，大搞深翻改土。工业方面，主要抓住全民大炼钢铁不放，有的采取土法小高炉炼铁，有的采取集中人力物力的办法搞炼铁大会战，有的还用石灰窑、砖瓦窑、旧炮楼、山坑做高炉炼铁，放炼铁"卫星"。

这个时期，江城内的大型建设项目主要有人民礼堂、阳江人民医院等。水利建设方面成绩非常大，建成的中型水库有石河水库、连环水库，建成的小型水库有岗列的狗尾、放鸡，双捷的草朗，平冈的银田，海陵的草王山，白沙的石颈，埠场的佛子岭等26口；建成了漠阳江双捷大型引水工程1宗，建成了海陵陂、岗列的蚬壳河陂、双捷的豆岗陂、学陂等小型引水工4宗。

发展的同时，这个时期江城因急于求成，付出的代价也不小。1959年，农业推行"少种、高产、多收"，粮食种植面积减少1/4；工业盲目生产，商业盲目收购，粮食实行高征，实际并未达到目的；公社取消社员的自留地和家庭副业，关闭农贸市场，对社员的生活影响甚大。为此，1961年，贯彻"调整、巩固、充实、提高"的方针，改革了计划管理体制。人民公社实行以队为基础的三级所有制，恢复社员的自留地和家庭副业。工业进行了大调整，对消耗大、质量差、效益低的氨厂和造纸厂实行关停，对规模不适当、产品不对路的通用机械厂和建筑材料厂实行并转，对部分已转为全民所有制的企业重新转为集体所有制。大力压缩基本建设投资额，停建、缓建一批项目。

1965年，全县基建投资额565万元，比1958年减少了67%。商业恢复供销合作社（简称"供销社"）的集体所有制性质，"大跃进"时过渡到国营商业和供销社的小商贩"退回去"，恢复合作商店、合作小组。开放集贸市场，允许国营商业和供销社议价经营。减少"统购、派购"任务，调整购留比例，提高生产者对农副产品的自留量，县管的"统购、派购"商品由55种减为34种。财政实行"收支挂钩，总额分成"。社会总产值由1957年的13 026万元增至1965年的22 759万元，增长率为74.7%。

（三）人民公社体制下的各项建设

人民公社的中后期，也就是"文化大革命"开始至改革开放前这段时间，江城排除各种"左"的干扰，巩固和完善了社会主义制度，工农业生产和各项建设都不退反进，取得较好成绩。

农业方面，开展了农业学大寨，在"围海造田""开荒造地"的口号下，大搞开荒和农田基本建设，大搞机械化运动，对山、水、田、林、路和村庄进行综合治理，和全县人民一道进一步实施了204宗各类蓄水、引水、排涝、堤防、发电的水利工程[①]，农业生产条件大为改善。1971年，全区对"统购、派购"的农副产品实行"统一计划，差额调拨，品种调剂，保证上调，超产留用，一年一定"；1976年，又调整实行"定收定支，收支挂钩，总额分成，一年一定"。到1977年，阳江县的粮食种植面积为203.77万亩，粮食总产量达31.62万吨，两项均达历史较高纪录，分别比1966年增长了3.32%和22.80%。

工业方面，江城坚决执行国家"三五"计划与"四五"计

---

① 阳江市地方志编纂委员会编：《阳江县志》第九编《水利》，广东人民出版社2000年11月版，第308～329页。

划，开展工业学大庆，掀起了大办工业的热潮，在区内兴建了水泥厂、火石厂、味精厂、氮肥厂、稀土厂等一批大中型工厂。地区工业由以传统手工业为主变为以现代工业为主，由以私营工业为主变为以全民和集体工业为主。工业结构变化较大，既有轻工业，也有重工业。主要门类有矿冶、电力、制盐、造船、机械、化工、建材、金属制品、食品、漆器、印刷、服装、皮革、塑料、电器、制药、造纸、竹木制品、供水、制冰等共22个门类。1975年，阳江县的工业总产值突破1亿元大关。1978年，全县工业总产值猛增至13 466万元，比1975年增长了34.6%，比1965年增长了120%。

财政商贸方面，以阳江县为统计单位，1978年财政预算收入为3 598万元，比1966年的2 294万元，增长了56.84%；1978年社会商品零售总额为14 264万元，比1965年的8 847万元，增长了61.23%。

这个时期，江城人民还致力推进其他方面的建设和发展。宣传文化方面，大队和人多的自然村普遍建立了不脱产的文艺宣传队，经常开展文艺汇演和文艺交流，自编自演戏曲和唱山歌等；教育方面，开展了文化"扫盲运动"和开办"扫盲班"，扩建正规学校，增加招生，普及小学教育，加强公办教育；交通方面，当时的公社圩镇及主要村庄均有公路到达，水陆运输畅通；邮电通讯方面，有线电话在向农村拓展，进入了行政和企事业单位及一些城镇家庭；医疗方面，网络已扩展延伸到农村，公社有卫生院，大队有卫生室和"赤脚医生"，公费医疗得到发展，社员看病部分免费，城乡天花、霍乱、疟疾等疾病基本根治，人民健康水平提高。

实行改革　促进发展

一、农村经济体制改革

（一）推行家庭联产承包责任制

1949年之后，江城始属阳江县管辖，实行的是计划经济模式。改革开放后，江城的改革首先在农村展开。

江城区于1983年正式在农村推行家庭联产承包责任制，实施土地承包的改革。土地承包期初定为3年。1984年下半年起，土地承包期改为15年。20世纪80年代，除推行农田家庭联产承包责任制外，荒山、荒地、海滩、小林场、小果园和从事渔业生产的渔船等实体均实行承包责任制。1999年下半年，农村土地第一轮承包期满。是年4月，《阳江市江城区延长农村土地承包期工作方案》出台。5月，阳江市、江城区、城西镇三级联合，在城西镇潭塘村开展延长土地承包期试点，为期一个月。试点工作结束后的7月，延长农村土地承包期工作全面铺开，按照土地承包后绝大多数农户原有承包土地必须保持稳定的原则，将土地承包期再延长30年（即从2000年1月1日起至2029年12月31日止）。1999年底，全区农业镇延长土地承包期工作完成，全区共有5.13万农户签订承包合同，发放《农村经营权证书》5.08万本；落实承包耕地面积12.3万亩。2011年，全区落实种粮直补面积17.76万亩（含新增的白沙、双捷等镇的面积），向种粮农民发放种粮补贴金1 621.71万元，受惠农户共4.58万多户。2016年至2017年，全区对4.58万户农民、16万多亩承包耕地进行了确权，进一步明确了承包的权责。

（二）基层经济管理体制的改革

农村实行联产承包责任制后，改变了以往"三级所有、队为基础"的经济管理模式，家庭成了分散的基本生产单位。1984年，贯彻中央[1984]1号文件，把原公社、大队、生产队的"三级管理"体制改为地区性的农村经济合作社，统一经营农村的公共事业。原生产队组成经济合作社，原大队则组成经济联社。农村经济合作社和家庭联产承包责任制被称为以分为主、以统带分的"统分结合"双层经营体制。

1983年11月，撤公社建区，原大队改乡。1987年2月，撤区建乡（镇），原乡更名为村委会，后更名为管理区。1988年起，全区成立农村合作基金会7个，1999年停业整顿。1999年4月，实行村民自治，撤销管理区办事处，设立村民委员会。此后，农村经济合作社为村民委员会领导下的经济管理组织，其管理人员由村民选举产生。2017年，全区农村共有2个镇、64个村民委员会。

（三）农村农业流通体制的改革

20世纪90年代，社会主义市场经济体制逐步建立，多形式、多渠道的农产品购销体系逐步形成，农产品价格逐步开放。1992年，区政府对粮食等关系国计民生的大宗产品，实行合同定购和市场自由交易的双重价格，国营企业、供销社也按照商品经济发展的需求进行改革。20世纪90年代，越来越多的农民让农产品进入市场流通，一些农民组织成立农工商联合公司、多种经营服务公司和贸易货栈等多种形式的商贸组织，参与市场竞争。商品市场不断发展，劳务、资金、技术等也开始横向流动，生产要素市场开始出现。农民由按国家指令性计划生产转变为以统购、派购为导向的生产方式，追逐市场成了广大农民进行生产的基本目标，一批上规模的农贸市场相继建立，建成了金郊水果批发市场、麻布演三鸟市场、苏屋塘蔬菜批发市场等，形成了多层次、多形式、多渠道的农村商贸体系，促成产销的相互衔接，活跃了市场经济。

二、工业经济体制改革

（一）工业企业制度改革

1. 推行厂长（经理）经营承包责任制

1988年起，江城区工业企业生产推行经营承包责任制，采取三种形式：一是全额利润留成；二是基数利润包干，超额分成；三是亏损企业实行定额补贴，亏损包干，增亏不补，减亏留企业。1992年7月，国家颁布《全民所有制工业企业转换经营机制条例》之后，江城区工业企业按照"包死基数、确保上交、超收多留、歉收自补"的原则，实行厂长（经理）承包经营责任制。1996年，阳江制药厂由厂长承包，期限为10年。1997年4月，阳江无线电工具厂由厂长承包，期限为5年。1997年9月，阳江皮衣厂由厂长综合经营承包，期限为5年。

2. 推行厂长（经理）任期目标责任制

1990年，在开展企业第二轮承包时，江城区为明确厂长（经理）的任期目标和任期责任，制定《国有工业企业厂长（经理）任期目标责任制实施办法》，具体确定了厂长（经理）基础工资，实行厂长（经理）浮动工资。如仅完成年度承包任务（指标利润），厂长（经理）个人工资可在职工平均工资的1倍以内。超额完成任务5%~10%的，厂长（经理）个人工资可在职工平均工资的1.5倍以内；超额完成任务10%~20%的，可在职工平均工资的2倍以内；超额完成任务20%以上的，可在职工平均工资的2.5倍以内。如不能完成承包任务指标，每减少1%，则扣减厂长（经理）本人基础工资收入的1.5%。

3. 允许企业注资扩股，推行股份制经营

1998年以后，经江城区改革领导办公室的指导和帮助，通过资产评估、确认，以国有企业全部经营性资产为国有股，吸收企业内部员工注资参（扩）股。江城区有阳江市江龙实业有限公司等多家公司改革为股份合作制公司。

（二）企业产权制度改革

1. 注资经营

阳江市华洋餐具有限公司成立于1992年4月12日。1998年7月7日，经江城区政府同意，该公司改制为注资经营责任制企业。同年8月，阳江市江城区工业局与注资经营班子法人代表签订《阳江市华洋餐具有限公司注资经营协议书》，协议期为5年（1998.8—2003.7）。

2. 改制组建

企业改制组建，主要在2000年前进行：

江城橡胶厂成立于1958年，属集体企业。1998年8月27日，经江城区政府同意，采取租赁经营形式改制。1998年底组建成阳江市江城橡胶有限责任公司。

江城造船厂成立于1976年4月，属集体企业。1998年8月27日，经江城区政府同意，江城造船厂组建成阳江市江城区船业有限公司，属股份合作制企业。

江城北山胶化厂成立于1958年，属集体企业。1998年8月27日，经江城区政府同意，改制组建成阳江市北山胶化有限公司。

江城刀具厂成立于1986年，属集体企业。1999年8月15日，经江城区政府同意，采取租赁经营形式改制，组建成阳江市江城刀具有限公司。

3．租赁承包

阳江市江城副食品厂建于1956年，属集体企业。1999年8月15日，江城副食品厂实行租赁承包经营，与黄庚生、郑玉韶签订租赁经营合同，合同期为5年（1999.8—2004.7）。

（三）企业经营体制改革

从1998年开始，江城区直属工业企业改革工作全面展开，重点选定其中12家企业进行产权制度和经营制度的改革，转制为民营企业，成为独立核算、自主经营、自负盈亏的经济实体。2005年前，转制工作全部完成。

江城小刀厂、橡胶厂和华洋餐具公司由于经营管理不善，债务沉重，生产停止，工人待岗，厂房闲置。为帮助工人再就业，盘活闲置资产，江城区工业局运用拍卖和出租等手段，进行资产重组，成功引进了晓阳手袋厂、铭德五金塑料制品有限公司、瑞丰有限公司、坚盛塑料管业有限公司和同联兴钢业有限公司等较大规模企业。这些民营企业加盟后，2003年新增产值8 000多万元，创税利1 200万元，既解决了532名下岗职工的再就业，又增加了税收，还帮助416名下岗职工办理了社会养老保险。

三、商贸管理体制改革

（一）物资管理体制改革

计划经济时期，阳江县物资局的职能是负责工业和部分民用物资的供应工作。1993年，国家调整物资体制，取消计划指标和定期调拨物资，改物资计划调拨为市场调节；国家对企业从直接控制为主转向间接控制为主，除指令性计划分配的物资外，其余物资都进入市场自由购销。1998年底，江城区人民政府根据体制改革原则，把区物资局从行政管理单位转变为经营性企业实体，让所有权和经营权分离，把物资购销经营管理权下放到总公司，实行属下分公司独立经营、自负盈亏的方式。

（二）国营商业体制改革

1956年1月，阳江县完成资本主义私营商业的社会主义改造，江城公私合营商业、合作商店及个体商贩，大多纳入国营商业，国营商业基本占领整个流通领域。其时，城乡均实行统购统销，商品被统死，价格被定死，一切物资和用品都在计划中，紧俏商品还要凭票证购买。

从1984年起，商业体制改革逐渐铺开。江城建区后，江城区商业局随之成立，商业系统实行三级承包责任制，即区商业局向市商业局承包，各企业向区商业局承包，各批发部和门市部向企业承包。主要形式有抵押承包、招标承包、职工私人或社会个人承包等。商业部门由此向经济实体转型。

1998年10月，撤销江城区商业局，成立江城区商业集团公司。

2015年12月，江城区商务局成立，内设综合、市场、贸易、投资等多个股室。

从2016年10月起，江城区推行"五证合一、一照一码"登记制度，实行个体工商户"两证整合"，使注册便利化。2016年至2017年，新登记各类市场主体9 357户，各类市场主体实存量达47 801户，其中已核发"五证合一"营业执照768份、个体工商户"两证合一"营业执照830份。

（三）供销社的体制改革

20世纪50年代初期，江城各地农民在当地党委和政府的动员下，筹集资金，联合经营，建起集体性质的商业组织——供销合作社。1954年，国营商业和供销合作社分工，供销合作社负责农村市场的安排和农民生产资料、生活资料的供应以及农副产品的收购。1979年4月，江城各地供销合作社发展成为全民所有制商业[①]。

1988年4月，江城区各乡镇的供销合作社重新成立，由市供销合作联社管理。1993年3月，市供销社系统全面推行自筹资金、自主经营、自负盈亏、包干上缴的经营承包责任制。同年7月，阳江市供销社集团公司成立；随后，城西、岗列供销社合并为附城贸易公司，归市供销社集团公司管理。1997年12月，市供销社集团公司机构改革，设立江城区办事处，对海陵、平冈、埠场的供销社和附城贸易公司实行管理。江城区办事处撤销后，海陵、平冈、埠场的供销社和附城贸易公司，直接由市供销社集团公司管辖。

2017年，贯彻阳江市出台的《中共阳江市委、阳江市人民政府关于深化供销合作社综合改革的实施意见》（阳发[2016]12号），江城区供销系统的改革进一步深化，农资经营、农产品流通等主营业务加强，突出了供销社优势经营项目，提高了服务农业的水平。

（四）粮油管理体制改革

1. 国营、集体粮油贸易

从20世纪50年代起，国家对稻谷、大米、花生、花生油均实行统购统销。1962年，阳江县开始议价收购农民完成统购、派购任务后的计划外粮油，转而议价供应城市无户口居民和城乡缺粮缺油户。计划外粮油统一由供销社经营。

1979年3月12日，议价粮油购销归粮食部门统一经营。1983年，农民完成征购粮、超购粮任务后，余粮实行多渠道经营，但国营粮食部门仍发挥主渠道作用。从1985年起，国家取消统购统

---

① 参见《关于供销合作社性质问题的复函》（国发[1977]163号文）

销，实行合同定购，逐步建立牌价粮油和议价粮油均由粮食部门统一经营的"双轨制"。这期间，农民定购以外的粮油，可以自由进入市场。

2. 个体粮食贸易

自1983年国家允许粮食多渠道经营以后，江城区开始出现经营粮油、饲料的个体户。1992年实行粮油流通体制改革后，个体粮食贸易发展加快，大批私营企业和个体商贩进入粮食市场。至2017年，只要是城乡人口集居地，处处都有米铺。

（五）外贸管理体制改革

1989年，江城区政府开始实行对外经济贸易体制改革，主要是放权搞活，打破垄断经营，实施以企业为主的管理外贸大包干等体制，对出口结构、出口产品生产布局、出口产品经营机制和出口产品市场等方面进行调整。

1994年初，江城区政府贯彻执行《国务院〈关于进一步深化对外贸易体制改革的决定〉的通知》，开始对外贸企业实行自负盈亏、取消补贴等方面的体制改革，转换经营机制，逐步建立现代企业制度。

1996年，江城区政府让外经贸企业单位与行政机关脱钩，实行政企分开。1998年，江城区外经贸局从改善投资环境、提高服务质量和办事效率等方面开展外贸工作。全区2000年共有外贸企业19家，2017年共有外贸企业230家。

四、宏观调控体制改革

（一）计划体制改革

江城计划体制的改革及其职能的转变，大体上可分为两个阶段：

第一阶段：20世纪80年起代放开计划，促进市场发育成长。

在改革中，江城大幅度地缩小指令性计划，让越来越多的商品物资进入市场流通，为市场发育奠定了基础。到1990年，列入计划的产品从原来的几百种减少到10多种，即使是列入计划的产品，也同时有大部分在计划外进入市场，受市场调节。在这个阶段，计划工作开始注重编制中长期计划，1980年和1984年，阳江县先后编制了"六五"计划、"七五"计划；从"八五"计划起，由江城区编制。

从"八五"计划开始，一般都是指导性计划，其主要内容是：在农业方面，粮油等主要农产品由统购统销改为合同定购和市场调节，实行市场收购和自由采购；在工业生产方面，对重点原材料、水泥、化肥、大中农具部分工业产品，前期实行指导性计划，其余实施市场调节；在商业方面，除汽车、钢材等大宗商品外，一般都实行自行采购，市场选购；在文化、教育、卫生等社会发展方面，均实行指导性计划。

第二阶段：1990年至2017年的计划工作重点，是建立指导性计划体制。

这期间，计划对经济发展的作用，不再是通过计划指令，而是通过规划和政策的指导作用来实现。从"九五"计划起，对区域的建设和发展加强了协调，计划的重点转到为企业发展营造良好的环境上，尤其注重发展基础设施；加强对宏观经济的预测、监测和对经济形势的跟踪分析，提出政策建议，为区委、区政府提供决策参考；改革投融资体制，拓展政府资金渠道，改变过去基础设施的被动状态。

（二）财政体制改革

1990年至1993年，江城区改革过去的财政统收统支体制，建立了乡（镇）级财政，实行区、乡（镇）两级财政管理。区对乡（镇）实行"划分税种、核定收支基数、定额上缴（或定额补贴）、超收分成、超支不补、结余留用"的财政管理体制。乡（镇）财政收入没有完成包干上缴的部分，由乡（镇）财政预算外资金补足，或在下年度下拨支出基数内扣缴。预算内资金、预算外资金和自筹资金，分别设账结算。乡（镇）财政均按"量入为出、略有结余"的原则，自求收支平衡。

1994年至1995年，江城区出台了《江城区财政管理体制改革实施方案》，实施税制改革和分税制财政管理体制，进一步划分财政收支范围，确定税收返还基数和财政上缴数额，调整岗列、城西、埠场、平冈四个镇的财政上缴基数，规定结算事项和专款处理。1996年1月，省对市、县实行"水涨船高、分税分成"的财政管理体制。随后，江城区对镇收入基数与公共财政资金，也相应进行了调整。

2016年至2017年，江城区的财政改革又在深化：一是推进资产管理信息化；二是加强国库集中支付平台建设，推行公务卡结算制度；三是制定发布《江城区财政资金支出审批管理制度》，完善财政资金支出管理制度；四是建设农村财务监管平台，加强农村财务管理；五是对政府投资项目资金加强审核；六是规范政府采购，提高采购质量。

（三）税收体制改革

1994年1月1日起，实行分税制财政管理体制，税收实行分级征管，分设中央税务机构和地方税务机构。根据事权与财权相结合的原则，按税种划分中央税、地方税和中央与地方共享税。

中央固定税收包括关税，海关代征进出口环节消费税和增值税，国内消费税，中央企业所得税，地方银行、外资银行和非银行金融企业所得税，铁道部门、各银行总行、各保险总公司等集中缴纳的收入，中央企业上交的利润等。

地方固定税收包括营业税、地方企业所得税、地方企业上交利润、城市维护建设税、房地产税、车船使用税、印花税、屠宰税、农牧业税、耕地占用税、契税、遗产税或赠与税、土地增值税、国有土地有偿使用收入等。

中央与地方共享税收包括增值税、资源税、证券交易税等。

全面改革流转税制，实行以增值税为主体，消费税、营业税并行，内外统一的流转税制。改革企业所得税制，将过去对国营企业、集体企业和私营企业分别征收的多种所得税合并为统一的企业所得税。改革个人所得税制，将过去对外国人征收的个人所得税、对中国人征收的个人收入调节税和个体工商户所得税合并为统一的个人所得税。对资源税、特定目的税、财产税和行为税做了大幅度的调整，扩大资源税的征收范围，开征土地增值税，取消盐税、奖金税和集市交易税等7个税种。

2015年至2017年，税改的主要任务是推行"营改增"，推进"互联网+税务"，推动新税收征管模式，探索构建"征管评查"四分离岗责体系，逐步实现由"管户制"向"管事制"的转变。

（四）物价体制改革

从1979年开始，原阳江县对价格体系和价格管理体制进行了一系列的改革，大幅提高粮、油、猪、牛、羊等18种主要农产品收购价格，又提高了肉、禽、蛋、鱼等8种主要副食品零售价格。从1988年起，江城区按照阳江市政府的部署，全面实行企业定价许可制度。

在改革价格体系的同时，改革了过去高度集中的价格管理体系，下放权限，扩大企业定价自主权。经过20多年的改革，价格形式已由过去的单一计划价格变为国家定价、国家指导价、市场调节价等3种价格形式。1990年按社会商品零售总额计算，市场调节价占90%。

2000年至2017年，物价改革进一步深化，物价管理进一步规范。物价管理的职能主要是贯彻执行国家物价法规，处理物价争议，监督实施商品价格和收费标准，制止价格垄断、低价倾销、价格欺诈等不正当行为，维护公平竞争的价格秩序，推行明码标价，实施价格监督。

（五）金融体制改革

1985年起至江城建区之初，江城实行"统一计划、划分资金、实贷实存、相互融通"的信贷资金管理体制，允许各专业银行之间利用同行业拆借市场调剂资金余缺，进行横向资金融通。

1994年后，江城的各家银行逐步实行国家的"总量控制、比例管理、分类指导、市场融通"的信贷资金管理体制。对商业银行实行贷款限额控制下的资产负债比例管理；对非银行金融机构坚持以资本制约资产、资金自求平衡的原则。

20世纪末21世纪初，各银行在逐步推行资产负债比例管理与风险管理的基础上，实行"计划指导、自求平衡、比例管理、间接调控"的新的信贷资金体系。

（六）社会保险改革

1994年7月设立阳江市江城区保险事业局，从此时起至2017年，江城区的社会保险事业边改革边发展：

城镇职工"五险"参保总人数为189 942人，其中参加养老保险的有73 123人，参加职工医疗保险的有37 106人，参加失业保险的有23 322人，参加工伤保险的有30 124人，参加生育保险的有26 267人。

城乡居民社会养老保险参保人数为116 484人，其中农村居民为85 786人，城镇居民为30 698人。全区43 414名60周岁以上的城乡居民领取基本养老保险金，享受养老待遇。

城乡居民基本医疗保险参保人数为355 680人。

在机关事业单位养老保险上，江城社保分局与区编办、区人社局、区财政局协调，开展江城区机关事业单位养老保险参保登记，完成6 000多人参保登记和信息上传工作。

全区2017年征收社保费用74 117万元，支付各险种待遇共53 443万元。截至2017年底，江城区各类保险基金历年累积结余114 320万元，基金保持安全完整。

江城区社会保险逐年完善，这从制度和机制上为全区人民老有所养、病有所医、穷有所济、急有所助提供了可靠的保障，这充分体现了共享改革发展成果、建立和谐社会的理念。

（七）启动综合改革

中共十八大提出了综合性改革任务，江城随之向纵深推进并启动综合改革。主要是推进政府机构、投融资体制、行政审批、农村综合、商事登记、医药卫生体制、综合行政执法等的改革，提高公共服务管理水平，构建"大众创业、万众创新"的氛围，激发市场主体活力。在新的一轮改革中，江城承接珠海对口帮扶，招商引资取得丰硕成果，形成三产并进、内外并举的招商新格局。2012年至2017年，全区共引进项目268个，合同投资总额达281.8亿元；实际利用外资共1.01亿美元，连续5年超额完成市下达的招商引资和投资的任务。

从整个改革历程来看，随着改革的不断深化，江城的经济、政治体制不断完善，生产力水平大为提高，生产关系更加适应生产力水平，各项建设提质加速，经济持续高速发展，人民生活得到改善。这一切都与党和政府的领导分不开，也与江城人民的锐意改革、自我完善分不开。江城的改革已取得显著成效，但仍在路上。

第三节 科技教育 优先发展

一、优先推广科学技术

（一）加强科技队伍的培养和建设

1988年，江城区职称改革领导机构就商业经济、工业经济、会计、统计、建筑工程、机械、中西药、财政、税务、畜牧兽医、农业、林业和卫生等35个专业组织开展基础理论与专业知识培训，共培训了1 895人。

1989年至2017年，江城区科学技术局、科学技术协会会同区委组织部、区农委等部门，先后组织区农学会、畜牧兽医学会、水产学会以及农村党员、干部、专业户等，分别举办了农作物种植、禽畜和水产养殖、汽车维修、家用电器维修和摩托车维修等专业技术培训班，还结合科技扶贫和科技示范镇工作，每年举办多期农村先进实用技术培训，推广新的科技成果。

通过引进和培训，江城区的科技队伍不断壮大，人员素质不断提高。2017年，全区有各类专业技术人员3 775人，其中获得高级职称的有90人，获得中级职称的有1 057人，获得初级职称的有2 628人。

（二）开展科技知识宣传推广活动

江城区科学技术局、科学技术协会把科技工作摆在优先位置，注重组织各学会、协会、基层组织、企业等，广泛开展科技知识的宣传和普及工作。

1988年至2017年，江城区开展科技知识讲座550次，发放科普知识宣传小册子13万册（份），出版科普知识专栏150多期，接受技术服务与技术咨询5.6万人次，举办各级技术培训班690期，培训10.5万人次。1996年5月组织开展的"科技传播月"活动，组织900多名中小学生到区直企业参观。江城区科学技术局、科学技术协会经常组织水产、卫生、畜牧、农业等学会、协会，在平冈、埠场、双捷等镇和白沙、中洲、城西等街道举办送科技下乡、科技咨询和义诊服务活动，每年参加咨询、义诊者，平均达1.6万人次。

（三）加强科技专业镇建设

全区把发展专业镇经济同发展民营经济、培育特色经济、壮大园区经济、发展配套经济、提升劳务经济紧密结合起来，形成区域产业集群的基地化、专业化生产，促进全区农村经济加快发展。江城区原有1个市级五金技术专业镇——岗列镇（现改为街道），该专业镇2011年的地区生产总值为83.22亿元，专业镇特色产业总产值为59.56亿元，特色产业总产值占地区生产总值的71%，特色产业从业人数为9 430人。2011年，江城区新增1个市级的黄鬃鹅养殖专业镇——白沙专业镇（街道）。白沙专业镇（街道）养殖黄鬃鹅的地区生产总值为9 800万元，特色产业从业人数约4 000人。2016年，岗列作为五金专业镇，特色产业总产值增至200亿元，比2011年翻了近两番；白沙作为黄鬃鹅养殖专业镇，特色产业总产值增至10.2亿元，比2011年翻了三番多。

（四）促进产学研的结合

坚持依托高校、科研院所，通过产学研合作，加大技术创新力度，提升自身技术水平。仅2011年，金朗达、鸿丰等企业依托华工阳江工业研究院就达成多个技术研发合作项目。全区共有5

家企业与11所高校（其中8所为外省高校）、3个科研单位（其中属中科院的单位1个）开展产学研合作。参与产学研合作的专家共38人（省外26人），其中院士有9人，长江学者有4人，杰出青年有5人。2017年，全区投入产学研的经费创历史新高，达1 447万元，完成年度调整预算的154.93%。全年各企事业单位向上申报科技项目9项，获得省级立项支持的有3项，获得扶持资金330万元；获得市级立项支持的有6项，获得扶持资金63万元。

二、优先普及文化教育

（一）幼儿教育

江城优先普及文化教育，重点是九年义务教育，基础是幼儿教育。

中华人民共和国成立之初，阳江县妇联会在县城青云路办起阳江县干部托儿所，入所幼儿仅9人。1953年，在县城盐场衙再办干部托儿所，定名为阳江县干部第一幼儿园，入园幼儿共130人。1960年，阳江县干部第一幼儿园、职工第二幼儿园合并为阳江第一幼儿园，园址迁往朗星坊原矿站。

1986年，阳江县教育局贯彻湖南桃江经验，决定"普通教育、业余教育、学前教育一起抓"。是年，江城11所小学办起学前班，共15个班、634名学生。此后，江城地域各乡镇的小学也陆续办起了学前班。

1988年，江城区有幼儿园5所（其中民办4所，公办1所），共14个班，入园幼儿为510人。全区幼儿园共有教职工22人，其中专任教师19人。另外，全区小学开设学前班52个班，学前儿童2481人。

2017年，全区共有幼儿园128所（其中公办39所，民办89所），在园幼儿共20 917人（其中公办园1 816人，民办园19 101

人），入园率达98.22%。

（二）小学教育

从1950年起，贯彻学校向工农打开大门的办学方针，扩大了县城工人子弟小学。为解决渔民、水上船民子女入学的问题，在县城西濑开办了水上居民子弟小学（后改名为"水运小学"）。1955年，为满足农民子女入学要求，把部分条件较好的初级小学升级为完全小学。

1958年，国家提出"教育必须为无产阶级政治服务、必须与生产劳动结合"的方针，中共广东省委接着提出"用两条腿走路"的办法，推动教育事业多快好省地发展，出现了勤工俭学、半农（工）半读的办学形式和群众办学的热潮。

1961年，贯彻中共中央"调整、巩固、充实、提高"的方针，调整教育事业发展速度，劝退超龄学生，在校学生人数有所减少。

1988年，江城区教育局管辖小学52所。1989年，埠场乡、平冈镇、海陵镇和闸坡镇划归江城区，江城区教育局管辖的小学增至120所。1990年8月，阳江市实验小学建成并开始招生。1991年，江城十一小学投入使用。1992年，海陵镇和闸坡镇25所小学随区划变化归海陵经济开发试验区管理。是年，江城区教育局管辖的小学共95所。此后，由于区划变化，加上局部调整，1995年全区小学减至64所，1996年又增加到93所。2000年，全区有小学93所，学生56 851人。

2001年9月，阳江市江城区第十三小学开办。

2013年，根据《江城区城区中小学近期发展规划建设方案》和《阳江市江城区加快义务教育学校布局调整创建教育强区工作重点任务分解实施方案》，按照整合优化、方便入学的原则，通过撤并、扩建、新建等办法推进农村中小学布局调整。学校布局调整前，全区共有公办义务教育学校90所，其中初中13所（均为规范化学校），小学77所（其中规范化24所）。调整后，设公办中小学31所（其中初中6所，九年一贯制学校6所，小学19所）、小学分教点50所。

2014年9月，阳江市江城区国际城实验小学开办；2015年3月，阳江市江城区第一小学城南校区开办；2016年9月，阳江市江城区御景小学开办。至2017年，全区有小学25所、小学分教点47个，均为义务教育标准化学校，有小学生53 671人（其中民办小学的学生16 720人）。

（三）普通中学教育

中华人民共和国成立后，废除了学校原来的训育制度，取消了童子军课和公民课，初步改革了教学内容，将旧学校逐步改造为新社会的学校。从1950年起，政府采取补助的办法，逐步过渡，将私立学校改为公立学校。

1951年10月，宏中、文范两校合并，取名漠江中学。1953年2月，又改名为阳江县第三初级中学。此前，阳江县立中学已改名为阳江县第一中学。1954年9月，漠南中学改名为阳江县第五中学。至此，江城地域共有4所中学（含两中），其中完全中学2所。

1958年9月，江城第一小学、第二小学办起附设初中班；阳江一中、两阳中学和阳江县第三初级中学合并为两阳县第一中学（时阳江县、阳春县合并为两阳县）；阳江县第五中学更名为平冈中学，并增设高中部，成了完全中学；平岗农场开办滨海中学。1959年9月，江城第一小学、第二小学附设的初中班合并为江城公社的江城中学。

1961年3月，恢复了两阳中学和阳江县第一中学，江城开办了阳江县第二中学（初中），江城水运小学附设了初中班。1962

年，平冈中学停办了高中，后于20世纪70年代又复办了高中。至20世纪70年代，江城地域公办中学有完全中学2所、初中2所；私立中学则保留江城中学（1970年改名为"五七中学"）和平岗农场滨海中学。

1986年，《中华人民共和国义务教育法》公布实施，江城在实现小学义务教育的基础上，提出了发展初中义务教育的规划，积极推进九年义务教育。

1989年，江城区教育局管辖的初级中学共15所，分别是江城中学、瑞禾中学、沿江中学、东花中学、岗列中学、城西中学、城郊中学、城北中学、对岸中学、埠场中学、埠东中学、平北中学、平西中学、桐山中学和海陵中学；管辖的完全中学有阳江市第二中学、漠南中学和闸坡中学。

1991年，岗列乡建成新的城北中学，并将对岸中学合并到岗列中学；城西中学增设高中部（职业中学），同时继续招收普通初中学生。1992年，海陵镇、闸坡镇从江城区划出。1995年，江城中学改名为阳江市第四中学，瑞禾中学改名为阳江市第五中学。

1996年，沿江中学改名为阳江市第六中学；阳江市第七中学建成（东花中学并入）并开始招生；城北中学开始招收高中学生，并在后期改名为英才中学。

1997年，阳江市第七中学开始招收高中学生；1998年8月，阳江市第八中学建成，开始招生；2000年9月，埠场中学和埠东中学合并，取名为关山月中学。

2003年，双捷镇、白沙镇划归江城区，两镇中小学校划归江城区管辖。

2008年8月，平冈镇划归阳江高新区管辖，原平冈镇中小学校也划归阳江高新区管辖。

2014年2月，阳江市进行高中布局调整，阳江市英才中学、阳江市同心中学、阳江市田家炳学校、阳江市城西学校4所高中撤并，江城区保留九年义务教育。是年6月和12月，江城区被评定为"广东省教育强区""全国义务教育发展基本均衡区"。

2017年，江城区的学校几经调整，有公办中学12所，只分为初级中学和九年一贯制学校两类。其中初级中学有5所，包括阳江市第二中学、阳江市第四中学、阳江市同心中学、阳江市江城区茶山中学、阳江市江城区双捷镇双捷中学；九年一贯制学校有7所，包括阳江市田家炳学校、阳江市城东学校、阳江市南恩学校、阳江市岗列学校、阳江市城西学校、阳江市城郊学校、阳江市关山月学校。还有特殊教育学校1所，民办九年一贯制学校12所。

医疗卫生　重点发展

一、医疗网络日益健全

江城把医疗卫生事业定为重点发展事业，并从健全医疗网络抓起。2017年，江城有区级医院，也有镇级医院，还有街道社区卫生服务中心，它们全方位地为江城人民的健康提供服务。

1. 江城区人民医院，原江城镇卫生院，随着江城区人民政府的成立而升格为江城区人民医院，后又列为阳江市人民医院江城分院，院址在江城区瓮垌巷。该院建于1958年，占地面积为7 180平方米，建筑面积为9 000平方米。

2. 江城区埠场镇卫生院，于1975年12月建立。它是一所集医疗、预防保健、公共卫生服务于一体的一级基层卫生院。占地面积为4 120平方米，建筑面积为2 441平方米。

3. 江城区双捷镇卫生院，成立于1957年。原位于镇区沿江西路7号，2013年5月整体搬迁到现址，即双捷镇597县道旁（南方电网双捷营业厅左侧）。新院占地面积为4 600平方米，建筑面积为2 400平方米。

4. 各街道社区卫生服务中心。江城区的岗列、城西等街道共设8个社区卫生服务中心，均为公益性一类事业单位，坚持以人的健康为中心、家庭为单位、社区为范围、需求为导向，重点为妇女、儿童、老年人、慢性病人、残疾人提供基本医疗和公共卫生服务。

二、防疫防病保健并进

（一）实施计划免疫，控制疾病发生

自1992年起，江城区实施计划免疫门诊接种形式后，如期通过计划免疫三个85%达标评审，儿童免疫接种率逐年提高。常规基础免疫，每年都保持在95%以上。结核、麻疹、乙脑、破伤风、百日咳、白喉和脊灰炎等儿童传染病得到有效控制，如期实现消灭脊灰炎。1988年至2017年，百日咳和白喉病发病率为零，麻疹发病率也控制在较低位，在长达29年的时间里，仅发生了10余例。

（二）积极有效防治特殊病、地方病

1. 丝虫病。建区以前，江城区仍出现过丝虫病的病例。从1989年起，由江城区卫生防疫站负责全区丝虫病查治工作。1997年，江城在平冈、埠场等4个镇8个管理区血检了5 123人，未发现微丝蚴血症者。1998年，全区消灭丝虫病。

2. 地甲病。地甲病是地方性甲状腺肿的简称。自1996年起，江城区实施全民食盐加碘，每年都开展碘盐监测，居民户碘盐合格率均达100%。1999年，市政府对江城区进行评估，抽查了平冈、埠场、城西和岗列4个镇，共检测销售碘盐24份、居民户碘盐100份，碘盐合格率均达100%。是年，对1 650名小学生进行甲状腺肿触诊检查，患甲肿人数有3人，甲肿率有0.18%；对100名学生进行尿碘测定，尿碘中位数为265.91毫克/升。1999年，江城区实现消除碘缺乏病阶段目标。

3. 麻风病。建区后至1998年，全区未发现麻风病人，达到基本消灭麻风病的标准。1998年向省卫生厅申报并通过基本消灭麻风病考核验收。

4．艾滋病、梅毒、乙肝。江城把预防艾滋病、梅毒和乙肝母婴传播的工作当作一项经常性工作。2017年，全区助产机构分娩产妇人数共521人，孕期检测艾滋病、梅毒、乙肝共495人，孕期检测率达95.01%。检测者中，没有艾滋病产妇，梅毒阳性产妇有2人，乙肝阳性产妇有62人，其中注射乙肝免疫球蛋白的有62人，乙肝免疫球蛋白注射率达100%。以上各项相关指标，均控制在要求范围内。

（三）妇幼保健工作全面加强

1993年8月，江城区妇幼保健所一成立，便指导区人民医院、乡镇卫生院开展妇幼保健工作。1998年，全区取消乡村接生员，普遍采用新法接生，实施住院分娩，全区的普通产床都换成了不锈钢产床，当年的住院分娩率为67.2%。2017年，全区共有孕产妇6 171人，进行产前检查的有5 971人，产前检查率达96.54%；系统管理5 682人，系统管理率为91.87%；高危孕产妇有253人，高危管理率达100%。全区活产数的6 185人，其中住院分娩活产数为6 182人，住院分娩率达99.95%；产后访视人数为5 901人，访视率为95.41%；全区无孕产妇死亡；母乳喂养实查人数为28 415人，其中母乳喂养人数为26 281人，母乳喂养率为92.49%。以上均在要求指标内。全区妇幼保健技术水平、服务质量不断提高，无生育手术并发症发生。

三、环境卫生不断改善

（一）积极参与创建卫生城市

从1990年开始，江城区政府每年进行4次环境卫生检查评比（每季度1次），由爱卫会组织实施。1989年至2000年，共经历全省城市卫生检查5次（1989年、1991年、1994年、1997年、2000年）和全国城市卫生检查4次（1990年、1992年、1995年、

1998年），城市卫生总体水平不断提高，改变了过去环卫基础设施不足、灯不明、路不平的状况。在1995年的第三次全国城市卫生检查评比中，江城区获得该年度"卫生先进城市"称号。2002年，市、区开展创建省文明城市和卫生城市活动，创卫工作经省考核，并由广东省爱国卫生运动委员会授予阳江市"广东省卫生城市"称号。2017年7月，经市、区进一步开展创建国家卫生城市的工作，阳江市被认定为"国家卫生城市"。

（二）促进卫生的门前"三包"

从1990年起，全区实施门前"三包"制度：包卫生，搞好门前清洁卫生，制止随地吐痰以及乱丢、乱倒废弃物和乱倒污水；包秩序，制止乱堆杂物、乱放建筑材料、乱摆摊档、乱停车辆、乱张贴、乱搭建、乱钉挂等影响市容卫生和交通秩序的行为；包美化，按照园林部门的规划布局，种植、管护树木花草和绿化设施。"三包"责任单位和住户接受街道和业务主管部门的指导、监督，指定专门负责人和具体执行"三包"的责任人，负责"三包"责任的落实。到2017年，全区落实门前"三包"的住户达到7万户。

（三）城市卫生与垃圾处理

建区后，城区垃圾均由市环卫处负责处理。每年市财政拨款300万元，区财政拨款200多万元，作为处理城区垃圾的资金。1993年11月，市、区两级政府共投入资金300万元，建设占地面积37万平方米、日处理垃圾370吨的生活垃圾处理场1座，1994年4月投入使用。2017年，城区垃圾无害化处理率达88%。

（四）农村卫生与改厕改水

各街道和镇都设有环卫站，设专职保洁员，每天打扫卫生一次，每周大搞卫生一次。实行人畜分离、粪便高温堆肥，建设无害化公厕或卫生厕所。2017年，农村卫生户厕普及率达62%，通过广东省"南粤杯"达标验收。

做好农村饮用水建设改造和卫生管理工作。1992年春节前，岗列乡大型自来水工程建成，解决了对岸、岸东等8个行政村2万多人的卫生饮水问题。2016年，双捷镇清冲村委会新塘村、埠场镇那贡村委会李屋村和中洲街道华龙村委会幸福村获"广东省卫生村"称号。2017年，农村有供水设施的村委会共52个，受益人口为20万人。

城市建设　扩容发展

一、建区之前的县城建设

江城是阳江县县城所在地，20世纪50年代，江城便建成影剧院、工人文化宫、人民礼堂和人民广场，重建金星戏院；原建在东门头的汽车运输站，迁往东风路重新兴建。道路桥梁建设也同步进行。其间，对南恩路、太傅路和龙津路进行翻修，拓宽东风路，建成漠阳桥、滘仔桥和阳江大桥。

20世纪70年代，江城又建成自来水厂，翻修了太傅路，将滘仔桥、阳江大桥、漠阳桥以及原有的观光桥等木桥改建成钢筋混凝土公路桥。

20世纪80年代，江城再度拓宽东风路，修建东门路、二环路、沿江路和东山路等10多条街道，建成北山公园和鸳鸯湖公园，开通程控电话，兴建8个商业区和荔枝园、观光、欧坑、岗背、南郊、东门垌、马南垌等12个住宅小区。

1987年底，阳江县城总面积为7.9平方千米，人口为12.5万人。

二、建区后参与城市建设

（一）城区道路的建设和改造

1990年，改造环城北路；1993年，改造环城南路；1998年，拓宽改建牛角巷；2000年，实施拆建开通新华南路；2008年12月

31日，东风一路至东风四路和北环路高标准、高质量改造完工。2001年至2017年，先后新建、改建、扩建建设路、创业路、马南路、新华北路、西平路、石湾路、二环路、三环路、康泰路、体育路、沿江北路、沿江南路、中洲大道、金山路、马曹路、新江路、安宁路、漠江路、东风路、高凉路、东山路、江台路、甘泉路、体育路、文明路、江朗大道、东门路、富康路、鹰山路、环湖大道、南浦大道、洛东大道、洛西大道、四围大道、金阳二路、豪贤路等数十条市政道路及配套排水管道。

（二）城区桥梁的建设和改造

上元春桥，1991年改建，后覆盖成马路；马南桥、安宁路桥、建设路桥均于1993年建成；漠江一桥，1994年建成；建设桥，1994年建成；漠阳桥，1995年重新建成；尤鱼头新大桥，1995年8月扩建竣工；滘头大桥，1995年9月改建竣工；漠阳江特大桥，1997年9月建成；北门巩桥，1998年重修；漠江二桥，2014年建成。

（三）连接城区的重大交通建设

1. 国道建设。广湛线过境公路（即原江恩、江电公路部分路段），全长约30千米。1953年，在鱿鱼头、滘头两个渡口建木桥通车。至1982年，将木桥全部改建为钢筋水泥桥。1988年建区至2017年，区内国道G325线又先后几次进行了改建、扩建，建成了水泥混凝土路面的一级公路：路基宽23～40米，路面宽16～24米，设4～6个车道，设中央分隔带、夜视闪光器，两旁设有硬路肩、排水沟、绿化带。

2. 省道建设。江闸线省道，全长44.5千米，由省、县补助，镇（乡）筹款，发动群众，以原埠九路的一段为基础，逐段分期修建。1958年兴建海陵（白蒲）至闸坡路段。1961年，建成江城至埠场渡口路段，再兴建平冈圩至平冈农场路段，连接原埠九

（埠场至九姜）线。1962年兴建平冈农场至海陵大堤路段。1966年7月，建成长达4.6千米的跨海大堤，实现江闸公路全线通车。原线设埠场渡口，1986年建成埠场大桥，撤销渡口。江闸线建成后，全线贯通江城革命老区，15个革命老区村庄中有13个村庄均在该省道边沿或附近，受惠最大，不但出行方便，生产和运输也十分方便。还有江春线、江台线，也分别于1954年和1969年建成通车。1988年，江城建区后，政府采取"以桥养桥，以路养路"的办法引进外资，新建、扩建了S277阳闸线公路、阳港公路、S365麻阳线（中山麻子至江城岗列）公路等。

3．高速公路。2002年4月28日，广东西部沿海高速公路阳江段正式通车，10月30日，其重要支线——一级公路联络线正式通车。2003年9月3日，开阳高速公路提前两个月正式通车。

4．铁路建设。2004年6月28日，首列火车驶出阳江港站，标志着阳阳铁路全线正式通车运营。2017年底，深茂铁路试行通车，穿越城南新区，江城交通进一步改善。

（四）供水、排污与公厕的建设改造

1988年前，城区部分下水道是雨污合流的明沟或暗渠，沿江河、水库、池塘、低洼处因势排放，每逢大雨天，龙津路、河堤路、猫山一街等常出现水浸街现象，南排、马曹等城中村浸水更是严重。1988年至2015年，对上述道路、城中村和北环路、沿江路、新华北路、金鸡路等下水道和排水系统进行改造，把原雨污合流改成雨污分流，完善道路及小区排水系统的设施建设，解决了旧城区污水排放和水浸问题。

1988年，城区有公厕37间，其中35间是旧式旱厕，两间是水冲式公厕。至1997年，35间旱厕全部改造成三级化粪池水冲式公厕（三类），专人管理，24小时开放。2000年后，新建30多间钢筋混凝土结构的水冲式公厕，基本解决了居民如厕问题。

1998年7月14日，在旧城区南濠社原四眼塘处建设阳江市第一净水厂，2000年底投入使用。工程总投资约5 480万元，占地面积为1.88万平方米，采用高效射流曝气SBR工艺，日处理污水能力2万吨，城区生活污水处理率达30%。

2007年9月28日，漠江水厂三期扩建工程全面完成，该工程总投资7 000万元。

（五）环城河的治理

环城河总长2 600米，长期污染严重。根据市政府决定，1990年冬，整治环城河工程动工，1996年2月竣工。

环城河的治理包括：挖深3米，铺硬底，底宽10米，河两旁砌1∶1或者1∶2坡度护坡石，两旁设排污暗沟，河岸建绿化带或小公园，整个工程共挖土3.3万多立方米。然后对部分河面实施封盖。1990年前，市工商局已将北山公园门前至东门桥的一段长250米的河面覆盖，上面设商场；华濠涌河面长400多米，亦已覆盖。至1995年底，共覆盖河面长1 600米（下面成了暗流）。此次投入资金约1 300万元。

环城河覆盖的北山公园门前段，长401米，可提供场地9 000多平方米，其中用作停车场2 100平方米，建设小型商业网点用地1 500平方米，群众休闲场地400多平方米，商业网点铺位和其他附属工程造价约700万元。东门桥到上元春桥段，长470米，开设服装市场（为"下岗工人一条街"），摊位布置设计成商业步行街，并与原工商局覆盖建成的商场打通，可直接连通东门桥至上元春通道，形成一条7米宽的步行街。上元春桥至南门头桥段，长370米，覆盖后将原在东门路、甘泉路、牛角巷乱摆卖花鸟树木的占道摊档安置在其两端。南门头桥至合碧社段，在南门桥头至江城中学一带建成外来民工临时居住点和小园林景点。

（六）城区的扩容及城南新区的崛起

江城建区后，城区面积已从1988年的7.9平方千米增至2017年的60多平方千米。城区的迅速扩大，正是加强各项城建工作的结果。

在整个城区中，城南新区尤其亮眼。该新区于2013年起步建设，总面积为10.12平方千米，其中商务核心区面积为7.02平方千米。至2017年，核心区在建项目29个，总投资约60.8亿元。开通江朗大道、二环南路、东门南路等多条连接江城旧城区的城市主干道，金平路一期项目建设加快推进；江湛铁路阳江站综合交通枢纽工程站前广场和站前路项目、地下综合管廊项目（新阳路、郦阳路）及城南东路、城南西路和BT一二期"六路"（即洛西、洛东、四围、四围东、新江南、南浦东等6条大道）、连围河整治工程等项目明确了建设时间表、路线图，正重点加快建设。如今城南新区高楼耸立，路网密布，市场、学校、医院、商住、酒楼等配套建设基本齐备。

（七）城区绿化和公园的建设改造

20世纪80年代前，江城区仅东风一路、环城东路、环城南路和东门路实施道路绿化，绿地偏少。1988年，阳江车站至中旅社路段绿化带建成。1991年，先后完成东风二路、北环路绿化及两路入口花坛、创业花坛、乔士花坛的建设。至此，城区主干道与环岛绿化基本达标。2000年，新建成的石湾路、新江北路、西平路，全部按"一路一树"的景观建设，绿化面积占建成道路的1/3。

城区森林公园于1992年建成，1998年后，相继更名为阳江市金山公园、金山植物公园，占地面积为320万平方米。

东岳公园于1995年建成，2014年增建设施和改建环山景观路，公园占地面积为19.7万平方米，主要景区有东山寺、怀乡阁、山顶广场、电视塔观景区等。

北湖公园于1995年建成，2016年起改建；公园总面积为27万平方米，其中陆地面积15万平方米，水域面积12万平方米，建有亭台、木结构长廊、木桥、大佛等景点。

城区街心公园于1998年5月建成，占地面积为8 000平方米，绿化率为90%。

城区中心广场于1998年8月建成，占地面积为3万平方米，广场内种有乔灌木、花草，装有音响设备和灯饰。

中山公园于1998年9月改造，增添了新景点。公园占地面积7 500平方米，为敞开式管理公园，主要景点有民生亭、民主亭、民权阁、孙中山铜像和古炮台等。

2001年至2017年，改造了鸳鸯湖、东岳、北山、金山、中山、北湖等公园和人民广场；新建了三廉公园、南山公园和中心广场等。

至2017年底，城市建成区绿化覆盖面积达852.9万平方米，绿化覆盖率为35.1%，绿化率为30%，人均公共绿地面积达8.5平方米。

（八）公共交通设施日益完善

1995年1月，城区公共汽车营运正式开通，服务范围覆盖城区和近邻乡镇。此前，城区载客主要靠人力车、三轮车和摩托车。

1999年2月，开通无人售票线路。至2000年底，城区开通公交线路6条，总长度约91千米，实行全程1元票价，全部无人售票。投入车辆115台，年客运量达728万人次，年运行里程750万千米。开辟榕园小区1 200平方米停车场，在漠江路、建设路、东风路等路段建成避雨式候车亭24个、上落站牌62个。

2017年，市区有阳江市粤运朗日公共汽车有限公司一家公共汽车经营企业，有员工数387人，开行16条公交线路，线路总长361千米，全年完成客运量2 003.7万人次，客运周转量23 985.5万人次。市区公共汽车开通全省公交一卡通（岭南通·漠江通）智能卡服务，实现与全省各市一卡通的互联互通。

同年，引入滴滴出行、共享单车。滴滴出行一般为小轿车，约有两三百辆；共享单车共5 000多辆，主要投放于城区。这些车辆的投入，大大方便了市区人员的出行。

三、参与创建城市新品牌

江城建区后，配合参与了全市创建各种城市品牌的工作，为全市荣获一批"国字号"城市品牌发挥了积极作用。这方面的成果主要有：

1993年7月，阳江被中国风筝协会命名为"全国风筝之乡"，是当时中国唯一的"全国风筝之乡"。

2001年，阳江被中国生产力促进中心协会和国家日用五金行业生产力促进中心先后授予"中国菜刀中心""中国剪刀中心""中国刀剪之都"称号。

2001年1月7日，国家旅游总局公布了一批"国家4A级旅游风景区"名单，海陵岛大角湾榜上有名。同年，阳江创建"中国优秀旅游城市"获得国家"创优"检查组的高度评价，并获得国家旅游总局批准。

2002年，阳江市荣获中国儿童少年基金会和中华慈善总会授予的"公益明星城市"称号，并在北京八达岭长城博物馆"中国儿童慈善功德碑"上留名。

2004年6月，阳江市创建"中国诗词之市"获中华诗词学会批准。这是继湖南常德之后，全国第二个"诗词之市"。

2005年6月，阳江市被中国楹联学会命名为"中国楹联文化城市"。至此，阳江是同时获得"中国诗词之市"和"中国楹联文化城市"两个荣誉称号的城市。

2008年10月28日，在第二届中国旅游论坛上，阳江被授予"中国最佳生态旅游城市"称号。

2011年1月，中央电视台财经频道发布由该台与国家统计局、中国邮政集团联合推出，以揭秘中国百姓财富观、幸福观为主题的"CCTV2010经济生活大调查"结果，阳江市进入市民最具幸福感的全国十大城市之列。

2011年6月23日，阳江市荣获"平安城市"和"中国社会治安综合治理模范城市"称号，成为广东省唯一获此殊荣的地级市。

2014年1月，通过国家住房城乡建设部严格的现场考查和专家综合评审，阳江荣膺"国家园林城市"。

2014年5月19日，《阳江日报》报道：国务院教育督导委员会公布2014年国家义务教育发展基本均衡县（市、区）名单，江城区榜上有名，成为阳江市首个"教育发展均衡区"。

2016年8月29日，国家文物局在中国文化遗产研究院召开海上丝绸之路申遗工作会议，阳江市以"南海1号"沉船及沉船点入选"海上丝绸之路：中国史迹"申遗城市。

2017年7月，阳江市被全国爱国卫生运动委员会正式命名为"国家卫生城市"。

农村建设　加速发展

一、扎实建设施　努力强基础

在农村"建设施、强基础"方面，江城落实了多项任务：一是开展村庄整治工程。全区狠抓农村环境建设，不断改善农村面貌。各村以试点村为榜样，重点推进农村生活垃圾清理、村道硬化、污水治理、卫生改厕、村庄绿化等"五项工程"，全面开展环境综合治理。二是推进农村危房、旧房改造。仅2015年至2017年，全区农村危旧房改造共1 520户，投入资金3 040万元。三是推进农村基础设施建设。区政府提出，要在"十三五"期间实现村村通自来水的目标。2013年以前，全区尚未达标的行政村有12个，包括：白沙街道的六村村、白沙村、大岗村、石河村、岗华村、华陈村、马岗村，双捷镇的草朗村、岗元村、泥湾村，城东街道的随垌村、奕垌村。至2017年底，这些村已完成项目工程的规划设计、施工图纸设计及工程招投标工作。工程投资1 807万元，项目建成后，可解决2.46万人的饮水问题。四是加强农田水利基础设施建设。仅2017年，全区投入资金1 100万元，加强了埠场镇、白沙街道共7 000亩农田水利基础设施的建设。五是完善农村垃圾收集点。城郊的行政村基本都建有垃圾收集点，建成密闭式垃圾屋36个。加强上述基础设施建设之后，全区农村的村容村貌大为改观，行政村已全面实现了"五通"——通路、通电、通水、通讯和广播电视"村村通"。

二、建美丽乡村 创名镇名村

江城区委、区政府于2013年对美丽乡村建设进行了具体部署，要求掌握"典型引领、示范带动、以点带面"的方法，明确方向，突出重点，努力打造"生活富美、环境秀美、文化精美、社会和美"的"四美"乡村。该项工作开展以后，各镇、街都坚持"政府引导、农民主体、社会参与、共赢开发"的方针，以政府投入为引导，动员农民、社会其他力量筹集资金，投入美丽乡村建设，保证了美丽乡村建设的顺利开展。为支持江城区进行美丽乡村建设，2015年至2017年，市、区财政每年拿出创建村专项补助资金550万元，其中市级财政每年下拨创建村配套专项补助资金250万元，区财政每年列支创建村专项补助资金300万元。全区美丽乡村建设工作开展几年后，埠场镇那蓬村委会果园村、白沙街道白沙村委会大塘村、岗列街道对岸村、岗列街道司朗村、城西街道阮西村委会新围村、双捷镇泥湾村委会三根树村、中洲街道华龙村委会的幸福村等30个村庄均有很大的变化，美丽乡村新面貌之美初步呈现出来。

中共十八大以来，江城区还按照"生产发展、生活宽裕、乡风文明、村容整洁、管理民主"的标准推进社会主义新农村建设，把打造名镇、名村、示范村作为新农村建设的重要引擎，着力抓好村庄硬底化道路、饮水、卫生、文化室、娱乐等设施的建设。至2017年，全区有双捷镇清冲村委会新塘村、白沙街道白沙村委会大塘村、岗列街道对岸村、城西街道阮西村委会新围村等4个示范村，在进行社会主义新农村建设取得实效的同时，已打造成为第二批广东省名村。全区其他农村的居住环境，由此也得到了整体的改善和提升。

三、农村文化体育医保的建设

在农村文化体育方面，相关的基础设施日臻完善，文化体育产业有了一定的发展，全区各镇（街道）农村建有文化站10间、村文化室64间、农家书屋64间。2015年至2017年，创建市文明镇（街道）3个，市文明村和市法治宣传教育先进街道各1个。创建无邪教镇、村各1个。农村文化体育活动普遍开展，岗列等街道多次被评为"广东省群众体育运动先进单位"。

在农村医疗保障方面，2017年，全区农村有20.7万人参加了医保，其中农业人口参加城乡居民医保呈增长趋势，成为主体。

四、支农惠农政策的贯彻落实

江城区坚持把中央和省、市制定出台的各项支农惠农政策宣传到户，落实到位。2015年，全区实现农村富余劳力转移60 000人。2013年至2017年，全区每年落实种植粮食补贴资金800万～1 000万元，农机补贴200万～210万元，农村"一事一议"财政奖补贴资金约17万元。在此基础上，至2017年，全区共发展农民专业合作社146家，成员共947人。又从不同行业、不同类型中，挑选一批有较大经营规模、有较强服务功能、有较好品牌意识、有较规范运行机制、有明显增收效果的农民专业合作社作为示范社重点培养，进而打造了白沙绿源养殖专业合作社、双捷镇漠江种植专业合作社、江城区绿滨种植专业合作社3家为区级示范社。与此同时，江城还培育了海纳水产养殖、海霞绿色农业2家公司成为省级农业龙头企业；培育了智慧农业科技、志达火龙果幽谷种植、八百味豆豉食品、漠阳花油脂、明展现代开发、江城粮食储备等6家公司成为市级农业龙头企业。通过培育农民专业合作社和农业龙头企业，打造产业基础，带动更多农户发展生产。

文明建设 提升发展

一、发扬老区精神 建设精神文明

改革开放后特别是1988年建区后，江城一直都坚持动员全区人民发扬老区精神，做理想坚定、爱党信党、无私奉献、开拓创新的社会主义新人，共同推动社会主义精神文明建设。

江城区发扬老区精神，坚持与增强法制观念、贯彻法治精神相结合，与自觉践行富强、民主、文明、和谐、自由、平等、公正、法治、爱国、敬业、诚信、友善的社会主义核心价值观相结合。全区不断收集和编写革命老区斗争事迹材料，陆续编成小册子和书籍，发放到各机关、学校、厂矿、企事业单位，广泛地宣传老区精神，传承红色基因；经常组织老干部、老党员、老军人、老模范、老教师到社区、农村、学校开展革命传统教育，宣扬不怕困难、不怕艰苦的老区精神，激发革命老区的内生动力，增强干部、群众干事创业的干劲，增强学生为建设祖国而勤奋读书的自觉性；投资扩建、新建阳江围歼战纪念公园、平冈敖昌骙纪念公园、抗日时期阳江同胞遇难旧址、闸坡革命烈士纪念碑等纪念场馆，以此作为爱国主义和精神文明建设的教育基地；发出不让老区再受穷、再落后的号召，重点对老区实行倾斜扶持政策，在资金、技术等方面优先给予帮助。得到各级党委和政府的大力扶持，全区特别是革命老区村庄的精神文明建设不断推进，老区精神得到发扬，各项事业都有新发展。

二、学习时代英模　促进精神文明

1994年，阳江市第一中学学生利春晓路见落水群众、舍己救人消息一传出，区委便按照市委的部署，发出向利春晓学习的号召，在全区中小学中掀起学英雄、颂英雄的热潮。

同年，中共江城区纪律检查委员会书记方荣贵被中共广东省委授予"优秀共产党员"称号。1996年2月，方荣贵又被中央纪委、监察部、人事部授予"全国纪检监察系统先进工作者"称号，1996年8月被中央组织部授予"全国优秀党务工作者"称号。对方荣贵的先进事迹，江城在机关、学校、厂矿、社区等单位都进行了广泛的宣传，并要求全区人民向他学习，当廉政勤政的干部，做文明守法的公民。

1999年3月9日，与歹徒搏斗时不幸牺牲的岗列中学教师李学礼，分别被江城区委、区政府追授"优秀共产党员""优秀人民教师"的光荣称号。同年11月27日，国家民政部、广东省人民政府追认他为革命烈士。

同年8月1日晚，岗列镇金郊村委会职工、退伍军人霍健敏，在路过城区西平路商业街时，突见歹徒对妇女实施抢劫，二话不说便冲过去抓歹徒。经过一番殊死搏斗，终因手无寸铁被歹徒刺成重伤而牺牲。此后，中共江城区委、中共阳江市委、中共广东省委、广东省人民政府、广东省军区、民政部、解放军总政治部先后分别追授霍健敏为"优秀共产党员""模范退伍军人""革命烈士""见义勇为英雄民兵"等荣誉称号。全区持续开展"向霍健敏同志学习，促进精神文明建设"的活动，"学英雄、讲文明"蔚然成风。

三、开展创优活动　提升精神文明

1992年，江城区制定了精神文明建设"八五"规划，开展文明创建活动，树立了扳朗、黄村两个文明创建活动示范点。阳江市委提出"农村学黄村、街道学扳朗"的号召。1995年4月，广东省人民政府授予扳朗居委会"全省模范居委会"称号。同年11月，国家民政部授予扳朗居委会"全国模范居委会"称号。

1994年，区委发出《关于在全区中小学校开展创建文明校园活动的通知》，全区开展了文明学校、文明教师、文明学生的创建活动；1995年至1996年，又组织"三优"（优质服务、优良秩序、优美环境）和"三佳"（最佳服务员、最佳乘务员、最佳售货员）评选活动。上述创建活动和评选活动，都从不同侧面推动了全区的文明建设。

1997年，开展"我为人人，人人为我""创建卫生城市文明街道"活动，组织干部职工1 520人上街治理脏、乱、差。是年，全区树立文明村（街）示范点113个，评出区级文明户24 889户；评出市级文明单位15个、文明村10个、文明个人15人。平冈黄村被评为广东省文明村。

2000年，在全区开展"告别陋习，走向文明"活动，在全区青少年中开展"青年文明号"和"岗位能手竞赛"活动，在窗口行业中开展"百店千户无假货"活动，各街道成立了志愿者服务机构，全区新创建了55个安全文明小区。

2012年至2013年，江城在配合阳江市政府开展"阳江十大最美乡村""阳江市十大好市民"评选的同时，又组织了"十大尊老爱幼时代人物""十大德育传播者""十大好少年""十大好家庭"和"十大标兵企业"等评选活动，为全区人民塑造学习典范，推动道德建设，深化"崇文修德，善行阳江"主题，形成良好的社会风气。

2014年，江城结合党的群众路线教育实践活动，组织1 000多人参与"关爱老年人，情暖敬老院"爱心慰问活动；区文明办、团区委、教育局和妇联组织1 000多人的志愿服务队伍，开展弘扬传统美德服务活动。全年文明建设再获佳绩，黄家保、刘再全、李宗青获评"阳江市十大好人"，蔡晓仪、范如琦获评"阳江市美德少年"，白沙街道等17个文明建设先进单位和6位文明建设先进个人获市表彰。

2015年5月，江城深入开展文明村镇、文明单位、文明家庭和文明校园创建活动，举办了文明表彰大会，对1个"省文明村镇"、2个"省文明单位"的先进典型进行了表彰。同年11月，江城区在区府大门口举行了"全国关心下一代工作先进集体"授牌仪式。同年，全面实施了文化惠民工程，加快发展公共文化事业，文化民生得到持续改善，文明建设得到加强。勤读、勤学、勤写的黄则哲家庭和覃世尧家庭，先后于2014年、2016年被国家新闻出版广电总局评为第一、第二届全国"书香之家"。

2017年底，全区开展"遵守交通规则，平安出行，做文明江城人"活动，形成良好新风尚。埠场镇那贡村委会获"广东省卫生村"荣誉称号，岗列街道对岸村和双捷镇草朗村获"国家无邪教示范村"称号，双捷镇获"广东省无邪教示范镇"称号，城东街道被评为"阳江市法治宣传教育先进街道"，城东街道金湾社区被评为"广东省'三个五'无邪教创建示范社区"。

扶贫惠民　平衡发展

一、扶贫与区情结合　以脱贫奔康为总目标

江城为实现共同富裕目标，不断推进扶贫工作。自2013年以来，全区围绕中共十八大提出的"贫困户稳定脱贫、贫困村面貌基本改变"两大目标，贯彻"双到"（规划到户，责任到人）和"精准"等要求，扶贫工作明显加强。区委和区政府始终以脱贫奔康为总目标，把精准扶贫工作作为政治任务和民生工程，列入议事日程，也列入考核基层干部政绩的指标。区四套班子领导成员分别蹲点到镇到村，落实帮扶责任单位92个，驻镇驻村干部104名，建立10个驻镇（街道）帮扶工作组、5个驻村工作队，5个相对贫困村都派驻第一书记，对有贫困人口的行政村做到驻村干部全覆盖，贫困户100%落实干部挂钩帮扶。全区还对多条贫困村的4 049户8 400人实行建档立卡管理，及时录入、更新帮扶信息。在充分掌握区情的基础上，机关也进一步明确了扶贫分工：由市直11部门重点帮扶2个行政村，区直24部门重点帮扶3个行政村。因扶贫工作处于动态之中，实际的扶贫任务和范围，还随情况的变化和工作的深入而不断有所调整。

二、扶贫与特援结合　贫困户在受助中自强

中共十八大以来（即2013—2017年，下同），全区按照"一

户一法、因户施策"，"特事特办、特人特援"要求进行精准扶贫，投入280万元，完成危房改造162户；投入9.5万元，资助63名贫困户子女就读中小学；帮助贫困户100%购买新型农村合作医疗，60岁以上老人100%购买新型农村社会养老保险；帮助贫困户转移524人外出务工，平均每人每年创收3万多元，累计创收约为1600万元。与此同时，江城对特殊的扶贫对象，还组织实行了特殊的援助：阳江市老区建设促进会支持2.94万元，给平冈镇垈场村的特殊家庭（主要是林元汉、林世泰等8位烈士后裔的家庭）作为青少年读书的助学金；平冈镇松中村委会统一购买30头黄牛，平均投放到5户贫困户中去饲养增值，以帮助他们脱贫；江城区政府动员碧桂园集团捐赠专项资金67.2万元，指定平均补助给就读全日制本科以上的84名贫困户在校学生，每人8 000元。这些贫困户特别是贫困学子，他们除了感受到受助的温暖外，渐渐都自强起来。

三、扶贫与治建结合　贫困村面貌显著变美

中共十八大以来，全区对贫困村从抓治理、抓建设开始，累计投入261万元，帮扶他们建成11个休闲活动场所；投入628万元建成40千米的三面光水渠；投入重资建设乡村道路，让每个村村道全部实现硬底化；投入173.7万元，进行了村道绿化，安装了路灯，村村建设垃圾池并建立垃圾处理制度。还帮助各村建设卫生室、文化室、农家书屋、活动室等设施，修缮办公场所和村级公共服务平台，让每个村委会都能代办82项事务，让村民不出村便能办好各项事务。经过几年的建设，受重点帮扶的村已全部装上自来水，而且村场整洁、绿树成荫，村村有广场、舞台、凉亭，随处可闲坐、纳凉、跳舞，也可跑步、健身、打球，村民的幸福指数大大提升。

四、扶贫与开发结合　贫困村以项目带发展

中共十八大以来，江城区自始至终都把抓开发、上项目、促投产作为扶贫的主攻方向，把面向贫困地区扩大就业和发展产业作为扶贫的主渠道。2013年至2015年，全区投入扶贫开发专项资金300多万元，建设小型种养基地11个；开办9期专业培训班，培训农民1 360多人；指导和扶持发展香蕉、玄麻、莲藕、母鹅等一批主导产业。这些项目的投产，使各村经济增收在七八万元以上。2016年，江城区扶贫项目开发力度加大，各级财政下达扶贫专项资金2 655.24万元，另在"扶贫济困日"活动中又募捐扶贫资金320万元，有力地推动着扶贫项目的开发。2017年，全区开发力度再一次加大，共立扶贫项目1 782个，投入资金总额5 625万元，其中财政资金为4 520万元。上马扶贫项目时，江城着重对四个大项目实施倾斜支持，共投入资金1 230万元。其中，投入开发城西街道龙湾村光伏扶贫项目的资金为300万元，投入开发白沙街道华陈村种鹅循环养殖扶贫项目的资金为230万元，投入开发埠场镇那蓬村养鸽扶贫项目的资金为200万元，投入开发双捷长坑"公司+农户（800人）"模式的千亩绿萝种植基地扶贫项目的资金为500万元。由于扶贫开发力度加大，贫困村脱贫致富加快，至2017年，全区贫困户中累计有3 471户7 105人实现了脱贫，分别占贫困总户数的85.7%和总人数的84.6%；贫困户年人均可支配收入由上年的8 601元增至11 338元，人均增长2 737元，增长率为31.8%。

五、扶贫与强基结合　基层组织战斗力增强

2013年至2017年，江城区为所有贫困村修缮了办公室，配备了办公桌椅、电脑及一些日常用具，办公条件明显改善。江城

区委还对目标不明确、责任意识淡薄、战斗力不强的村党支部和村委会，认真地整顿，组织他们学文件，向他们宣传政策，帮助他们想办法、找出路，统一思想，振奋精神，树立信心，切实把抓扶贫与抓基层组织建设结合起来，把基层组织建设这个"固本强基"工程贯穿于扶贫工作的始终来进行谋划和安排。为促进工作，江城区每年都对扶贫点开展"三项检查"：查年初是否制订了工作计划，查各级的扶贫行动是否到位，查扶贫与开发的效果。同时，还有计划、有步骤地组织村干部党员进行各种培训，不断帮助他们更新观念，拓宽发展视野，树立自强自立意识，使村党支部的凝聚力、号召力、战斗力明显增强，党员干部"带头致富、带领致富"能力明显提高，成为村民脱贫致富的组织者和带头人。

第九节

振兴经济　共享发展

一、建区前的经济建设情况

历史上，江城的农业以种植业和渔业为主。种植业以粮食作物为主，经济作物次之。粮食作物有水稻、番薯、玉米等，经济作物有甘蔗、花生、大豆、麻类等。工业以手工业为主，主要行业是为农业服务和生活必需的铁器、木器、竹器和陶器等，以农副产品为原料的加工业如制糖、漆器、木屐和食品等也颇负盛名。

中华人民共和国成立后，江城于1951年开始实行、1956年基本完成生产资料私有制的社会主义改造。1953年开始执行第一个五年计划，进行大规模的经济建设。农业全面展开农田水利建设，基本解决了旱涝问题。工业逐步从以传统的手工业为主转变为以现代工业为主。至20世纪70年代，先后建成和扩建了阳江糖厂、造船厂、机械厂、小刀厂等一批国营骨干企业，原有的工业门类如电力、制盐、金属制品、食品、漆器、服装等也都得到不同程度的发展，并进行了电网的建设。商业组建了国营商业和供销合作社，形成了以国营商业和集体商业为主渠道的流通体系。

1978年中共十一届三中全会后，江城以经济建设为中心，实行改革开放。农业实行家庭联产承包责任制和"统分结合"的双层经营体制，一举解决了农民的温饱问题。国营工业扩大了企业自主权，实行厂长负责制和承包责任制，乡镇工业、私营个体工业迅速发展，中外合资工业亦有所发展。金属制品工业，如小刀、菜刀、不锈钢器皿、铝制品、制锁等多个行业的飞速发展，使江城获得"五金城"之称。一些新的工业门类如建材、橡胶、塑料、电器、制药、供水、制冰也建立起来了。商业建立多渠道、少环节、开放式的流通体制，放宽商品购销政策，放开价格，开放集贸市场，市场繁荣。

二、建区后的经济建设成就

1988年建区后，江城逐步从计划经济转向社会主义市场经济。全区坚持"稳中求进、有效增长"的指导思想，调整产业结构。以增加农业投入为主线，加速商品农业的发展；以发展城区工业为中心，逐步向城郊辐射，带动乡镇企业发展；以开拓旅游业为突破口，促进第三产业发展。至21世纪初，确立了"科技兴区、外向带动和可持续发展"的追赶型经济发展战略，经济快速增长。2012年11月召开中共十八大以后，江城接续实施"工业强区""三产旺区"战略，扎实推进稳增长、调结构、促改革、惠民生等工作，经济社会更加进步。

农业以市场为导向，着力发展"三高"产业，逐步形成规模化开发、专业化生产、集约化经营的新格局。全区范围，打造了多个万亩优质粮、万亩蔬菜、万亩水果、万亩花卉、万亩网箱鱼的农业生产基地，丰富了群众的米袋子和菜篮子。渔业生产走养殖、捕捞、加工并举之路。海水养殖重点是海陵闸坡、平冈蒲壳山、埠场山外西和山外东等海域养鱼、养虾、养蚝等；双捷、城西、白沙等地则主要养殖淡水鱼类。闸坡、对岸、黄村等地渔民主要着力发展中深海、远洋海洋捕捞作业，并与国外合作经营开辟新渔场。在重点打造全国十大渔港之一——闸坡港的同时，还加强了对岸渔港、江城渔业码头等的建设，促进了水产品的流通。皇海水产企业有限公司、大开水产有限公司等30多家企业的水产品远销日本、中国香港和东南亚等地。1988年至2017年，全区农业生产总值从3.56亿元增至39.39亿元。

江城区把发展工业特别是民营工业作为实现工业腾飞的主要工作，努力转变政府职能，强化协调服务，优化投资环境。1990年至2017年，在江城辖区内，共投入32亿元，建设完善了23个工业小区，开发在建有广东阳江工业园区（含银岭产业园和奕垌产业园）、阳江市环保工业园等大型工业产业园，吸引工业企业前来落户，形成了以五金行业为龙头，服装、塑料、皮革、医药等行业竞相发展的工业格局，培育了英格电气、致富皮革、三威汽配等一批骨干企业，创出了乔士衬衫、促肝细胞生长素、巧媳妇刀具、十八子菜刀、英格电器、V型输送带、迷你衣柜等国家和省级名优产品。1988年至2017年，全区工业生产总值从3.25亿元增至505.83亿元。在阳江高新区，还建起了港口工业园、福冈工业园、平东工业园。在这三大工业园区内，设有四大产业基地，即临港工业基地、现代物流基地、综合保税基地和科技创新基地；正在兴起六大产业，即高端不锈钢、先进装备制造、新材料能源、食品加工、高端纸业和大宗商品仓储物流等产业。2017年，江城区规模以上工业总产值达457.68亿元，规模以上工业增加值达94.09亿元。

第三产业发展迅猛，进步明显。全区加快产城融合，建设了新都汇、丰泰等城市综合体，以集聚和发展现代服务业。"互联网+"取得了突破，培育了汇达跨境电商分拣中心和业通农产品电商物流园，发展了国美电器、苏宁电器、月星家居和一批汽车专卖店。市场、集市遍布全区，城乡市场购销两旺。交通运输、房地产、金融、旅游等服务行业发展迅速。1988年至2017年，全区第三产业增加值从5 191万元增至144.41亿元。

通讯、网络、旅游业在江城的兴起，更是使全区第三产业得到扩展。建区前的1987年，全区的固定台式电话有3 000台。至2017年，除保持一定量的固定台式电话外，90%以上的成年人都至少拥有1部移动手机；城乡的家庭，基本接通了网络，在家便可上网。不但机关和企事业单位兴起了网络上交流、洽谈和签约，电商业务也正在扩大，网络购销日益增多。越来越多的从业者正在网络上办理各种申报、交费、销售、购物等业务。滨海旅游业发展更是迅猛。区划内的海陵岛，被誉为"南国翡翠"和"未经雕琢的世界之钻"，主要由丘陵、海滨平原和海岸滩涂等构成其地貌特征，近岸海域是海滨自然环境的主体之一。岛内有被载入上海吉尼斯纪录的中国最长海滩——十里银滩，有展示"南海1号"的广东海上丝绸之路博物馆，还有国家级湿地公园、马尾岛、灵谷庙、太傅墓、北洛湾、石角湾、地那湾、石咀湾、那谢湾、平章湾等著名景点。目前，首批国家级海洋公园和首批国家级中心渔港——闸坡渔港，国家级考古基地、国家沙滩排球训练基地与比赛基地等一批"国字号"招牌相继落户岛内。海陵岛已获得"中国最美十大海岛""中国最佳滨海旅游度假胜地""中国最具国际影响力旅游目的地"和"国家5A级旅游景区"等称号。2016年，海陵岛被列入国务院"十三五"旅游发展规划，被纳入"特色旅游目的地建设"一项中的"海岛旅游目的地"规划。2017年，全岛接纳旅游人数达903.8万人次，旅游收入达60.3亿元。

2017年，江城区生产总值从1988年的2.33亿元增至285.93亿元，人均生产总值从1988年的1 199元增至52 191元，固定资产投资从1988年的1.08亿元增至110.55亿元，社会消费品零售总额从1988年的1.48亿元增至261.86亿元；外贸出口额为64 136万美元，实际利用外资1 375万美元；地方一般公共财政预算收入为4.01亿元。三大产业结构比例由1988年的42.8∶34.9∶22.3优化到2017年的7.9∶41.6∶50.5，经济发展稳步推进，越来越优化。

三、人民收入提高生活改善

（一）农村农民收入提高

中华人民共和国成立后，农村开展退租、退押、减租、减息运动，农民（含渔民，下同）生活得到了初步改善。土地改革后，实行耕者有其田，开始应用良种和先进技术。国家发放渔贷，帮助渔民修造渔船，促进生产发展，农民收入逐年提高。

1978年后，实行家庭联产承包责任制，开放农贸市场，农村分配制度相应进行了改革和调整。实行按劳分配和资本、技术、土地共同参与收益分配等多种分配形式，坚持效益优先，兼顾公平，允许一部分地区、一部分人先富起来，带动和帮助后富者，逐步实现共同富裕的原则，农民收入结构发生了重大变化，收入水平有了较大提高。建区之初的1988年，全区农村常住居民人均可支配收入为847元；2017年，全区农村常住居民人均可支配收入为16 800元。这一连串高速增长的数字，就是江城区农村农民收入水平提高的最有力的说明。

（二）城镇职工收入提高

中华人民共和国成立之初，机关单位工作人员的生活待遇实行供给制。1952年7月，转而实行机关工作人员统一工资标准和定级。1955年7月，政府工作人员实行工资制待遇。1956年机关企业进行第一次工资改革，1957年城镇职工人均年收入为519元。至1987年止，进行过两次工资改革、九次工资调整，人均年收入达到1 395元。并不断完善劳保制度，有些单位建了公寓式住房，分配给职工居住。随着经济的发展，逐年安排社会就业。

1988年至2017年，城镇在岗职工（含干部、教师）工资经过多次改革、调整，逐年提高。城镇职工年收入也不断增加，建区之初的1988年，在岗职工人均工资为1 497元，2017年在岗职工人均工资为65 464元。以上不断增长变化的数字，就是城镇职工收入不断提高的最直观的反映。

（三）城乡民生持续改善

建区以来特别是中共十八大以来，全区居民人均可支配收入连年提高，民生同步改善。2012年至2017年，是全区民生改善最快时期，城镇新增就业3.8万人，失业人员再就业2.4万人；新增转移农村劳动力3.15万人；城镇登记失业率控制在2.24%；城乡居民基本医疗保险实现全覆盖，弱势群体的生活保障和离退休人员的待遇标准逐年提高。增加教育事业投入，率先在全市创建了省教育强区和全国义务教育发展基本均衡区。盘活学校布局调整后的校舍资源，改造为区行政服务中心、图书馆、文化馆、城南居家养老中心和特殊教育学校。新建了劳动力市场、区档案馆、中洲街道社区卫生服务中心，改善了区人民医院等医疗卫生单位服务用房和全区114个村（社区）的公共服务站办公条件，民生短板逐步补齐，较好地解决了区直单位长期租房办公和社区居委会无址办公问题。完善了区、镇（街）、村（社区）三级便民服务体系，分别将82项和72项行政审批事项下放到镇（街）和村（社区）代办，推进了城乡公共服务均等化，让广大群众享受到优质高效的政务服务。区人民医院和双捷、埠场2个镇的卫生院加入市人民医院医疗集团，市人民医院对江城区人民医院进行托管，整合优化市、区两级医疗资源，进一步解决群众看病难、看病贵的问题。统发了公职人员工资，逐年提高了津贴补贴。2012年至2017年，累计投入民生事业的资金达50.46亿元，年均增长16.2%，让全区人民共享了经济社会发展的成果。

放眼未来　谋划发展

一、走向新时代　拟定新目标

新民主主义革命的胜利，使中国站起来了；70年的建设，又使中国富了起来；从现在起，中国还将进一步强大起来。伴随中国从站起来到富起来再到强大起来的节奏，江城人民展望未来，已经确定近期（"十三五"和"十四五"时期）新的奋斗目标：

1.人民更加幸福。城乡居民可支配收入较快增长，城乡发展差异明显缩小。社会保障日益健全，就业、上学、看病、养老等各种民生问题得到进一步改善，全区人民生活得更加富足、更加安康、更有尊严。

2.实力更加雄厚。经济指标稳步提升，到2021年，地区生产总值达到486亿元，年均增长9%；人均GDP达到84 805元，年均增长8%；地方公共财政一般预算收入超10亿元，年均增长10%，实现新的跨越。

3.发展更加科学。经济转型加快，城乡结构、产业结构、产品结构、所有制结构、投资结构更趋合理，逐步实现外延与内涵、规模与质量、速度与效益的有机统一。力争三大产业比例达到4∶49∶47。

4.环境更加优化。基础设施建设进一步完善，城乡面貌大幅改善，更加宜居、宜业、宜学、宜游。各级党政机关效能提高，群众对各级党委、政府的满意度提升。

江城近期的总体要求是：高举习近平新时代中国特色社会主义思想伟大旗帜，全面贯彻中共十九大精神，统筹推进"五位一体"总体布局，协调推进"四个全面"战略布局，打好三大攻坚战，坚持稳中求进工作总基调，坚持以供给侧结构性改革为主线，积极主动融入粤港澳大湾区，配合阳江市打造沿海经济带的重要战略支点、宜居宜业宜游的现代化滨海城市，深入实施"工业强区、三产兴区、乡村振兴"战略，推进"三园一区一港一基地"的建设，统筹做好稳增长、促改革、调结构、惠民生、防风险、保稳定各项工作，进一步稳就业、稳金融、稳外贸、稳外资、稳投资、稳预期，着力提高发展平衡性和协调性，保持经济持续健康发展和社会大局稳定，增强人民获得感、幸福感、安全感。

二、经济社会发展三大新构想

围绕奋斗目标和总体要求，江城正从"经济、民生、社会"三大方面进行构想，努力开创各项建设的新局面。

（一）努力开创经济建设新局面

开创经济建设新局面，江城将落实"五个围绕"抓发展：

围绕经济新常态抓经济发展。江城将主动适应、积极应对经济发展上的增速变化、结构调整和动力转换，更加重视发展质量，保证经济科学发展、可持续发展。

围绕结构性改革抓经济发展。将坚持以创新驱动为抓手、以产业升级为要务，扎实推进供给侧结构性改革。突出推动财税、投融资和行政管理体制改革，推动大众创业、万众创新，提升产业发展质量和水平。

围绕五大发展理念抓经济发展。贯彻"创新、协调、绿色、开放、共享"五大发展理念，坚定走生产发展、生活富裕、生态良好的文明发展之路。坚持发展为了人民、发展依靠人民、发展成果由人民共享。

围绕城市经济抓经济发展。坚持走"工业强区""三产旺区"之路，加快提升第二、第三产业发展水平。立足发展高端服务业，大力发展现代商贸物流，着力打造区域性核心商圈。

围绕城乡一体化抓经济发展。推动农业转型，加快产业融合；推进城乡规划建设，提高城乡建设水平；提升城乡社保、教育、医疗、卫生、就业和公共文化服务水平，推进社会治理，确保城乡社会和谐有序。

（二）努力开创民生建设新局面

开创民生建设新局面，江城将落实"四个着力"：

着力强化社会保障。加快发展以扶老、助残、救孤、济困为重点的社会福利事业，建立多层次社会保障体系，健全城乡居民生活保障机制，扩大医疗救助面，建立社会化养老体系，推动各种社会服务业的发展。

着力推进教育现代化。继续坚持教育优先发展战略，全面提升教育现代化建设水平，促进教育公平均衡发展，全面实施和搞好素质教育。

着力推进卫生强区建设。构建城乡一体化的医疗卫生服务体系，提高卫生资源配置、医疗保障、疾病控制和城乡环境卫生水平。努力构建高效的食品药品安全治理体系，加强"健康江城"的建设。

着力提高群众生活质量。落实惠民政策，引导群众转移就业、就近就业、自主创业，提高全区就业率。关心民生，加大力度扶贫，发展文体事业，实施"文化惠民"工程，努力满足群众不断增长的物质和文化需求。打造"安全江城"，让群众感受

"安全也是一种幸福"。

（三）努力开创社会建设新局面

开创社会建设新局面，江城将从五个方面下功夫：

在化解社会矛盾上下功夫。努力畅通民意沟通渠道，建立健全党和政府主导的维护群众权益的机制，完善信访制度，完善人民调解、行政调解、司法调解联动的工作体系，认真化解社会矛盾。

在加强平安建设上下功夫。落实人防、物防、技防措施，严厉打击犯罪，遏制重特大安全事故，开展基层平安、行业平安创建活动，动员群众参与平安建设。

在推进依法治区上下功夫。进一步推进依法行政，加强司法监督，保证司法公正、透明。加强法治文化建设，开展全民学法、知法、懂法、守法活动，夯实社会稳定和长治久安的法治基础。

在创新社会治理上下功夫。整合基层办事资源，推动基层群众自治，加强基层公共服务平台建设，提高便民惠民水平。培育一批能参与社会治理服务和社区事务管理的社会组织，并创建相关管理和服务机制。

在立足文化引领上下功夫。坚持社会主义核心价值观，尊重差异，包容多样，最大限度地达成共识。着力提高人的道德素质，培育新时期江城人文精神，引导广大党员群众知荣辱、树新风、守法纪、讲和谐。

三、加强党建　为新发展提供保障

为实现新的构想，开创经济社会发展新局面，江城将全面加强党的建设以提供强有力的政治保障。具体将落实"五个进一步"：

进一步全面从严治党。让管党治党的措施涵盖党的思想建设、组织建设、作风建设、反腐倡廉建设和制度建设各个领域，让管党治党的责任落实到党的各级组织和领导，确保管党治党内容无死角、主体全覆盖、工作常态化；让各级党组织创造力、凝聚力和战斗力不断增强，科学执政、民主执政、依法执政水平进一步提高，党风、政风、民风进一步优化，党群、干群血肉联系进一步密切，党员先锋模范作用进一步发挥。

进一步强化基层组织建设。着力强化基层党组织的领导核心和战斗堡垒作用，选优配强基层组织领导班子，推动权力下放基层，使基层有权管事。着力提高基层干部待遇，解决基层干部生活上的后顾之忧。

进一步加强机关作风建设。推动机关作风建设常态化、长效化，切实改进机关作风、提高行政效能，解决党员干部因循守旧、能力不足、效能低下等不善为问题，打造风清气正的干事、创业和发展环境。

进一步培育高素质干部队伍。坚持"德才兼备、以德为先"原则，围绕"信念坚定、为民服务、勤政务实、敢于担当、清正廉洁" 20字标准，不拘一格用好各类人才，不让领导岗位成为庸政、懒政、怠政者的"休闲之地"。

进一步抓好反腐倡廉工作。严肃党内政治生活，严明政治纪律，立"明规矩"，破"潜规则"，营造"山清水秀"的政治生态。加大监督和惩处力度，突出解决腐败问题。弘扬和践行社会主义核心价值观，重品行、正操守、养心性，推动形成良好的党风、政风和社会风气。

中华人民共和国于1949年建立以来，走过了近70年的发展历程。在这70年间，江城与人民共和国同呼吸、共命运，一起经历了从新民主主义向社会主义的过渡，然后又经历了从社会主义计划经济向社会主义市场经济的过渡，进行了40年的伟大改革。经过两次重大过渡和不断改革，江城人民由站起来发展到富起来，再由富起来发展到强大起来。这每一次的变化，都是跳跃式的重大变化，都突显了中国共产党的坚强领导，突显了江城人民不忘初心、发扬老区精神、锐意改革、艰苦奋斗的伟大力量。

江城各行各业快速发展汇成的兴区组曲，其主音色始终都是雄浑、嘹亮、健康的。兴区组曲中的未来乐章，可期必将更加高亢壮丽。

附　录

附录一 革命遗址

一、大革命和土地革命战争时期的革命遗址

（一）中共阳江县支部旧址——文昌宫

中共阳江县支部旧址——文昌宫位于江城区南恩路县前街11号。

第一次国共合作时期的1925年至1927年4月中旬，中国共产主义青年团阳江支部、中共阳江县支部、国民党中央农民部特派员驻阳江办事处、阳江县农民协会及阳江妇女解放协会先后在此办公。

中共阳江县支部旧址（文昌宫）

1986年，文昌宫被阳江县人民政府定为重点革命文物保护单位；1999年6月，被中共阳江市委、阳江市人民政府定为阳江市爱国主义教育基地；2001年6月被中共阳江市委、阳江市人民政府定为阳江市重点革命文物保护单位；2012年5月，被中共阳江市委、阳江市人民政府定为阳江市中共党史教育基地；2013年12月，被中共广东省委党史研究室定为广东省中共党史教育基地。

（二）疍场村农会旧址——林氏宗祠

疍场村农会的旧址在平冈镇疍场村委会疍场村林氏宗祠内。

1927年3月8日，疍场村农会成

疍场村农会旧址（林氏宗祠）

立。农会成立不久，农民自卫军随之成立，并把林氏宗祠作为农军活动据点，领导农民开展减租减息等反封建斗争。

二、抗日战争时期的革命遗址

（一）中共阳江特别支部旧址及其成立旧址——民生阁

民生阁位于江城区南恩路中山公园内。

1938年7月初，在阳江县城濂溪小

学成立中共阳江特别支部。特别支部机关设在阳江县城南恩路的中山公园民生阁。1938年10月，中共西南特委成立。1938年11月，在特委的领导下，成立中共两阳特别支部。特别支部机关也设在阳江县城南恩路中山公园内的民生阁。

中共阳江特别支部旧址（民生阁）

民生阁于2012年5月被中共阳江市委、市政府定为阳江市中共党史教育基地和阳江市爱国主义教育基地。

（二）中共两阳工委旧址——林元熙故居

林元熙故居位于江城区上元春一巷3号，占地面积为220平方米。

1939年3月底，在中共中区特委的领导下，成立中共两阳工委。在工委领导下，先后成立中共阳江特别支部和阳春特别支部。1939年3月至1940年2月，中共两

阳工委、中共阳江特别支部机关均设在上元春林元熙家里。

2001年6月被中共阳江市委、阳江市人民政府定为阳江市重点革命文物保护单位和阳江市爱国主义教育基地，2012年5月被中共阳江市委、阳

中共两阳工委旧址（林元熙故居）

江市人民政府定为阳江市中共党史教育基地。

（三）中共两阳工委第一次扩大会议旧址——南恩小学

会议旧址在阳江县立南恩小学
（今江城第一小学），位于江城区
南恩路105号。

1939年3月，成立中共两阳工
委；4月，中共两阳工委在阳江县
立南恩小学召开第一次扩大会议。

中共两阳工委第一次扩大会
议旧址（南恩小学临街门楼）

三、解放战争时期的革命遗址

阳江围歼战战场遗址

阳江围歼战战场遗址

阳江围歼战战场遗址位于现在的江城区白沙街道与阳江高新
区平冈镇一带。

1949年10月中旬，中国人民解放军第二野战军第四兵团对国
民党军刘安琪部队实施的围歼战，于10月26日12时胜利结束，共
歼国民党军4万余人，其中俘虏3万余人，被打死、打伤及淹死1
万余人。

阳江围歼战战场遗址于2012年5月被中共阳江市委、阳江市
人民政府定为阳江市中共党史教育基地和阳江市爱国主义教育
基地。

纪念场馆

一、阳江烈士陵园

阳江烈士陵园位于城区北绣路6号，占地面积为4.7万多平方米。

1957年初，阳江县人民政府在县城东山（现称"北山"）西侧半山腰兴建革命烈士纪念碑。同年12月15日，又将

阳江烈士陵园牌楼

纪念碑扩建为烈士陵园，使其成为一个集纪念、教育、宣传、游览多功能于一体的爱国主义教育基地。

烈士陵园呈方形，大门口开在西边，面对环城路，上面正中用水泥石米塑成"烈士陵园"四个行书黑体字，两侧用水泥石米塑成"承前启后"和"继往开来"八个篆书黑体字。大门口正对的主道宽敞笔直，主道的尽头是四踏跺台阶，顶端是烈士纪念碑。碑高10.10米，碑底平台面积为90平方米，碑座横长2.60米、直宽1.70米、厚1.40米。碑正面刻有人民解放军作战群像浮雕，后面以仿宋体镌刻《革命烈士陵园碑记》。碑身横长2.29米、直宽1.40米，正面阴刻着毛泽东的"革命烈士永垂不朽"八个行书体字。碑顶用仿古青色琉璃瓦覆盖，四脊翘角，古雅浑朴。

纪念碑后面建有方形烈士墓室，为水泥砖灰构筑。1984年6月，阳江县人民政府重修墓室，把原墓室升高开窗，内设光管照明。墓室安放着部分烈士的骨灰盒（骨塔）。墓室前墙灰塑"烈士之墓"四个大字，右方用大理石镌刻《阳江革命烈士墓室记》，左方用大理石镌刻《革命烈士英名》。墓室和纪念碑浑然一体，显得巍峨雄伟。

1988年9月1日，阳江烈士陵园改名为阳江市北山公园。

1986年，烈士陵园内的革命烈士纪念碑被列为县级重点革命文物；1999年，被列为阳江市首批爱国主义教育基地；2001年6月，被中共阳江市委、阳江市人民政府定为阳江市重点革命文物保护单位；2012年5月，被中共阳江市委、阳江市人民政府定为阳江市中共党史教育基地；2013年6月，被中共阳江市委组织部、中共阳江市委党史研究室定为阳江市党员教育基地。

二、敖昌骙烈士纪念园

敖昌骙烈士纪念园建于2014年5月。该纪念园坐落在平冈镇平冈圩，西北面是平冈灯光球场，西南面是平冈镇平冈圩民居，南面是高新区文化中心大楼，东南面是高新区文化中心广场。

敖昌骙烈士纪念碑

敖昌骙烈士纪念园内有敖昌骙烈士纪念碑。纪念碑由碑底、碑座、碑身和碑顶四部分构成。碑底、碑座、碑身三部均为方形，高低不一；碑座的表面为灰黄色大理石，碑身的表面为米黄色大理石；碑顶为古铜色的敖昌骙雕像。碑身正面刻有"敖昌骙烈士"五个黑体大字，下方凹形白底大理石上刻有敖昌骙烈士遗诗。

三、抗日时期阳江同胞遇难旧址

　　1941年3月3日，日军占领阳江县城后，在近郊的塘背村驻兵，该村有130户、330多人，村中有一口20多亩的池塘。日军在塘背村设三个哨所，即庙仔哨所、真光园哨所、石耶哨所。每个哨所

抗日时期阳江同胞遇难纪念碑

都布设几挺机枪，控制各交通路口。凡是在交通路口附近经过的人都在日军的枪击下丧生，并被抛尸池塘。日军见到有人从塘背村经过，就吆喝他们过去，并开枪射死。见到有人从池塘塘基走过，就把他们当靶子打死。见到有人从村里出来，就将他们拖到塘边，用刺刀刺死。日军还把在村里搜捕到的人押到塘边，用枪托打到塘里，然后杀于塘中。日军撤退后，在池塘中捞起尸体87具，阳江人称"塘背村惨案"。

　　为了悼念抗日战争时期被日军杀害的阳江同胞，1997年3月，阳江市人民政府在阳江同胞遇难旧址塘背村池塘边（今阳江市江城区城南街道三铺社区居民委员会大闸社）建成纪念设施，并定为阳江市爱国主义教育基地。

四、阳江围歼战革命烈士纪念碑

　　阳江围歼战革命烈士纪念碑位于325国道江城区白沙路段西南侧佛子岭。

　　为纪念解放战争时期广东战役阳江围歼战牺牲的革命烈士，1958年，阳江县白沙人民公社（今江城区白沙街道办事处）在

白沙圩侧的花果山建成革命烈士纪念碑。1988年白沙镇人民政府（今江城区白沙街道办事处）将纪念碑迁至阳江围歼战白沙阻击战战场——佛子岭。1997年10月，中共阳江市委、阳江市人民政府对阳江围歼战革命烈士纪念碑进行重建，于1998年3月20日落成。

阳江围歼战革命烈士纪念碑

阳江围歼战革命烈士纪念碑于2012年5月被中共阳江市委、阳江市人民政府定为阳江市中共党史教育基地和阳江市爱国主义教育基地，2013年6月被中共阳江市委组织部、中共阳江市委党史研究室定为阳江市党员教育基地。

五、闸坡革命烈士纪念碑

闸坡革命烈士纪念碑位于海陵岛经济开发试验区闸坡镇牛塘山闸坡中学侧边。

为纪念海陵的革命先烈，阳江县第五区人民政府先把1950年牺牲的烈士安葬于白蒲附近，后于1957年迁到闸坡青年公园，1977年迁至现址，同时一并立碑。该纪念碑于2012年5月被中共阳江市委、阳江市人民政府定为阳江市中共党史教育基地和阳江市爱国主义教育基地，2013年6月被中共阳江市委组织部、中共阳江市委党史研究室定为阳江市党员教育基地。

闸坡革命烈士纪念碑

文物文献

一、大革命和土地革命战争时期革命文物文献资料

敖昌骙烈士遗诗

（一）

霾障黯重天，豺狼当道前。

四郊皆赤血，苦狱泣青年。

（二）

奋斗两三年，锄奸志亦坚。

早知遭毒手，恨未御防先。

（三）

狱卒唤吾名，从容就酷刑。

人生谁不死，我当享遐龄。

（四）

白色逞恐怖，珠江激怒鸣。

英魂长不灭，夜夜绕羊城。

陈必灿烈士遗书

陈必灿烈士遗书手稿

父母亲大人膝下：跪禀者，儿今死矣，两大人二十二年之教养，一朝遗弃矣。兄嫂友爱之提携，亦归于乌有矣。儿之先母、长兄、三姊、八姊、九姊及幼侄，已在九泉呼儿之名而侍儿之叙首矣。嗟乎！人谁不死，所差者轻重早迟耳。今儿之死时虽早，而名则重也。儿呱呱堕地时，已带一点慧根，与人儿异，此是阿母常说之言且夸耀于人者。及儿长也，得两大人之训诲，师友之教益，虽无英豪伟大之怀抱，亦不敢违天生我才必有用之意旨也。然因天赋于儿之厚，故儿之感触亦良苦。盖儿生适乱世，睹生民之涂炭，社会之不良，有令儿不能恝然置之者；况儿个人亦感有切身痛苦在乎！是以投身党国，参加革命，冀幸救斯民于水火之中，登于衽席之上，而不负十余年之所学，救人亦足自救也。夫天存好生之德，人有恻忍之心，儿之为此，即所以应天道顺人心，非自私自利者可同日而语。讵知天道靡常，人心叵变，顺天者反致逆天，救人者转为人害，乃竟以此而贻两大人无涯之哀痛。吁！主宰者已是如此安排，儿何恨哉！圣人忧世，降麟以终，儿虽不敢望先圣于万一，然儿死之后，明智者当能认识，社会定有公评，今日之死，适足为异世之光，两大人且享其训子有方之荣誉，生儿如此，两大人又何以悲为？设使儿生而庸庸昧昧，茫然乎人生之意义，与世相浮沉，不为大丈夫应为之事业，是有生亦等无生，两大人有子亦即无子，何足贵耶？今儿先天下之忧而忧，且为谋多数人幸福而死，生不负于有生之时，死能名于已死之后，此则儿虽死实为不死，两大人无子实为有子，幸何如之！今也天涯地角，隔绝阴阳，绿草清风，长邀夜月，魂兮不渺，应来父母之前；心实有灵，惮听兄嫂之哭。惟是天恩未报，殊深遗憾于今生。须知子道常存，定必酬还于再世。最痛心者，双亲年老，奉养需人，不无泣血九泉，哀伤五内矣。斓斑墨泪，著纸糊模，生不能话别于父母之前，故拟此为最后之禀命。谨此虔祝双安，并致兄、嫂暨侄儿吉安。（根据原手抄稿实录）

> 将死之儿子阿统留禀
> 古历七月初一日写于公安局扣留所七仓
> 注：阿统即陈必灿烈士小名。

第五届广州农民运动讲习所资料

1926年2月1日出版的《中国农民》第二期第42～43页刊载的第五届广州农民运动讲习所乙班情况的书页影印照片。其中"学生姓名年龄籍贯表"中有广东阳江学员谭作舟、敖华衮、吴铎民三人和曾到阳江工作的梁本荣、欧赤两人的名字。

（甲）开学　第五届分为甲乙两班，甲班六十四人，乙班五十人。原定于十月一日开学，三日开课。因甲班学生均由远方而来，且先到所数十天。为该班学生惜时计，所以预早于九月十四日提前开课。

（乙）训练　此届除遵章教授学科及军事训练外，更注意学生的自治。组织一自治会。兹录其简章如左：……

（丙）开会及旅行：……

（丁）毕业 十二月八日两班同时举行毕业礼。是届毕业人数甲班六十四人，乙班五十人，共一百一十四人。

毕业后之分配：甲班发往河南、湖南、安徽、山东、广西、福建各省工作。乙班则以往东江及南络[路]为多。

兹将各生姓名籍贯列后：

学生姓名年龄籍贯表

姓名年龄籍贯

甲班：……

乙班：……

谭作舟二十二广东阳江

……

吴铎民二十一广东阳江

……

敖华衮二十二广东阳江

……

欧赤二十二广东乐会

……

梁本荣二十六广东信宜

（以上内容摘录于1926年2月1日中国国民党中央执行委员会农民部印行的《中国农民》第二期绮园编的《本部一年来工作报告概要》中的第三章《农民运动讲习所》的第七部分）

二、抗日战争时期革命文物文献资料

悼念广州死难同胞

D 4/4
悲情 中速

王传舆 词
何业强 曲
（1938年）

5 5 1 7 | 2 1 | 7 6 6 6 | 2·1 7 6 | 5—·5 6 | 4·3 2 6 |
天空冲起 灰黄烽烟是空前惨杀开场，无辜妇孺同

7 6 5 1 2 | 1 7 1— | 5 6 1 2 3 | 4—3·1 | 6·5 4 3 |
胞,骨肉肝肠寸 断。哀号呻吟呼 喊，焦木破屋颓

5—6·5 4 3 2 5 5 | 2 7 1— | 5 5 0 6·5 4 3 | 2 5 2— |
墙，这是中华民族的新血债! 血债， 必须用血来偿还

3 3 0 2·1 7 2 | 6 7 1— | 5 1 1 5 | 6 5 4 3 5— |
血债， 必须用血来偿还! 为广州死难同胞结账，

6 5 4 3 5— | 5·5 2 3 1— ‖
向日本军阀 讨还血债!

注：抗日战争时期中共阳江特支书记、中共两阳特别支部书记王传舆（黄文康）与教师何业强共同创作的抗日歌曲。

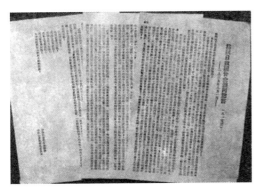

1935年8月1日，中国共产党发表了《为抗日救国告全体同胞书》，通称《八一宣言》。

三、解放战争时期革命文物文献资料

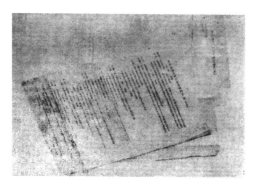

粤中滨海区乡村农会组织章程、乡村自卫军组织条例，1949年征收公粮暂行条例（传单影印）。

1949年夏由"神州"（中共江城区委）书记何明执笔的"神州给泰山（中共粤中区临时委员会）的敌情报告"复印件。原件藏于广东省档案馆。

1949年10月24日，阳江江城解放。图为江城解放时解放军二野四兵团十四军军长李成芳（左三）和粤中纵队第二支队司令员兼政委郑锦波（左二）步入阳江城的情景。原件藏于中国军事博物馆。

对罗琴区开展革命斗争的回忆①

1949年初广东人民解放军广阳支队第八团派罗充、陈

———————

① 原文是罗充所写的回忆录，作于1998年9月，载于《漠江风云》第二辑第222页。罗充在解放战争时期曾任中共阳江县罗琴区工委书记。

清、钟勋等三个党员以及郑道琼开辟罗琴区。5月，中共罗琴区工委成立，罗充任区工委书记，陈清任副书记，钟勋为委员。后来，团部又派梁强、梁冠文、林进杰等七位同志到罗琴区埠场琅珥村开展工作。再后又派敖卓魁、敖卓栋、敖卓材等同志来罗琴区。罗琴区依托罗琴山，由程村、近河逐渐向平冈、埠场、白沙、城西扩展，活动范围有200多平方千米。罗充、陈清等人到该区后，认真贯彻执行上级的指示，积极开展革命斗争。经过艰苦的斗争，该区革命力量迅速发展壮大，由开始时的几个人，到解放时已发展到100多人。

从1949年初至解放阳江时，我们主要做了如下工作：

（一）发展党团组织。在区工委领导下建立了党支部，发展了一批党员。当时的党员有罗充、陈清、钟勋、敖卓魁、梁强、敖卓材、阮葆平、陈阵、梁冠文；林进杰原是团员，牺牲后被追认为党员。团的组织，通过办团训班，发展了一批团员，并于1949年8月成立了中国新民主主义青年团罗琴区第一支部，吴锋任支部书记，区柱、许竟和阮近为支委。

（二）扩大游击区，扩大武装。1949年初，我们开辟了罗琴区。在上级党委的领导下，我们经过艰苦努力，游击区迅速扩展，革命武装迅速壮大。近河、程村、三山、白沙、马岗、渡口、深坑等罗琴山周围的村庄，均为我们所控制。罗琴区有四个武工组：第一组，组长为罗充（兼），副组长为阮葆平，活动于琅珥、埠场、阮朗一带；第二组，组长为陈清，活动于近河、程村一带；第三组，组长为钟勋，副组长为梁强，活动于白沙、岗三一带；第四组，组长为敖卓魁，活动于平冈一带。每个组都由党员当组长，该区党组织由我管理、部队由我全面指挥。一般各组一星期集中汇报一次。除武工组外，还在上述地区组编了武工队预备队，有的输送到八团。在罗琴区活动范围内，建立了一批交通站，如大垌头交通站、埠场渡头交通站、阮朗村交通站、琅琚交通站、那贡交通站、丹梨交通站、石河交通站、良朝交通站、蚝山交通站、江城马屋街交通站等。

（三）开展统战工作。统战工作是党的三大法宝之一。罗琴区距县城较近，反动势力较大，但各种势力之间充满矛盾。根据这个特点，我们采取多种形式，通过各种关系，利用统治者的矛盾开展工作。统战主要对象有：1."四大天王"。红木山村的谢天伟，岗村的许瑞生、许祥洛等人，当时是三山、近河一带的反动头子，有"四大天王"（关于"四大天王"，原文只记录了上述3人）之称。为争取他们，我亲入虎穴，舌战谢天伟，震慑了"四大天王"，使三山、近河一带革命工作得以顺利开展。2.张六记。他过去曾是土匪，与国民党有矛盾。我们在这一带活动时，已不当土匪的他，在当地有一定的威望，国民党保长听他指挥。为此，我们积极向他开展统战工作，经过深入细致的工作，我们把他争取过来了。他有一个田庄在大垌头，地处罗琴山区中心点，罗琴区开会，多数在他的田庄开，国民党有什么活动，他便事前向我们报信。3.梁国栋。他是平冈良朝人，曾是国民党区长，与当地反动头子梁开晟有矛盾。我们利用这点，积极争取他。经过争取，我们得到了他的一些支持和帮助，如在国民党"扫荡"时，我在他家，受到保护。4.莫如正，国民党闸坡海防大队的大队长。他与八团曾有过联系，后来中断。团部将关系转到罗琴区后，区工委派曾毓彬、黎成垫与莫如正联系，经过策反，莫如正率部起义，经罗琴区时，在罗琴山打退国民党拦截的部队。5. 林喜泉，埠场人，原是国民党县自卫队副大队长。经过做工作，他想拉队伍过来，我们不同意，让他留在自卫队内，将情报提供给我们，让我们清楚自卫队的一举一动。他后来暴露了，便出来参加游击小组，将驳壳、左轮等枪支供游击小组用，经济上也积极支援，他的家成了堡垒户。6. 黄世充，国民党埠场乡乡长。我们通过多方面做工作，使他为我所用。7. 梁宜杰，国民党岗三乡乡长。经过做工作，他对我们的活动暗中给予方便。与此同时，在解放大军渡江南下，国民党面临崩溃的形势下，罗琴区武工队积极宣传，发动群众开展锄奸活动，对坚决与人民为敌的反动分子进行坚决镇压。锄奸方面有两个事例：第一个是埠场乡丹龙村国民党保长林喜仕，曾连续四次带反动武装围捕我们，捉过游击队家属，抢劫财物，经多次教育、警告无效，经报八团批准，于1949年7月间的一个圩日，派人在埠场圩当众把他镇压了，把敌人的反动气焰压了下去，扩大了我军的影响。第二个是龙潭地区有两个国民党保长，很反动，曾派陈清等同志伏击他们。与此同时，我们还积极开展政治攻势，分化瓦解敌人。在我们的强大政治攻势下，很多国民党乡长、保长纷纷找关系与我们暗中联系，出现了一批两面政权。

（四）筹粮筹款供给主力部队。当时主力部队靠各武工队维持给养。筹粮筹款的方法：一是向地富及征尝征粮，二是建立税站收税。1949年8月，陈清、郑道琼、林进杰去石潭村征粮，被国民党自卫队队长郑木典带队在陂头附近伏击，林进杰同志不幸中弹牺牲，为革命献出了年轻的生命。这就是陂头事件。经上级批准，追认林进杰同志为共产党员。

（五）向八团输送革命青年参军入伍。由江城秘工组动员，经罗琴区和金横区输送了几批青年到八团。最多的一批是陈元、陈希礼、梁端允等16人。1949年7月间这批人在罗琴区短期整训后，由陈清、林进杰、曾毓彬送往八团，到达寨山时在山上掩蔽，被国民党部队包围，突围后在罗琴山上受困三日三夜，后脱险安全抵达团部，转往粤中纵队第二支队司令部，这就是"寨山事件"。

（六）配合大军解放平冈一带地区。1949年10月24日，解放军解放了江城。刘安琪残部向白沙、平冈狼狈溃退，企图从海上逃往海南岛。根据上级的指示，我们积极主动协助大军围歼敌人，破坏敌人企图逃跑的交通线、渡船等，阻滞敌军逃跑。大军到来后，协助带路筹粮，全力搞支前工作。白沙、平冈战斗结束后，武工队当夜接收了国民党平冈区政府，建立起人民政权。

登载新闻三则　散发江城各地

1949年4月6日，在中国人民解放军粤中纵队第二支队第八团政治处编印的《漠南导报》第一期的"漠南报导"栏目上，刊登了以下三则新闻报道：

民主政府布告贴遍阳江城
——各伪机关已收到训令

我军于二月六日（按：即公历1949年3月5日）派出工作人员直入阳江城张贴阳江县人民民主政府布告，并向各机关学校银行法院等分送民主县政府训令代电等处，接收条例、惩办战犯命令等文件。第二天早上，街头巷尾警岗学校及县政府门口等处，群众在拥挤着，争着看人民政府的报告，大家非常兴奋，知道伪政府就要倒台，人民快要解放了。伪警察伪军也挤到人丛中去看报告，××（原文如此）的校警见了布告，跑去对校长说："我们不用拿枪守卫了。"校长问道："为什么？"他说："民主政府要来接收了，还守什么卫。"

伪县长关巩一早到办公厅，看到民主政府叫他移交的公函，吓得他惊慌失措。一会儿，伪镇长、乡长相继拿了民主政府的布告去见他，关巩见着，老羞成怒，大骂道："你们哪里取来的？"吓得这些伪乡镇长抱头鼠窜。

自人民政府布告贴出后，小胆的伪府官儿慌作一团，而且互相吵闹，你说警戒疏忽，他说治安不力，也有怕作战犯的，纷纷找门路搭线云。

（又讯）我们警告这些反动分子，搭线是不能赎罪的，只有立功才能减轻或赦免你们过去的罪状，否则你们决逃不了人民的审判。

阳江民主政府真正为民办事

阳江人民民主县政府，自奉命成立以来，深得民众拥护。县长姚立尹、副县长陈国璋更关心人民疾苦，如指导各地工作人员，协助贫苦民众借粮度荒，反对反动政府残酷抽剥以及清除地方匪患，历著功绩，故获得各方人士赞誉信赖。农历二月十一日（即阳历1949年3月10日），××（原文如此）村农民黄某，于深夜被土匪十余人，冒用解放军名义，劫去耕牛五头、猪一头、鸭八只、土枪一支，另衣被等物。该农民以春耕时节，耕牛谷物被劫一空，势将陷于绝境，遂向民主政府报讯。姚县长一本治境安民之旨，面允力为办理，即派出干员追案究办，率将该劫匪数人拘获，并追回耕牛、土枪、衣被等物，唯猪、鸭等物则在该匪当晚行劫后食去，故无法起获。该农民见耕牛、衣被追回，生存有望，感动流下泪来。

又讯：该劫匪等经县府拘获审讯后，直认行劫不讳，请求从轻办理。姚县长以彼等初次行劫，且大多为穷所迫，情有可原，经教育后交由该村父老绅耆具保释放云。

广阳支队第八团奉调漠南协助接收

阳江民主县长姚立尹，目前为便利接收，呈请上峰增调团队。现经获准调第八团进驻漠南协助接收，该团某部经已开抵目的地，布告安民。探其布告，原文如下：

华北解放大军　　经已面临长江
集结雄师百万　　军威虎奋龙腾
即将南下百粤　　协助华南解放
广东反动势力　　不久便告灭亡
本团全体将士　　奉命解放两阳
配合民主政府　　接收反动武装
举凡匪伪团队　　亟应及早投降
勿做战争罪犯　　致遭严重惩创
我军纪律严明　　民众不受损伤
清除地方匪患　　切实维护乡邦
保护工商各业　　深为各界赞扬
仰我两阳民众　　各安所业勿惶

团长兼政委：赵荣
政治处主任：梁虎（即梁昌东）

重要革命人物

一、鞠躬尽瘁为人民的黄徽拔①

黄徽拔（黄英起），1919年出生于阳江县埠场雁村的一个农民家庭。他有一个姐姐三个兄长，自己排行最小。上学期间，长兄急病早逝，父亲随后亦卧病不起，家境自此渐差。他先后在埠场、县城读过小学和中学，还做过印刷排字工。他勤奋好学，关心家国大事，有独立自强的意识。

黄徽拔像

夺枪抗日

黄徽拔在广东省立两阳中学（简称"两中"）读高中时，抗日战争爆发，他积极参加爱国学生抗日救亡活动，接受进步思想。1939年4月他由林元熙介绍参加中国共产党，常与陈奇略、林良荣等接触。

两中因被日军飞机轰炸而转移至阳春，黄徽拔也随校迁至阳春就读，并继续进行抗日宣传，因此受到国民党当局的"注意"，并以"带头打碎学校饭堂碗碟"的"过失"为由给予处分。因此，读到高中二年级的黄徽拔就离开了两中，不再上学。

---

① 根据原作者黄才敏提供的材料整理，并改写了题目和加了小标题。黄才敏，阳江人，离休前是佛山市环保局调研员。

此后，他便在阳春、塘口、织篢等地开展革命活动，以小学教员、炼制樟木油等为掩护，秘密从事发展革命组织、进行革命宣传等工作。在这期间，他参与了培养和发展李世谋、陈天滚入党的具体工作。

进入黄徽拔视野的陈天滚，是织篢人，年轻敢为、有正义感。陈家是一个大家族，藏有枪械，有保丁守护，也声言积极抗日。当时抗日游击活动已开展，黄徽拔按地下党组织"设法搞到枪支"的指示，在发展陈天滚、李世谋加入中共组织之后，即谋划"搞枪"之事。他们摸清相关情况并经谋划后，即在一个圩日的夜晚，由陈天滚引路，三人突然来到陈宅。陈天滚以"家族少爷"的身份向值夜保丁说："枪是我家的，由我负责，我写字据！"黄徽拔则说是抗日借用、是爱国的事，不要阻拦。值班保丁只有一个人，无力阻拦，只得无奈地打开枪房。黄徽拔等取走几支长枪，当即就交给接应的人带走。

这一次"夺枪行动"震动很大，被传得沸沸扬扬，而且是越传越带神奇色彩。为此，陈天滚同家族彻底决裂了，离开织篢去了台山。全国解放之初，黄徽拔再次见到他，重谈"夺枪"之事，他仍引以为豪。

赤化家乡

1942年夏发生"南委、粤北省委事件"后，中共广东党组织停止活动，黄徽拔按部署回到家乡埠场隐蔽，继而开启了党领导下赤化家乡的革命斗争。

埠场有个埠场圩，位于阳江县城西南，是距城区较近的圩镇，是埠（场）九（羌）公路的起点，是平冈、海陵、溪头和织篢（经水路）往返阳江城途经之地，有商铺近百家；邻近有雁村、琅瑗、丹龙等村庄。每逢圩日，四周村民、各路商客云集，不但利于赶圩购物，也利于传递信息、联络聚会。

对埠场的一切，黄徽拔可谓是再熟悉不过。回到家乡后，他于1944年在埠场小学当了教员，住在学校，与学校员工接触密切。有了职业身份的掩护，他开始建立与外界的联系，特别是与县城、织篢以及罗琴游击区的联系。他的家，就是江城区与罗琴区两地的秘密联络点。

1944年秋，第一次来阳江的中共中区特委成员周天行，就来到埠场，与黄徽拔接上关系。见面的当晚，周天行在埠场小学二楼黄徽拔的房间住了一宿。周对黄讲解了形势，并部署发动农民建立组织（如"抗日解放军之友社"）等工作。

李世谋、曾传荣、许荣坤及何明都曾多次到埠场、雁村与黄徽拔会面，密商工作。许多传单、宣传材料和进步书刊如《文萃》《华商报》等，一时多在埠场中转、传递。

担负着教学和革命的双重工作，黄徽拔常常以教师的身份到各村家访串联，既进行个别访谈，又参与"讲古仔""练功夫"等活动，从中物色和培养骨干，秘密建立"农友会"，宣传共产党的主张，团结广大的农民青年。待到条件成熟，即动员"农友会"转变为"广东人民抗日解放军之友社"。当时，抗日战争接近胜利，组织建立解放军之友社得到了积极的响应和支持，社员很快就从雁村发展到附近的丹龙、琅瑘和渡头等地，人数不断增加。发展到高峰时，整个埠场有社员80多人，其中雁村籍社员最多，达30多人。最可喜的是，解放军之友社此后还成了红色的摇篮，从中培养和成长了一大批共产党员、武工队队员、革命干部和积极分子，如林进杰、梁冠文、黄定琼、黄定珍、黄英禄、林喜泉、陈章英等，就是其中的代表。

解放战争开始后，"广东人民抗日解放军之友社"改称"解放军之友社"，宣传口号也由"抗日"改为"反对内战""反对国民党反动政府"。在黄徽拔的领导下，埠场等地的解放军之友社密切配合革命形势的发展，组织了多次秘密行动，到处散发传单、张贴标语，不断地揭露反动派的阴谋，并宣传群众、教育群众和鼓舞群众。

解放斗争

国民党发动内战以来，加紧搜刮百姓。到1948年，解放战争进入胜利决战阶段，国民党政府为挽救败局，强迫实行"三征"（征兵、征粮、征税），民众苦不堪言。这期间，黄徽拔在埠场雁村地区领导解放军之友社，组织"壮丁会""农友会"坚决进行反"三征"的斗争，不断取得胜利。反"三征"斗争的关键，就是组织"壮丁会"有计划地进行对抗，使得国民党反动政府的强征强派计划完全破产。斗争的胜利鼓舞了群众的斗志，打击了当局的反动气焰。

1949年10月24日晚，中国人民解放军进入阳江城。25日，解放军抵达埠场圩，即派兵布哨控制雁村、琅瑁两座大山。附近的平冈至白沙一带是阳江围歼战的主战场，解放军正在那里围歼国民党的主力部队。不久，大批国民党军俘虏便被送到埠场雁村一带，老百姓因担心战火会漫延过来，气氛骤然紧张。这时，最重要的就是稳定老百姓的思想情绪，不致自乱阵脚。

面对眼前情况，黄徽拔立即果断做出布置：将解放军之友社社员留在村内，分头做好稳定群众和迎接解放军的两大项工作。由于有领导、有组织、有宣传、有解释，加之大军纪律严明，秋毫无犯，故当大军通过和停留村庄时，老百姓才没有出现慌乱，保持了安定，解放军之友社的成员才得以按计划、按布置，顺利地帮助大军找好宿营处，并购足粮草等军需物品，有条不紊地做好支前后勤工作。解放军之友社社员黄定琼、黄定珍还为解放军带路，一直带到指定的前沿地点。

鞠躬尽瘁

中华人民共和国建立后，黄徽拔的第一份工作是担任阳江县城第八小学（原为阳江县师范附小、濂溪小学）校长；不久之后，又担任阳江县城总派出所所长；1957年调往广东省公安厅第九处任科长。在公安厅期间，赴广东合浦（今属广西）海防前线执行专项特殊任务，因艰苦劳累致恶性胃病发作，已预备送太平间，幸而奇迹出现，痊愈后再度效力党和国家。1960年，他调到阳春县工作直至离休。1989年10月，他回阳江参加阳江市解放40周年庆典活动，期间旧病复发，急救过后，返回阳春治疗。1989年11月，宿病不治，终于辞世。

回顾黄徽拔的一生，既是彻底革命的一生，也是任劳任怨的一生。他一生以兢兢业业、勤勤恳恳工作著称，真可谓是鞠躬尽瘁，死而后已。

二、饱经漠阳战火洗礼的陈清①

陈清（1928—1996），广东化州县笪桥镇井涌村人，生于贫苦农民家庭。读完小学后在舅父家牧牛。1944年11月，参加革命1946年1月，参加中国共产党，任广东南路人民抗日游击队通讯员、粤桂边纵队第四团手枪队队员。1948年5月，随粤桂边纵队东征部队挺进两阳。

陈清像

来到阳江，陈清便与两阳结下了不解之缘；两阳大地特别是漠南大地，深深地留下了他的足迹。

---

① 根据广东经济出版社2013年10月出版的《江城区志》第653~654页的内容进行选编。

1949年5月，陈清担任中共罗琴区工委副书记。从此时起，他为了在罗琴区建立游击根据地，为了在罗琴区开展宣传、征粮和革命斗争等工作，总是东奔西跑，马不停蹄，而且还至少发生了三次险情。这三次险情，在往后的日子里，他一直都记忆犹新。

第一次，他和武工队队员在埠场琅瑈根据地开展工作时，国民党政府平冈防剿区得到消息，便立即调兵前来包围。别的武工队队员闻讯都向外转移，可正在患病的他，因双腿不能走动，只好由当地群众背到山中隐蔽，险些被捕。

第二次，险情发生在寨山，也叫"寨山事件"。那是1949年7月，陈清领队护送19名参军青年，由埠场琅瑈趁夜出发，秘密前往广东人民解放军广阳支队第八团驻地——马山。但队伍因迷路而误经寨山时，却被数倍于己的敌人围困在那里。因寡不敌众，陈清便虚张声势并广布疑兵以阻吓敌人，经过一天周旋，才迫使敌人自动撤退，最终把参军青年安全地送到部队。

第三次，险情发生在下乡征粮时。那是1949年8月25日，陈清带领武工队队员郑道琼、林进杰前往程村石牌征粮。当天，他们共征到稻谷8石，折合银圆32元。收队时，粮款由郑道琼携带，三人一同返回。回到陂头时，遇到国民党伏兵袭击，陈清和郑道琼虽然逃过了一劫，可他们的战友林进杰却不幸中弹牺牲。这就是陈清等人一生都难忘的"陂头事件"。

经过战火洗礼的陈清，终于迎来了全中国的解放，也迎来了自己新的成长。

中华人民共和国成立后至1959年，陈清先后任中共阳江县第四区区委书记兼区长、溪头区委书记、阳江县人民法院院长、中共阳江县委财贸政治部部长、岗列公社党委书记。1960年1月，任中共两阳县委副书记、县长。1968年8月，任阳江县革命委员会副主任。陈清在阳江工作22年，在革命和建设中做了许多有益的事情，得到干部和群众的爱戴。

他在工作中坚持原则，讲求实效。1966年，阳江县委决定修建漠西排洪工程，要占用农田400多亩。县委主要领导提出一次性征用。他考虑工程所在地都是人均土地少的公社，应按照实际情况分期征用。这个意见得到广东省委主要领导的支持。结果缓征200多亩农田，农民多种了几造，又不影响工程依计划进行。

陈清作风正派，平易近人，注意倾听群众的意见和呼声，坚持群众路线。三年经济困难时期，他经常深入山区、沿海地区进行调查研究，与群众共商克服困难的方法。群众反映人民公社统得过多、过死，他向县委汇报，纠正了统得过死的"左"的倾向，放手让生产队和群众开荒扩种，发展家庭副业，开放农贸市场，调动了农民群众的生产积极性；在山区落实大队、生产队山林权和社员自留山，拨出粮食补助发展造林种杉。农业生产迅速恢复和发展，社员生活有了明显的改善。

1970年9月，陈清调任中共信宜县委副书记、县革命委员会副主任，后任县委书记、县革命委员会主任。1981年4月至1991年8月，任湛江地区行署财贸主任、中共湛江地委常委、湛江市副市长、湛江市政协副主席。1988年10月和1992年9月，还分别任广东省发展银行湛江分行董事长、广东紫荆实业（集团）股份有限公司董事长。1991年9月离休。

附录五 大事记

1925年

7月1日 江城工、农、学、商各界听闻"沙基惨案",举行数千人集会并进行反帝示威大巡行,抗议帝国主义暴行,支持省港大罢工。

12月 中国共产主义青年团阳江支部建立。支部书记为欧赤,团员共5人。团支部设在阳江县城文昌宫。

1926年

3月初 中共阳江县支部在江城建立,支部书记为敖昌骙,组织委员为敖华衮,委员为关崇懋、黄贞恒、吴铎民等(谭作舟、冯军光返回阳江后亦为委员),党员10余人。该支部设在阳江县城文昌宫。

1927年

3月8日 四区疍场村农会成立。

4月15日 凌晨2时许,国民党阳江县县长陆嗣曾、驻军营长梁开晟、县城警察局局长梁鹤云等在阳江"清党",分头逮捕革命同志。

冬 第一个中共阳江县委成立,许高俾为县委书记。

1928年

4月初 改选县委。改选后冯宝铭、许基旭、敖华衮3人为县委常委。县委机关设在丹山小学(后为丹载小学)。

1929年

7月　由于中共阳江党组织遭到破坏，许高倬与廖绍琏到香港找中共广东省委，以求取得联系，但由于形势恶劣，无法与省委取得联系，阳江党组织被迫停止活动。

1937年

10月　中共广州外县工作委员会派中共党员王传舆、容兆麟到阳江，重建和发展党组织，筹组广东青年群文化研究社阳江分社。

同月　许高倬、陈政华、廖绍琏等在抗日战争爆发前回到江城，在江城以民众教育馆为阵地，开展抗日宣传工作。

1938年

11月　中共两阳特别支部成立，支部书记为王传舆，委员有刘文昭、林榆。

11月　中共两阳中学支部成立，支部书记为陈奇略，委员为陈国璋、陈萼。

1939年

1月　岗背村抗日救亡工作队中共党小组吸收岗背农民关永、关勤、张维、许崇礼4人入党，建立了抗日期间阳江第一个农民党小组。

3月　中共阳江县立中学支部成立，支部书记为林克。

3月底　中共两阳工委成立。

1940年

3月　中共两阳工委撤销，分别成立中共阳江县委和中共阳春县分委。

1941年

3月3日　日军从北津港登陆入侵阳江，大肆屠杀抢掠。

1942年

4月　从阳春抽调陈奇略回阳江，协助周天行调查阳江党组织问题。

1943年

4月　中共中区特委先后从两阳抽调陈奇略、黄昌熺、林元熙等一批党员骨干到珠江三角洲敌后参加游击战争。

1944年

2月　陈国璋、梁文坚、陈佩瑜先后从阳春回到江城。由陈国璋负责阳江党组织的领导工作，梁文坚负责妇女工作，接收梁嗣和的组织关系。

冬　周天行到埠场小学接收黄徽拔的组织关系，并建立埠场联络点。

1945年

2月　中共江城支部成立，支部书记为林良荣，支委有陈萼、梁嗣和。

3月初　中共中区特委决定司徒卓任两阳特派员。

5月　中共中区特委决定成立中共两阳工委。工委书记兼组织部长为司徒卓。

7月　江城区建立中共江城支干会，何明任书记，何振超负责组织，许荣坤负责宣传。支干会着重领导学生运动。

11月　中共江城镇委成立，书记为郑迪伟，委员有郑靖华、何明。

12月　撤销中共两阳工委，分别成立中共阳江县委和中共阳春县委。

1946年

5月　中共江城镇委调整，镇委书记为郑靖华，委员有何明、谭有衡。

9月　中共阳江县委撤销，司徒卓任中共阳江县特派员。

1947年

9月　李信任中共两阳特派员，统一领导两阳地方党组织和武装部队，司徒卓仍负责阳江党组织工作。

1948年

2月　中共江城区委成立，书记为张慧明，副书记为何明，委员为许荣坤。

4月　中共江城中心区委成立，书记为张慧明。

1949年

2月　撤销漠南县工委建制，成立中共阳江县委，书记为赵荣，委员有姚立尹、陈国璋、梁昌东（梁昌东5月调离，8月增补陈亮明为委员）。

2月　阳江县人民民主政府成立，县长为姚立尹，副县长为陈国璋。

10月25日　阳江县军事管制委员会成立，实行军事管理制。

10月27日　阳江县人民民主政府进城，改为阳江县人民政府，县长为姚立尹，副县长为陈华；全县划为9个区、39个乡、5个镇。

主
要
参
考
书
目

1．中共中央党史研究室：《中国共产党简史》，中共党史出版社2001年6月版。

2．广东省民政厅：《广东省革命老区村庄名册》，1997年版。

3．姚有志、李庆山主编：《解放军横扫千军的四十大战役》，白山出版社2009年5月版。

4．中共广东省委党史研究室：《中国共产党广东地方史》（第一卷），广东人民出版社1999年8月版。

5．中共广东省委党史研究室：《中国共产党广东历史》（第二卷），中共党史出版社2014年9月版。

6．中共阳江市委党史研究室编著：《中国共产党阳江县历史》（第一卷）（1921—1949），中共党史出版社2011年7月版。

7．中共阳江市委党史研究室编：《中共阳江党史大事记》，1995年版。

8．中共阳江市江城区委党史研究室编：《解放战争时期江城的地下斗争》，2007年版。

9．阳江市地方志编纂委员会编：《阳江县志》，广东人民出版社2000年11月版。

10．阳江市江城区地方志编纂委员会编：《阳江市江城区志》，广东经济出版社2013年10月版。

后记

《阳江市江城区革命老区发展史》一书终于编成了。全书时间跨度近百年，20余万字，而且图文并茂。

在编写《阳江市江城区革命老区发展史》中，我们贯彻了中国老区建设促进会《关于编纂全国1 599个革命老区县发展史的安排意见》（中老促字[2017]15号）和广东省老区建设促进会《关于印发编纂〈革命老区县发展史〉丛书有关文件的通知》的精神，执行了《广东省〈革命老区县发展史〉丛书编纂大纲》和《广东省编纂〈革命老区县发展史〉丛书规范要求》的相关规定，着重从三个方面开展编写工作：一是完整地记载了江城革命老区村庄的名称、人口、耕地和开展的革命斗争等情况，二是记载了革命老区村庄乃至全区发展变化的情况；三是选编了一部分战争年代革命活动主要旧址的照片和新中国成立后发展变化的照片。这些内容一经载入本书，便成了系统的历史资料。

该书由黄则哲执笔，从2018年初开始编写，直到付梓，时间不足两年，编写工作相当匆忙。但由于江城区委、区政府高度重视，在人力、物力、财力上支持较大，区委党史研究室提供了较充分的党史资料，各部门的配合和帮助也得力到位，编委会和专家组成员更是审稿认真，并三次提出了很好的修改意见，这都促使编纂人员更快、更好地开展编写工作，反复地进行修改，不断提高书稿的质量。在此，谨向对编纂工作给予过关心、支持和帮助的所有单位、领导和个人，一并表示衷心的感谢！

由于年代久远、人事更替、资料不全，编写仓促，加上编者水平所限，本书错误和遗漏在所难免。敬请革命前辈、史志工作者和广大读者积极指出存在问题和提出相关修改意见。

《阳江市江城区革命老区发展史》编委会

2019年5月